重庆市科技局制度创新项目“成渝地区双城经济圈背景下双核引领路径研究”（立项编号 cstc2021jsyj-zzysbAX0004）前期研究成果

政府投资决策法律制度研究

王文文——著

法律出版社 LAW PRESS·CHINA
—— 北京 ——

图书在版编目(CIP)数据

政府投资决策法律制度研究 / 王文文著. -- 北京 :
法律出版社, 2021(2022.7 重印)
ISBN 978-7-5197-6209-4

Ⅰ. ①政… Ⅱ. ①王… Ⅲ. ①政府投资-投资决策-法制-研究-中国 Ⅳ. ①D922.291

中国版本图书馆 CIP 数据核字(2021)第 229004 号

政府投资决策法律制度研究
ZHENGFU TOUZI JUECE FALÜ ZHIDU YANJIU

王文文 著

策划编辑 陈 妮
责任编辑 陈 妮 程王刚 王美懿
装帧设计 贾丹丹

出版发行 法律出版社
编辑统筹 法治与经济出版分社
责任校对 晁明慧
责任印制 吕亚莉
经 销 新华书店

开本 710 毫米×1000 毫米 1/16
印张 15 **字数** 283 千
版本 2021 年 12 月第 1 版
印次 2022 年 7 月第 2 次印刷
印刷 北京虎彩文化传播有限公司

地址:北京市丰台区莲花池西里 7 号(100073)
网址:www.lawpress.com.cn
投稿邮箱:info@lawpress.com.cn
举报盗版邮箱:jbwq@lawpress.com.cn

销售电话:010-83938349
客服电话:010-83938350
咨询电话:010-63939796

书号:ISBN 978-7-5197-6209-4
定价:86.00 元
凡购买本社图书,如有印装错误,我社负责退换。电话:010-83938349

序

毋庸置疑，政府投资决策必须建立在科学化、民主化、法治化的基础上；健全的政府投资决策法律制度则是实现政府投资决策科学化、民主化、法治化的前提和保障。在我国，伴随着多年来投融资体制改革的深化及相关立法的发展，一套彰显“使市场在资源配置中起决定性作用和更好发挥政府作用”这一中国特色社会主义经济理论体系鲜明特色的政府投资决策法律制度体系已经形成。然而，不容忽视的是，一方面，一如其他任何法律制度，政府投资决策法律制度也有必要进行与时俱进的完善；另一方面，我国包括政府投资决策在内的政府投资活动尚无基本法的规范，2019 年国务院公布的《政府投资条例》对政府投资决策也仅作了原则性规定，这就更加凸显了强化政府投资决策法律制度供给的至关重要性。基于以上认知，本书致力于梳理政府投资决策中面临的法律问题并提出因应之策，应当说这是一项富有实践价值和理论意义的工作。

本书是作者在其博士学位论文的基础上修改而成的一部作品。作为作者攻读博士学位期间的指导教师，我感到本书在以下几方面尤其值得肯定。

一是对政府投资决策法律制度作了专门、系统的研究。既往关于政府投资决策的研究，或在有关政府投资的宏观、整体研究中呈现，且对政府投资决策法律制度缺乏足够的关注度；或虽以专题形式加以探讨，但多以经济学、管理学为分析工具，以法学为视角的探索并不多见。本书则运用法学理论，参酌经济学、管理学、政治学等其他学科的相关理论和知识，对政府投资决策法律制度展开了专门、系统的探究。这就在一定程度上弥补了政府投资决策法律制度研究的不足。

二是搭建了政府投资决策法律制度的整体框架。作者作为来自宏观经济研究机构的人员，基于对我国政府投资决策实践的观察，将政府投资决策法律制度解构为政府投资决策核心法律制度、政府投资决策参与法律制度和政府投资决策监督法律制度。在作者看来，政府投资决策核心法律制度确立了政府投资决策权的分配状态，其权力配置的科学性、权力运行方式的合理性深刻影响着政府投资决策的质量；政府投资决策参与法律制度本质上是对政府投资决策权的一种分离，打通了公众在政府投资方面对其需求和意志予以表达的制度渠道；投资决策监督法律制度则确立了监督主体对政府投资决策活动各个环节、决策权力运行全过程予以监督的途径，以保证政府投资决策权力的合理使用和政府投资决策相关者权利的享有，确保政府投资决策的科学化和民主化。应当说，这种对政府投资决策法律制度的类型化处理或许有可以商榷的空间，但也较客观地反映了政府投资相关主体的地位和作用。

三是将政府投资的效益、方向、规模和结构置于政府投资决策的研究中加以考量。由于政府投资决策涉及公权力与公权力、公权力与私权利、私权利与私权利等多种关系的处理，而政府投资的效益目标，基于现实需求和财政能力确定的政府投资方向、规模和结构，则是平衡政府投资决策中各种关系的重要考量因素。本书基于以上认识就政府投资的效益、方向、规模和结构与政府投资决策之间关系的解析，可以说具有一定的新意。

本书也存在一些值得进一步探讨的问题。例如，对于如何优化政府投资决策的具体法律制度、如何有效地引入经济学的定量分析法以建立科学和可操作的政府投资决策评价指标体系、如何推动大数据技术融入政府投资决策领域等，本书均留有或大或小的“缺口”。鉴此，期待作者对政府投资决策法律制度的完善继续思考，并拿出更多、更上乘的后续研究成果。

是为序。

2022 年 6 月 29 日

目 录

导 论 …… 1
第一节 选题的背景及意义 …… 1
一、选题的背景 …… 1
二、选题的意义 …… 2
第二节 研究现状 …… 3
一、关于政府决策的研究 …… 4
二、关于政府投资的研究 …… 8
三、关于政府投资决策的研究 …… 11
第三节 研究方法和研究框架 …… 14
一、研究方法 …… 14
二、研究框架 …… 16

第一章 政府投资决策法律制度的基础理论 …… 19
第一节 基本概念的界定 …… 19
一、投资 …… 19
二、政府投资 …… 20
三、政府投资项目 …… 24
四、政府投资决策 …… 25

五、政府投资决策法律制度 …… 27
第二节　政府投资的范围 …… 27
一、政府投资范围的影响因素 …… 27
二、我国政府投资的主要范围 …… 29
第三节　政府投资决策法律制度的理论依据 …… 31
一、公共产品理论 …… 31
二、公共财政理论 …… 34
三、治理理论 …… 36
四、公共选择理论 …… 39
五、委托－代理理论 …… 42

第二章　政府投资决策法律制度的沿革 …… 44
第一节　政府投资决策法律制度的传统阶段 …… 44
一、形成阶段(1949～1957年) …… 44
二、探索阶段(1958～1965年) …… 45
三、重建阶段(1966～1978年) …… 45
第二节　政府投资决策法律制度的改革阶段 …… 46
一、破冰阶段(1979～1984年) …… 46
二、探索阶段(1985～1991年) …… 48
三、步入正轨阶段(1992～2003年) …… 50
四、深化阶段(2004年至今) …… 51
第三节　政府投资决策法律制度沿革的总体评价 …… 53
一、政府投资决策法律制度的成就 …… 53
二、政府投资决策法律制度的不足 …… 55

第三章　政府投资决策法律制度的整体考察 …… 58
第一节　政府投资决策整体情况考察 …… 58
一、政府投资整体效应的考虑 …… 58
二、政府投资决策宏观层面:规模、结构、方向的确定 …… 62
三、政府投资决策微观层面:项目的确定 …… 79

四、政府投资决策整体运行中存在的不足 …… 84
第二节 政府投资决策法律制度的内在要求 …… 85
一、政府投资决策的科学化 …… 85
二、政府投资决策的民主化 …… 87
三、政府投资决策的法治化 …… 89
第三节 构建政府投资决策法律制度的整体框架 …… 93
一、政府投资决策主体的构成 …… 93
二、政府投资决策法律制度的整体框架 …… 98

第四章 政府投资决策核心法律制度 …… 102
第一节 政府投资决策核心法律制度的现状 …… 103
一、纵向制度运行:中央、地方政府投资决策权的分配 …… 103
二、横向制度运行:平行部门之间决策权的分配 …… 113
三、重大政府投资集体决策制度的现状 …… 128
第二节 政府投资决策核心法律制度的完善 …… 132
一、纵向权力分配制度的完善 …… 132
二、横向权力分配制度的完善 …… 138
三、重大政府投资集体决策制度的完善 …… 140

第五章 政府投资决策参与法律制度 …… 144
第一节 政府投资决策参与法律制度的现状 …… 144
一、专家参与制度:专家及咨询机构的参与 …… 145
二、民主参与制度:公众的参与 …… 149
三、市场参与制度:融资平台的参与 …… 154
第二节 政府投资决策参与法律制度的完善 …… 161
一、专家及咨询机构参与政府投资决策的制度建议 …… 161
二、公众参与政府投资决策的制度建议 …… 163
三、融资平台参与政府投资决策的制度建议 …… 165

第六章　政府投资决策监督法律制度…………………………………………… 173
第一节　政府投资决策监督法律制度的现状 …………………………………… 173
一、政府投资决策监督法律制度的现状 ……………………………………… 174
二、政府投资决策监督法律制度的不足 ……………………………………… 184
第二节　政府投资决策监督法律制度的完善 …………………………………… 190
一、完善法律规范体系 ……………………………………………………… 190
二、优化行政监督 …………………………………………………………… 192
三、优化人大监督 …………………………………………………………… 194
四、强化公众监督 …………………………………………………………… 197
第三节　政府投资决策责任制度的建设 ……………………………………… 200
一、政府投资决策责任的基本界定 …………………………………………… 200
二、政府投资决策责任制度的完善 …………………………………………… 202

结　语 ……………………………………………………………………… 204

参考文献 …………………………………………………………………… 208

后　记 ……………………………………………………………………… 230

导　论

第一节　选题的背景及意义

一、选题的背景

近年来，国际和国内经济形势均面临较大挑战，世界经济整体增速放缓，经济全球化出现倒退，多边主义遭受较大挫折，国际金融市场动荡不安，市场预期持续下调；国内经济面临挑战，经济下行压力增大。自2006年以来，我国固定资产投资增长速度放缓，全社会固定资产投资2006～2010年年均增长18%，2011～2015年年均增长12.5%，2016～2018年年均增长7.68%，其中，基础设施的投资增长速度也呈现明显的下滑趋势，从2017年的19%下降至2018年的3.%。①

投资一直是拉动经济发展的主要动力之一，在我国经济发展中扮演着重要的角色，有着特殊的意义。稳健有序的投资是经济健康运行的有力保障。在诸多投资活动中，政府投资举足轻重，担负着宏观调控的重要职能。国家通过对投资方向、规模、结构的调节，确保经济总量供需平衡，推动经济提质增速。在经济持续下行的情况下，单纯依靠传统的需求侧"三驾马车"（投资、消费、出口）的方式难以解决深层次问题，需要选择新的解决思路、构建新的政策体系。推进供给

---

① 参见国家统计局：《中国统计年鉴》，载国家统计局门户网站，http://www.stats.gov.cn/tjsj/ndsj/。

侧结构性改革，释放制度红利和经济潜能，成为解决当前经济问题的主要思路。政府投资是供给侧结构性改革的关键环节，对供给要素的结构、供给主体的结构以及产业结构调整均有深远的影响。推行适度扩张的政府投资政策有利于稳定经济发展，发挥对社会资本的带动和引领作用，释放乘数效应。

在经济步入新常态的情况下，适度的政府投资扩张政策应当协调好经济在短期突破和长期发展、总量控制和结构调整、需求和供给平衡等方面的关系，推动新型城镇化和工业化进程，应对人口红利下降及老年化趋势，促进“一带一路”等国家建设的实施。政府投资需要进一步巩固“三去一降一补”成果，切断经济下行与产能过剩的恶性循环，加大对生态环境、能源资源、劳动队伍、材料装备、技术研发、前沿科学等广义生产要素和国家战略性资产进行持续有效的资本投资，深化投资体制改革，增大有效投资供给，通过供给侧发力创造有效需求，拉动经济增长。政府投资决策是投资行为的起点，决策的科学化、民主化、法治化是有效投资的保障。因此，要建立和完善政府投资决策法律制度体系，理顺政府投资决策运行制度、强化内外部监督制度、加强制度化制衡，特别是责任制度建设，推动政府依法行政，转变政府职能，提高宏观调控水平和现代化治理水平，形成引领有效投资的路径。

二、选题的意义

政府投资决策是投资活动的起点，也是整个投资活动能否成功的关键环节。本书以政府投资决策主体是否行使行政决策权及其作用和影响为依据，将政府投资决策法律制度分解为核心制度、参与制度、监督制度3个相互联系、紧密作用的有机部分，对我国政府投资决策体系作系统、深入的研究。笔者将剖析当前政府投资决策运行中的问题、力图探寻政府投资决策的科学化、民主化、法治化，规范决策行为的新思路，构筑更加科学、合理的法律制度体系。本书以政府投资决策法律制度为选题，具有重要的理论意义和现实意义：

第一，有利于归纳政府投资决策的内在要求和规律。在梳理和研究政府投资决策相关概念内涵、投资范围、理论依据、制度沿革、法律制度运行情况的基础上，归纳政府投资的内在要求和决策规律，强化内部管理和内外部监督，探寻政府投资决策科学性、民主性的内在机理，为建立和完善科学、民主的政府投资决策法律制度奠定基础。

第二，有利于健全和完善政府投资决策法律制度体系。政府投资决策是政府投资活动的起点,决策的质量决定了投资活动的效益。鉴于决策的重要性,本书力图将政府投资决策法律制度分解为3个部分:决策核心制度、决策参与制度、决策监督制度,结合当前党和国家对经济工作的最新要求,从整体上探寻政府投资决策适宜的宏观规模、宏观结构及正确的调整方向,总结新形势下政府投资决策法律制度的新特点,将宏观要求与微观行动相结合,对三大决策制度作系统、深入的研究,以期构筑更加完善和健全的政府投资决策法律制度体系,为下一步形成统一的政府投资基本法提供智力支持。

第三,有利于促成符合国家宏观调控要求的有效政府投资。本书力图从整体考察的角度,从宏观层面论述新时代要求下供给侧结构性改革对政府投资决策的要求,以调整政府投资的规模、结构和方向。我国经济发展从调整期的“稳增长、调结构”转向新时代的“调结构、促增长”,通过供给侧结构性改革,进一步释放制度红利,激发经济潜力。新的要求下,政府投资的作用不是减弱,而是加强。充分发挥政府投资正向作用的前提是提供有效供给,减少乃至停止低效和无效的投资。笔者试图探寻建立和完善行之有效的政府投资决策法律制度,规范政府投资决策行为,增强决策的科学性和民主性,并期待这样的尝试有助于保障政府投资的有效性,增强国家的宏观调控能力,推动国民经济长期稳定的良性增长。

第四,有利于在对政府投资决策法律制度的研究过程中形成以法学为主、多学科融合的研究成果。政府投资决策是一项综合性极强的管理活动,涵盖了经济学、管理学、政治学和法学等众多学科的理论知识。当前,对政府投资决策的研究多集中在经济学和管理学,从法学的角度系统提出规范政府投资决策行为的研究还较少。本书力图在吸纳多学科研究成果的基础上,从决策主体的作用和影响的角度入手,剖析各具体制度的运行情况,构筑和完善政府投资决策法律制度,通过对具体问题提出解决方案,进而实现该领域的拓宽和深化。

第二节 研究现状

政府投资决策是对政府投资项目作出具体的评价,其中,涉及是否立项、怎样投资、如何建设、效益评价等核心问题,其内容非常丰富,涵盖了法学、经济学、管理学、政治学等多个学科知识。这也决定了对政府投资决策法律制度的文献综述不能仅仅囿于对决策行为和决策制度本身,也不能仅仅囿于法学学科的视角。为了更全面地归纳政府投资决策法律制度的研究情况,笔者从政府决策、政府投资、政府投资决策3个方面对国内外研究文献进行梳理和总结。

一、关于政府决策的研究

政府决策随着政府管理职能的调整、宏观调控要求的变化、改造世界的不断深入,呈现越来越复杂艰巨的趋势。决策目标由单一变为多元,决策主体由个体扩大为群体,决策方式由定时决策扩展到时序决策,决策系统愈加庞大,决策层次愈加复杂。政府投资决策是政府决策的重要内容之一,很多重大项目的建设往往涉及一个国家、一个地区、一个行业的长远发展,与公众利益息息相关。诸多超大型政府投资项目,如三峡大坝工程、南水北调工程、西电东输工程等,其决策过程更是汇聚了多个学科顶级专家的意见。决策涉及科学化和民主化两项要求,前者属于技术工具层面,后者属于价值判断层面。总的来说,关于政府决策的研究集中在决策模式、决策过程及机制、决策主体和风险等几个方面。

(一)关于政府决策的研究综述

1. 关于决策行为学的研究

在梳理政府决策的决策模式、决策过程及机制、决策主体及风险等相关理论的时候,不得不提到决策学里关于决策行为学的研究,这为上述多项研究奠定了基础。决策行为学横跨数学、运筹学、心理学和管理学,糅合了自然科学和社会科学的研究方法,将动机、记忆、情感等众多心理学符号融合到数学模型中,加深了非理性因素对决策影响的认识。决策行为学由3个部分组成,即个人决策行为、组织决策行为、群体决策行为。其中,个人决策行为主要从心理学角度进行研究,组织决策行为主要从组织理论角度进行研究,群体决策行为则结合了心理学和组织理论两个角度进行研究。[①] 政府决策是组织决策行为的一种典型代表,涉及众多主体,层次关系错综复杂,内部结构与外部环境多因素交织。从决策行为学的角度,对政府决策行为进行梳理,可以为政府投资决策行为的研究提供有益的视角。

2. 关于政府决策模式的研究

政府决策模式主要是从传统决策模式逐步转向多元化决策模式,决策主体由单

---

① 参见魏宾、胡晓峰、司光亚:《浅谈战争决策行为多Agent建模》,载《装备指挥技术学院学报》2004年第1期。

一转向多元,决策过程由封闭转向开放。传统的政府决策模式是以政府中心论为基础、以官僚制为核心的精英决策模式,在这种模式中,政府是唯一合法的决策主体,①决策过程是封闭的、非多元化的,决策过程体现的是部门负责人的偏好,行政体系内外因素及各种利益集团的影响甚小。有学者提出政府决策应回归市场和社会、回应公众需求并符合市场经济规律。② 在如何有效实现公共利益,如何有效管理公共事务,如何通过扩大或缩小政府规模提高政府效能等方面,学者引入了治理理论,希望建立一种由政府、市场、社会互动合作的多元化决策模式。但是,较多的研究还停留在理论和抽象规范方面,缺乏实证调研和可操作性。

3. 关于政府决策过程及机制的研究

政府决策过程主要涉及"实然性"和"应然性"两个研究层面。"实然性"研究关注政府决策的权力配置情况和决策程序、规则、方式等决策体制。"应然性"研究关注决策过程的制度化、合法化问题,强调决策的价值取向,在追求公共利益中始终保持权力运行的公正性和程序的正当性,最核心的是民意表达和民意回应。许文惠、张成福、孙柏英提出,政府决策过程逻辑结构为问题界定和目标确认、方案设计、方案评估、方案抉择和确定。③

政府决策机制是在决策过程中形成的,两者紧密联系。欧文·E. 休斯(Owen E. Hughes)将政府决策分为政治性的公共决策和政策分析:前者关注决策的整体性、共性、形成要素、影响因素及过程,旨在建立良好有序的"决策机制";后者关注决策的具体运用、政策内容,通过运用数据分析模型等方法倡议某项政策。④ 20 世纪 50 年代开始,政策学者一直致力于发展各种分析性工具、方法、框架、模型,希望通过对政策及制定过程正确的阐述和解释,⑤进而形成良好的决策机制,为实际工作者提

---

① 参见林志鹏:《我国公共决策制度创新问题研究——公共治理理念与互动式民主决策》,吉林大学 2005 年政治学理论博士学位论文,第 38 ~ 41 页。

② 参见孙柏英:《当代地方治理——面向 21 世纪的挑战》,中国人民大学出版 2004 年版,第 26 ~ 31 页。

③ 参见许文惠、张成福、孙柏英:《行政决策学》,中国人民大学出版社 1997 年版。

④ 参见[澳]欧文·E. 休斯:《公共管理导论》,张成福、马子博译,中国人民大学出版社 2015 年版,第 168 ~ 170 页。

⑤ 参见郭巍青:《政策制定的方法论:理性主义与反理性主义》,载《中山大学学报(社会科学版)》2003 年第 2 期。

供指导。在探索的过程中，主要形成了经验决策模型、理性决策模型①、有限理性决策模型②、渐进决策模型③等几种决策模型。理性决策模型、有限理性决策模型，都在不同程度上强调决策者的素质、能力、品质的可靠性，认为只要决策者尽到最大努力、收集到尽可能多的信息，就可能作出正确的决策，其本质是与精英决策模式相联系的。④ 但是，这两种模型忽略了政府决策的本质是一个政治过程，⑤是在目标、价值、利益、偏好等多种因素的冲突与协调中产生的，这也决定了理性主义的式微，通常只有技术辅助的意义。渐进决策模型对决策过程的描述和解释更为趋近实际情况，其模型中引入了制度、组织、文化以及行为者等重要变量，⑥将决策分析与制度分析、文化分析以及行为者分析紧密融合到一起。⑦

4. 关于政府决策主体和风险的研究

政府决策是由具体的个人或集体作出的，决策者或决策群体的能力、品质、价值

---

① 理性决策模型，是指决策者依据真实、完整、有效的信息作出理性决策，遵循最小投入获得最大产出，选择最优方案，达到最大值的政策结果。参见刘漪：《地方政府投资决策机制研究》，中山大学2007年行政管理学博士学位论文，第8～28页。

② 西蒙（Herbert Alexander Simon）对理性决策模型进行了批评和根本性修正，提出了有限理性决策学说，认为理性受制于未来预测和结果把握的有限性，往往需要依靠主观判断进行决策。在决策时，决策者也会受制于自身价值观、知识结构、认知水平等因素，在有限理性的指导下进行。因此，决策既有事实与经验成分，也有价值和伦理成分。参见［美］赫伯特·A. 西蒙：《管理决策新科学》，李柱流译，中国社会科学出版社2012年版，第33～71页。

③ 美国学者林德布洛姆（C·E. Lindblom）对理性主义模型进行了批评，提出了渐进决策模型。他认为，理性化无疑应当成为政府政策追求的目标，但是基于完全理性的理性主义模型在实践中具有不可行性。参见张国庆：《现代公共政策导论》，北京大学出版社1997年版，第242页。

④ 质疑集中在：一是理性人的假设前提缺乏经验和实证支持；二是模型过高估计了决策者的个人素质，将其假定为完全公正、客观、智慧的，而实际情况中很难达到；三是模型过高估计了逻辑推理和数学模型的工具性作用，实践中，这类分析工具面对社会性、政治性、文化性公共政策问题往往束手无策；四是模型假定决策者获取的信息是完整和有效的，但实践中，信息是有限的且无法对"投入—产出""成本—收益"等比例作出精准的计算。

⑤ 西蒙对此也加以修正，并概括了一般决策的类型问题，认为决策涵盖情报活动、设计活动、抉择活动、审查活动，涉及多方面安排。需要说明的是，西蒙对整个决策过程的阶段划分只具有一般意义。他认为，在实际的决策活动中，诸阶段是相互交织的"大圈套小圈，小圈之中还有圈"的复杂过程。参见［美］赫伯特·A. 西蒙：《管理决策新科学》，李柱流译，中国社会科学出版社2012年版，第33～71页。

⑥ 参见郭巍青：《政策制定的方法论：理性主义与反理性主义》，载《中山大学学报（社会科学版）》2003年第2期。

⑦ 林德布洛姆主张援用"民主智慧寓于社会互动之中"的市场运作原理，另行开辟一种分析和制定政策的途径，其要旨不在于专家作出周详完备的全知分析，而在于决策参与主体了解彼此的价值偏好，透过妥协调适、良性互动进而实现政策的动态均衡（dynamic equilibrium）。这种动态均衡最大限度反映了工业文明及其与之相一致的政治民主的实质和政治制度的特征。参见张国庆：《现代公共政策导论》，北京大学出版社1997年版，第242～244页。

选择及利益偏好等因素制约着决策的质量。学者对决策者本身的属性作了大量研究,提出“经济人”“理性人”“社会人”等概念,呈现了决策主体多种利益诉求交织的复杂性。与此紧密关系的,如政府机构改革、政府职能转变、政府角色转换也是研究的重点。政府决策的风险主要是从公共选择理论、政府失灵理论、委托－代理理论等出发,研究政府决策中可能存在的不当扩权、逆向选择、道德风险、寻租、贪腐等问题。

政府决策的总体变化趋势,迫切需要法学研究在行为规范、法治原理、制度建设等方面破题。20 世纪 80 年代,以谢战原①、张农田②、余明永③等为代表的一批学者初步提出政府决策法治化、决策程序化建设等建议;21 世纪以来,政府决策法治化成为热点,在具体决策研究方面取得较大进步,如规划决策④、环境决策⑤、水利决策⑥等。总的来说,基于法学视角的政府决策研究无论是在法治原理的阐释上,还是在具体制度的构建上,都有待深化。

(二)政府决策既有研究对本书的启示

从上述研究可以看出,关于政府决策的研究多是集中在经济学、管理学、社会学甚至心理学方面,揭示了政府决策是一项牵扯各方利益、复杂深刻的行为。政府决策呈现更加包容、更加开放的态势,其制度的建立和完善,从实然性的角度看,更加注重决策权力的配置和决策程序的安排;从应然性的角度看,更加强调权力运行的公正性、程序的正当性以及对公众需求的回应性。政府决策机制除了关注精英力量,还应吸纳制度、组织、文化以及行为者等重要影响因素;政府决策主体也从单一化主体转向多元化主体,决策主体的重要性更加凸显并形成了对其加强监督、防范风险的共识。上述研究也指向了从法学角度对政府决策研究的迫切性,尤其是政府决策的制度化建设方面。政府投资决策作为政府决策的一个重要组成部分,其行为的规律、内在要求及发展趋势与政府决策是一致的,而政府决策研究的不足也必然制约着对政府投资决策的研究认识。

---

① 参见谢战原:《试论决策的法律化问题》,载《政法论坛》1985 年第 2 期。

② 参见张农田:《试论国家行政机关决策程序的法制化》,载《法学论坛》1988 年第 2 期。

③ 参见余明永:《论行政决策的科学化》,载《西北政法学院学报》1988 年第 2 期。

④ 参见张长春:《有必要编制实施多规融合的发展建设规划》,载《中国投资》2014 年第 3 期。

⑤ 参见马波、陈泉生:《论环境行政决策的法律规制》,载《时代法学》2009 年第 5 期。

⑥ 参见张莉:《南水北调东线水资源供应链定价研究》,河海大学 2006 年技术经济及管理博士学位论文,第 27 ~36 页。

关于政府决策的研究理论对本书有着重要的启示：一是对政府决策行为的研究，应当着眼于改善决策系统的功能，提高决策的科学性，这就需要完善、优化或构建合理的决策制度。二是决策过程中各种主体之间的关系和互动得以强调，决策制度应在此基础上完善或构建。决策制度的研究不仅仅着眼于决策各阶段，并在此基础上形成具体的决策程序和规则，更应放眼于各种主体间关系的调整，形成更为宏观的、更能切实影响主体行为的制度结构。这些启示直接影响了本书整体研究框架的构建。

二、关于政府投资的研究

政府投资是政府基于公权力作出的经济管理活动，其本质上是经济行为，受经济规律的约束；同时，政府投资也是一项行政管理行为，受法律、法规、规章和政策性文件的规范。政府投资还涉及经济学、管理学、法学等多学科内容。从经济学角度所作的研究，多是强调政府投资的经济效益和合理性，着眼于政府投资行为与经济增长、社会发展的关系和作用，探寻恰当的政府投资领域，以实现投资效益、投资规模和投资结构的最优化。从管理学和法学角度所作的研究，侧重于政府投资行为所产生的社会效益、政府投资行为的民主透明性、合法性以及责任性问题。总的来说，关于政府投资的研究主要包括投资效益、投资管理、投资监督等几个方面。

（一）关于政府投资的研究综述

1. 关于政府投资效益的理论

政府投资主导的领域往往具有很强的外部正效应，正确的投资方向和投资规模能有力地拉动社会投资，对经济发展起着乘数效应和稳定效应。早在 18 世纪，亚当·斯密（Adam Smith）在《国富论》中涉及政府投资问题，他将国家界定为“守夜人”，其中重要职能是“建设并维持某些公共事业及某些公共工程（其建设与维持绝不是为着任何个人或任何少数人的利益）”，①政府投资被定位于提供社会公共产品。亚当·斯密认为，政府投资涉及公共事业和公共工程，在消耗一定资源的同时，从表面上看可能挤压民间资本的空间，但是，从整个社会外部性来看，则有利于国民财富的积累、促进社会的发展。亚当·斯密的核心思想是信任和依靠“看不见的手”，以市场为基础赋予个体充分的选择权，政府投资则集中在提供满足公众需求的

① ［英］亚当·斯密：《国富论》（下卷），杨敬年译，陕西人民出版社 2006 年版，第 252 页。

公共产品和公共服务上。郭庆旺和贾俊雪①、张勇②、马栓友③均通过研究系统分析了政府投资对社会投资的正向效益,肯定了政府投资的拉动作用。刘生龙等基于中国1995~2012年的省级面板数据实证分析表明,政府投资的主要方向是基础设施、人力资本、技术改造等具有较强外部性影响的方面,旨在为私人投资提供有益补充,创造良好环境。政府投资主导的某些特殊领域,如科教文卫领域,搭建了技术向生产力转变的桥梁,对产业结构的提升与优化有重要作用。④ 张学良认为,我国公共交通基础设施对区域经济增长有正向作用,正向溢出效应显著。⑤ 曾淑婉认为,政府投资推动财政支出规模的扩大对全要素生产率(TFP)的提高具有正向空间溢出效应。⑥

但是,政府投资并不总是带来正向效益,政策不当也可能产生负向效应,如挤出效应和通胀效应。在经济发展早期阶段,政府投资应主要投向基础设施建设方面,搭建良好的硬件平台,为经济启动和私人投资奠定良好的外部环境;在经济发展发达阶段,政府投资的重心应转向教育、医疗、社保、环保等具有较大正向效益的方向,增进社会福利,推动社会资本在投资中发挥更大的作用。

2. 关于政府投资管理制度的理论

大量研究揭示和分析了我国当前政府投资管理制度存在的问题,一些学者提出了政府投资管理体制建设的初步构想。上海行政法治研究所课题组认为,我国政府投资管理体制改革的重点是推进政府投资理念的转变,核心是有计划、有步骤地科学放权,由过去的全面投资转向有针对性的重点投资,投资主体由中央政府扩大到地方政府,投资方式由中央政府集中投资转变为中央政府、地方政府分级投资,投资运作方式由行政指令性操作转变为政府机制和市场机制相结合,加大激活企业活力

---

① 参见郭庆旺、贾俊雪:《中国全要素生产率的估算:1979~2004》,载《经济研究》2005年第6期;郭庆旺、贾俊雪:《公共教育政策、经济增长与人力资本溢价》,载《经济研究》2009年第10期。

② 参见张勇:《"金砖四国"的改革与发展模式比较——基于投资与制度视角的实证分析》,载《经济与管理研究》2008年第12期。

③ 参见马栓友:《1983~1999:我国的财政政策效应测算》,载《中国经济问题》2001年第11期。

④ 参见刘生龙、鄢一龙、胡鞍钢:《公共投资对私人投资的影响:挤出还是引致》,载《学术研究》2015年第11期。

⑤ 参见张学良:《中国交通基础设施促进了区域经济增长吗——兼论交通基础设施的空间溢出效应》,载《中国社会科学》2012年第3期。

⑥ 参见曾淑婉:《财政支出对全要素生产率的空间溢出效应研究——基于中国省际数据的静态与动态空间计量分析》,载《财经理论与实践》2013年第1期。

的改革力度,探索和完善项目法人制度。[①] 中国宏观经济研究院"政府投资的管理体制研究"课题组提出了完善政府投资管理体制的总体构想,即建立能体现公众民主权力、利于提高资金使用效益的政府投资管理体制,推动监督体制由内部监督转变为外部监督。[②]

3. 关于政府投资监督制度的理论

国内很多学者提出我国政府投资监管的改进构想,建议由微观管理为主向宏观调控为主转变,建立健全有关政府投资项目的法律法规和监督体系。柴君等认为,应当从以下方面深化监督体系的建设和完善:加强公众监督,提高透明度,建立相对独立的监督机构和评价机构,建立可操作的量化指标体系和项目监管现代信息化系统,建立完善的评价机制,加强政府投资项目的评审工作。[③] 柴清玉认为,应当在政府投资的预算程序、决策程序、施工程序上加强监督,严格控制项目的可行性、地方举债的规模及项目建设的质量。[④] 陈文卿提出,要建立和完善审计、纪检、重大项目稽察等综合监督机制,明确监督职责,严格职权行使程序,形成监督合力。[⑤] 杜黎明认为,应当制定"政府投资监管条例",建立和完善政府投资项目的后评价机制,对项目建设中容易产生腐败的关键环节和重点部分进行监管。[⑥]

(二)政府投资既有研究对本书的启示

从上述研究可以看出,对政府投资的研究更多是从经济角度出发,更多侧重于投资的经济效益,对社会效益的研究偏少。其中,怎样获得最优经济效益?投资的规模和投资的结构如何确定?尚无定论。而在政府投资的社会效益方面缺乏系统的论述,对于政府投资通过改变经济基础进而影响上层建筑,例如,政府投资建设的过程可能推动一个国家或地区的公民参与水平的提高、政府回应水平的提高及全社会民主化进程的前进等方面,尚有很大的研究空间。政府投资领域产生的问题,均可以归结到政府投资管理上。政府投资有效性较低的根本原因在制度层面,而非单

---

① 参见上海市行政法制研究所:《政府投资管理制度研究》,载《政府法制研究》2004 年第 10 期。

② 参见中国宏观经济研究院:《完善政府投资管理体制的总体构想》,载《宏观经济研究》2005 年第 2 期。

③ 参见柴君、傅俊卫、李培亮:《对我国政府投资项目管理方式的探讨》,载《价值工程》2003 年第 2 期。

④ 参见柴清玉:《对地方人大决定、监督政府投资项目的探讨》,载《人大建设》2009 年第 5 期。

⑤ 参见陈文卿:《完善政府重大项目监督机制》,载《大连日报》2010 年 8 月 17 日,第 5 版。

⑥ 参见杜黎明:《应制定政府投资监管条例》,载《法制日报》2010 年 3 月 9 日,第 2 版。

纯的技术层面。随着对政府投资规律认识的加深,国内外研究开始关注政府投资管理、政府投资监督等方面的制度建设。但是,目前的研究较为宏大,涵盖了整个投资过程,着眼点较多,提出的建议也多从宏观角度出发,较为原则和笼统。

关于政府投资的研究对本书选题的研究有着重要的启示:一是在政府投资决策制度化建设过程中,应当高度重视政府投资作为一项经济活动应尊重经济规律的内在要求,在宏观层面谨慎判断投资方向、投资规模和投资结构,以确保政府投资整体效益的正向性。二是在政府投资决策具体制度化建设过程中,注重对投资行为的管理和监督,将决策行为放到整个投资行为中进行考察,在适当的领域投资,在社会经济发展不同阶段实施不同的投资政策。三是在政府投资决策制度运行中,推动政府治理的法治化和透明化,通过强化管理和加强监督提升决策的科学化和民主化,打击寻租和腐败行为,关注制度建设对公众需求的回应性及提升公众的参与度。这些启示推动本书从经济学角度切入,力图探寻在政府投资决策整体制度框架中,从宏观决策层面确定投资方向、规模、结构等内容与从微观决策层面确定具体项目上的一致性。

三、关于政府投资决策的研究

关于政府投资决策的研究,相对政府决策和政府投资研究来说,较为薄弱。目前,尚未形成系统化的研究。学者普遍认为,政府投资决策存在科学性和民主性缺陷,非正式制度在决策中产生了较大影响。领导在项目审批上有实质性的投资决定权且缺乏有效的监督,政府相关职能部门在一定范围内也掌握着相当大的投资决策权。大部分研究认为,政府投资决策制度的不健全、不完善是很多政府投资项目失败的重要原因。决策机制的缺陷造成了大量低效率、高重复、高浪费工程,许多项目的建设并不是为了增进公共利益、提供紧缺的公共产品,而是成为部分领导的“政绩工程”“面子工程”。围绕政府投资决策的研究,主要集中在政府投资决策特点、政府投资决策机制、政府投资决策程序、政府投资决策监督等方面。

(一)关于政府投资决策的研究综述

1. 关于政府投资决策机制的理论

张国平对决策权配置及政府投资决策机制进行了分析,提出了立法路径及立法框架的设想。① 谢琳琳对我国公共投资建设项目决策机制进行了研究,指出应加强

① 参见张国平:《政府投资决策权研究》,中国法制出版社2012年版。

决策的公共参与机制、专家咨询机制、风险控制机制等方面内容的建设。① 周燕对某省级政府的投资决策体制进行了实证调研，指出投资决策权多头行使、项目审批权及资金配置权分散、统计口径混乱及投资决策责任模糊不清是主要问题。② 刘漪从地方政府的角度对投资决策机制作了研究，认为应当形成决策机制、参与机制、监管机制相统一的有机整体。③ 杨琳提出了基于信息对称理论的 PMIS(Project Management Information System，项目管理信息系统)信息集成管理模式，转变思维，从功利决策到全面决策，集合决策者、执行者、咨询者、公众形成多元化决策主体模式。④ 李善波、时现基于实证角度对政府投资项目的决策权配置问题进行了研究，指出决策权应当与决策者知识相匹配，应当建立有效的问责制度，以避免投资决策的失误、低效及资源的浪费。⑤ 刘立峰对地方政府投融资产生的缺陷和扭曲进行了研究，提出要建立地方政府投资运作的制度框架，规范地方融资平台，规范地方政府举债，正确引导地方政府投资，特别是要确立地方政府投资权责的合理安排与制衡机制。⑥

2. 关于政府投资决策程序的理论

徐华认为，政府投资决策过程中应当引入公众参与，并就其可能存在的问题作了研究，提出了构建公众参与机制的建议。⑦ 谢琳琳和杨宇对公众参与政府投资决策作了实证研究，从公众参与尚处于初级阶段的国情出发，提出了深化制度建设、拓宽参与渠道、培育公众参与意识等建议。⑧ 郑书前认为，公众参与尤其是听证制度的引入可以保证政府投资决策程序的科学化和透明化，其中完善听证规则如听证范围、听证主持人、听证参加人、听证笔录、听证期限、听证结果法律救济等方面的内容

---

① 参见谢琳琳：《公共投资建设项目决策体制研究》，重庆大学 2005 年管理科学与工程专业博士学位论文。

② 参见周燕：《中国省级政府投资中的正式与非正式制度比较——以 A 省为例》，载《武汉大学学报(社会科学版)》2006 年第 6 期。

③ 参见刘漪：《地方政府投资决策机制研究》，中山大学 2007 年行政管理学博士学位论文。

④ 参见杨琳：《我国公共工程投资决策体制研究》，武汉理工大学 2008 年结构工程专业硕士学位论文。

⑤ 参见李善波、时现：《政府投资项目决策权配置构造实证研究》，载《中国软科学》2008 年第 10 期。

⑥ 参见刘立峰：《政府投资行为及其治理》，载《宏观经济研究》2012 年第 7 期。

⑦ 参见徐华：《政府投资项目决策中公众参与问题研究》，重庆大学 2006 年管理科学与工程专业硕士学位论文。

⑧ 参见谢琳琳、杨宇：《政府投资建设项目决策中公众参与实证研究》，载《建筑经济》2012 年第 8 期。

极其重要。[1] 朱维平、周国栋对政府投资决策问责情况作了研究，提出应公开责任信息以及建立责任追究制度。[2] 祁玉清[3]、张茜[4]提出对政府投资风险进行有效监控和规避。王立国和张洪伟[5]、赵锐敏和刘月明[6]、高喜珍和陈通[7]、张昭[8]均对政府投资决策的科学化、政府投资决策标准及范围等问题进行了研究。

3. 关于政府投资决策监督的理论

浙江省发展和改革委员会课题组提出，政府投资决策项目监管体系应当建立决策、执行、监督相分离的管理体制，重点是对项目的审批权、项目资金的使用权进行审查和问责。[9] 各级政府之间应通过完善投资管理分工机制，加强不同层级间政府和同一层级不同政府部门间的合作，约束投资决策行为。[10] 在决策过程中，投资主管部门应广泛征求社会各界和公众意见，公开投资立项审批过程和资金安排情况，重大投资项目应实行专家评议制度和集体决议制度。[11] 针对政府投资决策过程中存在的问责较难、权责不一致的现象，应加快政府投资决策责任制度的建设进程，建立和完善相关配套的监督和约束机制。[12]

（二）政府投资决策既有研究对本书的启示

我国当前对政府投资决策的研究比较分散，多是针对决策过程中的某个点进行，系统性不够，对实践的指导作用有限。在研究的过程中，对政府投资决策行为的规律认识不足，几乎没有涉及政府投资决策法律制度的系统论述，尤其是决策主体

---

① 参见郑书前：《公共投资决策程序的社会公众参与研究——以听证制度为视角》，载《云南大学学报（法学版）》2007年第2期。

② 参见朱维平、周国栋：《政府投资责任制和责任追究制探索》，载《宏观经济管理》2010年第3期。

③ 参见祁玉清：《防范政府投资项目的决策风险》，载《宏观经济管理》2006年第7期。

④ 参见张茜：《我国地方政府投资决策风险规避研究》，燕山大学2009年行政管理硕士学位论文。

⑤ 参见王立国、张洪伟：《地方政府公共投资制度与投资决策问题研究——基于完善投资体制和投资决策科学化的文献综述》，载《财经问题研究》2011年第9期。

⑥ 参见赵锐敏、刘月明：《实现公共投资决策科学化的对策思考》，载《北京市经济管理干部学院学报》2006年第3期。

⑦ 参见高喜珍、陈通：《成本效益分析在公共投资项目决策中的适用性分析》，载《中国农机化》2010年第3期。

⑧ 参见张昭：《政府投资决策法律制度探究》，载《宏观经济管理》2012年第8期。

⑨ 参见浙江省发展和改革委员会课题组：《构建浙江政府投资项目监管体系研究》，载《浙江经济》2006年第7期。

⑩ 参见国家发改委：《政府投资条例（征求意见稿）》，2005年。

⑪ 参见国家发改委：《国家发展改革委中央政府投资项目公示试点办法》，2005年。

⑫ 参见田旭、张传庆：《关于建立政府投资决策责任追究机制的几点思考》，载《甘肃农业》2006年第9期。

之间权力职责和权利义务如何合理配置、决策程序内容与决策实体内容如何有效衔接、参与机制中如何提供制度性的参与途径、决策责任如何界定以及怎样追究等问题,没有得到很好的回答,而这些问题是形成科学、民主决策的前提和必要条件。本书尝试着从这些研究空白入手,构筑和完善我国的政府投资决策法律制度。

综上所述,国内外对政府决策、政府投资、政府投资决策的研究,形成大量成果,也存在不少薄弱环节。

一是对政府投资决策的专门研究还较少,要么是放到政府投资整个过程来考察,聚焦在政府投资的投融资机制、项目建设实施情况、项目绩效评价等领域,论述过于宏观和笼统;要么是选取决策中某些更小概念下特定的决策规律进行分析,局限于点上研究,论述过于微观和具体。目前,政府投资决策法律制度建设方面尚未形成系统、深入的研究。

二是对政府投资决策规律的研究有待深化,缺乏针对我国特殊国情和新时代背景下政府投资决策规律的提炼和归纳。在政府投资项目建设探索过程中,理论界和实务界普遍认同“投资—建设—管理—使用”相分离的建设管理模式。然而,在这种模式下,投资决策的主体、方式、程序等决策要素发生了必然改变,这种改变在新时代供给侧结构性改革的大背景下如何发挥作用方面的研究尚不足,需要作进一步探索。

三是对政府投资决策的研究多为定性研究,很多研究还停留在相关经验资料的收集整理阶段,缺乏深度的挖掘,既没有上升到从法学、经济学、管理学、政治学等多学科相关理论高度对政府投资决策给予理论上的有力解释和支撑,也没有下沉到应用层面给出解决实际问题的可操作性具体方法。

基于上述研究的成就和不足,本书力图构筑政府投资决策法律制度研究基本框架,并期望在框架内弥补一些理论上的不足和提出尽可能有用的解决方案。

第三节　研究方法和研究框架

一、研究方法

政府投资决策牵扯复杂的利益调整,是一个宏大的综合性问题,涵盖法学、经济学、管理学、政治学等多学科理论知识,这决定了本书的研究不能采用单一的方法。研究目标的实现依赖于科学的方法、尊重客观规律的态度,须在合理论证的基础上探讨问题、寻找解决方案。本书立足于理论探讨与实践调研相结合,借鉴和融合了管理学、经济学、社会学与政治学等多学科的原理和方法,通过文献整理、案例分析、实证调研等方式开展研究,从经济法的角度对政府投资决策主体及相互关系、决策行为、法律制度构建进行了考察,具体采用了以下方法:

一是实证分析。毛泽东同志曾指出“没有调查,就没有发言权”;[①]邓小平同志也指出,“调查研究,从实际出发,分析问题,解决问题”。[②] 实证分析是非常重要的学术研究方法。政府投资决策是一项实践性很强的政府行为,但是,囿于当前政府投资决策封闭性较强、法治化程度有限,很难通过公开的信息去了解决策运作的过程。对此,笔者通过实地走访、集中座谈、个别访谈、案例分析等方法,对当前政府投资决策实践中的运行情况、成效和问题进行了调研了解。认真拟定访谈提纲,通过多种渠道调研了重庆市发改委投资处、综合处、法规处、纪检组,重庆市财政局经济建设处、预算处、国库处、纪检组,重庆市建委,重庆市审计局,重庆市统计局,中国宏观经济研究院投资研究所,四川省发改委,福建省发改委,湖南省发改委,广州市发改委,成都市发改委,福州市发改委等单位。在本书几易其稿的过程中,随着对论题理解的不断深入,针对不断涌现的新问题、新情况,多次向有关单位负责人和工作人员咨询和求证,力图通过大量的调研工作,掌握政府投资决策在操作层面的实际情况,摸清问题。

二是规范分析。实证分析与规范分析紧密联系,实证分析不能“为了实证而实证”,所有的数据、案例都应当服务于规范分析,在充足的规范性理论支撑下,揭示相关现象。规范分析应以一定的实证分析为基础,其论证才有说服力。本书试图以实证分析的方法,通过数据和案例说话,梳理政府投资决策法律制度运行的现状,将整体制度体系分解为3个有机联系的制度,描述其决策的形成过程、决策主体的影响和作用、决策权力的配置状态、3个制度的运行状态及相互关系,并在此基础上挖掘问题。政府投资决策问题不是一个单纯的经济决策问题,而是各种社会主体运用其掌握的资源,表达利益要求和愿望,影响决策结果,以便使自身利益最大化的复合型问题。政府投资决策过程交织着各种社会利益、各种诉求之间的平衡与折中,这也是规范分析的重要内容。在政府投资决策研究中,一个基本的课题是如何恰当界定

---

① 《毛泽东选集》(第1卷),人民出版社1991年版,第109页。

② 《邓小平文选》(第2卷),人民出版社1993年版,第123页。

不同价值系统在决策博弈中的影响,以及各决策主体在决策过程中扮演的角色和发挥的作用。笔者希望在实证分析的基础上引入规范分析,着眼于决策主体的应然作用、相互间关系、作用机理形成决策制度,试图通过构建和完善决策法律制度体系,对决策权力、职责、权利、义务等要素重新配置进而推动政府投资决策的科学化和民主化,形成有效的投资结果。

三是历史分析。"以史为镜,可以知新替"。运用历史分析的方法,就是要用一种运动、变化、发展的观点分析客观事物和社会现象。事物的变化是永恒的,永恒变化之间是相互联系、上承下续的。在分析具体问题的时候,应当将其放到不同历史背景、历史阶段中加以联系和比较,这样才能弄清其实质,揭示其发展趋势。应从纵向维度,梳理和审视我国政府投资决策制度的沿革及变化,对符合历史规律的做法予以吸收和延续,对违背历史规律的做法予以扬弃和修正。通过历史分析的方法,从历史唯物主义的角度剖析政府投资决策制度变迁的优劣,对我国当前政府投资决策法律制度的构建和完善有着重要的意义。

二、研究框架

在经济法视野下,本书从决策中最核心的因素——"人"的角度,以政府投资决策主体为基础,将政府投资决策法律制度分解为3个有机联系、相互作用的部分,即核心法律制度、参与法律制度、监督法律制度,力求探寻上述制度在运行中存在的不足、形成的原因。针对问题的成因,探讨能否构建和完善可以切实影响政府投资决策行为的制度体系,以规范政府投资决策行为。本书在历史梳理、现状考察、理论借鉴和实践经验的基础上,结合经济学、管理学、政治学等学科的相关理论,探讨中国政府投资决策法治化问题,最终落脚点是建立和完善政府投资决策法律制度,以保障投资决策的科学性和民主性。全书共分为8个部分:

导论部分主要阐述了选题的背景及研究意义,对政府投资、政府决策、政府投资决策的研究现状进行了综述,并介绍了本书的研究方法和研究框架。

第一章,政府投资决策法律制度的基础理论。作为研究的逻辑起点,政府投资决策相关概念的界定和基本特征的梳理非常重要。鉴于政府投资的特定功能,政府投资决策有其特有的运作范围,其边界和特征均可放到政府投资范围中考察。同时,梳理和归纳不同学科支撑政府投资决策法律制度建立和完善的理论依据,为后文展开进一步论述做好铺垫。

第二章，政府投资决策法律制度的沿革。我国政府投资对推动国民经济发展贡献显著，然而，取得这样的成绩并不是一蹴而就的，其中，有波折也有反复。从时间的纵向维度梳理和归纳我国政府投资决策制度的发展变迁，总结成绩和问题，为后文结合现状、问题和成因展开进一步论述奠定基础。

第三章，政府投资决策法律制度的整体考察。本章从政府投资决策整体情况考察的角度论述了政府投资决策应关注包括经济效益和社会效益在内的整体效益。在此基础上，无论是涉及政府投资规模、结构和方向的宏观决策层面，还是涉及具体项目立项流程及评价的微观决策层面，都应统一到充分评估和衡量投资可能产生的整体效应中来。本章分析了政府投资决策法律制度整体存在的问题，提出政府投资决策法律制度的内在要求，即推动政府投资决策的科学化、民主化、法治化，进而构建制度的整体框架。本章根据政府投资主体在决策过程中是否行使行政决策权、发挥作用及影响的大小将各决策主体分为核心主体、参与主体、监督主体，并在此基础上，将政府投资决策法律制度分解为 3 个有机联系、相互作用的子制度，分别是核心决策制度、参与决策制度、监督决策制度，形成了政府投资决策法律制度的整体框架，搭建了全文“总—分”论述的整体结构，总领后 3 章分述部分。

第四章，政府投资决策核心法律制度。政府投资决策核心法律制度的运行涉及政府投资决策权的纵向分配制度和横向分配制度，以及重大政府投资集体决策制度。在分析我国政府投资决策权纵向分配制度、横向分配制度、重大政府投资集体决策制度现状与不足的基础上，提出了相关建议，包括从纵向分配上推动中央—地方政府投资事权与投资财力相匹配；从横向分配上合理划分各级政府的投资决策权限；从制度建设上优化重大政府投资决策的启动机制、程序规则、问责机制等。

第五章，政府投资决策参与法律制度。政府投资决策参与法律制度构筑了公众对其需求和意志予以表达的制度渠道，主要由以专家及咨询机构为主体的专业化参与制度、以普通公众为主体的民主化参与制度和以地方融资平台为主体的市场化参与制度组成。本章分析了我国现行政府投资参与法律制度的现状及不足，论述了相关具体制度的建设，包括专家及咨询机构参与制度、信息公开制度、听证制度、地方政府债务及地方融资平台规制等内容。

第六章，政府投资决策监督法律制度。对决策中权力运行予以监督非常重要，是确保决策科学化和民主化的关键环节。政府投资决策监督法律制度主要由行政监督、权力监督、社会监督3个部分构成。本章在分析我国现行政府投资决策监督法律制度的现状与不足的基础上,提出了完善监督的法律体系、强化不同主体的监督、健全政府投资决策责任制度等建议。

结语部分概括了研究的基本结论和创新之处,并明确了进一步研究的方向。

第一章 政府投资决策法律制度的基础理论

基础理论既是构建制度的基石,也是实践活动的指南针。对政府投资决策法律制度的研究,应从基础理论入手,厘清政府投资决策及相关概念的内涵、外延和特征,确定政府投资决策的范围,梳理支撑相关法律制度建设的理论依据。在此基础上,才能更好地探索和把握政府投资决策活动的内在规律,为后文的论述做好铺垫。

第一节 基本概念的界定

建立和健全有效的政府投资决策法律制度,首先要准确界定投资、政府投资、政府投资项目、政府投资决策、政府投资决策法律制度这几个前提性概念的基本内涵。博登海默曾说,概念是解决法律问题所必需和必不可少的工具,①对概念的准确把握是我们解决问题的逻辑起点。

一、投资

20 世纪以来,投资都是和资本联系在一起的。② 在经济学中,投资的定义在不同时期有所区别,在古典经济学时代,

① 参见[美]E. 博登海默:《法理学:法律哲学与法律方法》,邓正来译,中国政法大学出版社 1999 年版,第 486 页。

② 参见杜两省:《投资与经济增长》,中国财政经济出版社 1996 年版,第 15 页。

投资和资本几乎等同,不作区分;凯恩斯主义兴起后,投资与资本作了区分,“投资就是资本的形成——获得或创造用于生产的资源”。① 现代经济学对投资主要从实物投资和金融投资两个方面来界定,实物投资是指社会再生产过程中增加资金投入的活动以及由此引起的实物资本增加;金融投资是指对于金融工具的购买活动或购买活动所耗用的资金。② 因此,投资可分为“经济学意义的投资”“金融学意义的投资”“更广义的投资”。“经济学意义的投资”,是指垫付货币用以形成固定资本和流动资本的一种经济活动,也叫“实物投资”。马克思在《资本论》中曾指出,“投资,即货币转化为生产资本”。“金融学意义的投资”,主要是指股票、债券等金融资产的形成与运用,可以理解为通常所说的“证券投资”。“更广义的投资”,是指包括物质资本、金融资本、人力资本的投资,即投入性的资产,不仅包括实物资产、金融资产,还包括人力资本。人力资本投资主要是指用于教育和卫生的支出活动。这一概念的提出,是由于技术进步要素在经济社会发展中的重要性日益突出,特别是在知识经济兴起的时代,人力资本投资的作用更加显著。③

在我国,构成国民经济物质系统的投资是实物投资,实物投资包括固定资产投资和流动资产投资。固定资产投资,通常是指用于构建新的固定资产(土地、房屋设备、道路等)或更新改造原有固定资产的投资。流动资产投资,则是指企业用于购买、储存劳动对象(原材料、电力等)以及占用在生产过程和流通过程的在产品、产成品等周转资金的投资,即经济学所称的增加存货投资。实物投资中最重要的是固定资产投资。④ 本书所论述的投资,是指固定资产投资,在叙述中将固定资产投资简称为投资。

二、政府投资

(一)政府投资的含义

《政府投资条例》(2019 年)第 2 条,明确了政府投资是指在中国境内使用预算安排的资金进行固定资产投资建设活动,包括新建、扩建、改建、技术改造等。政府

---

① [英]约翰·伊特韦尔、[美]默里·米尔盖特、[美]皮特·纽曼等:《新帕尔格雷夫经济学大辞典》,陈岱孙等译,经济科学出版社 1992 年版,第 1053 页。

② 参见陈工:《政府投资学》,高等教育出版社 2012 年版,第 5 页。

③ 参见国家发展和改革委员会投资司:《投资体制改革》,中国方正出版社 2004 年版,第 56 页。

④ 同上书,第 334 页。

投资的含义可以从资金渠道和投资主体两个方面来解读。

就资金渠道方面看，在当前的政府投资统计体系中，还没有按照中央及各级政府、国有企业、私营企业等主体进行分类核算，所以一般以资金来源为依据对政府投资进行定义。《预算法》（2018 年修订）第 5 条明确规定，预算包括一般公共预算①（中央一般公共预算②和地方各级一般公共预算③）、政府性基金预算④、国有资本经营预算⑤、社会保险基金预算。⑥ 鉴于近年来国家人口结构老龄化幅度明显提高，社会保险基金面临较大的支出压力，因此，《政府投资条例》（2019 年）中所指的预算安排的资金主要是一般公共预算资金、政府性基金预算资金和国有资本经营预算资金。

《政府投资条例》（2019 年）没有沿用之前的《政府投资条例（征求意见稿）》（2010 年）将政府投资资金来源定义为“政府性资金”⑦的概念，主要是与 2011 年以来国家全面取消预算外资金，同时与《预算法》（2014 年修订）所要求的“全口径预算”保持一致，即将所有类型的财政资金收支都纳入统一管理体系。在“全口径预算”的理念下，结合《政府投资条例》（2019 年）关于“政府及其有关部门不得违法违规举借债务筹措政府投资资金”的规定，长期游离于预算之外的政府性债务也应当

---

① 《预算法》（2018 年修订）第 6 条规定，一般公共预算是对以税收为主体的财政收入，安排用于保障和改善民生、推动经济社会发展、维护国家安全、维持国家机构正常运转等方面的收支预算。根据《预算法》规定，一般公共预算包括中央一般公共预算和地方各级一般公共预算。中央一般公共预算包括中央各部门（含直属单位，下同）的预算和中央对地方的税收返还、转移支付预算。

② 根据《预算法》（2018 年修订）规定，中央一般公共预算包括中央各部门（含直属单位，下同）的预算和中央对地方的税收返还、转移支付预算。中央一般公共预算收入包括中央本级收入和地方向中央的上解收入。中央一般公共预算支出包括中央本级支出、中央对地方的税收返还和转移支付。

③ 根据《预算法》（2018 年修订）规定，地方各级一般公共预算收入包括地方本级收入、上级政府对本级政府的税收返还和转移支付、下级政府的上解收入。地方各级一般公共预算支出包括地方本级支出、对上级政府的上解支出、对下级政府的税收返还和转移支付。

④ 《预算法》（2018 年修订）第 9 条规定，政府性基金预算是对依照法律、行政法规的规定在一定期限内向特定对象征收、收取或者以其他方式筹集的资金，专项用于特定公共事业发展的收支预算。

⑤ 《预算法》（2018 年修订）第 10 条规定，国有资本经营预算是对国有资本收益作出支出安排的收支预算。

⑥ 《预算法》（2018 年修订）第 11 条规定，社会保险基金预算是对社会保险缴款、一般公共预算安排和其他方式筹集的资金，专项用于社会保险的收支预算。

⑦ 《政府投资条例（征求意见稿）》（2010 年）第 2 条规定，政府投资，是指在中华人民共和国境内使用政府性资金进行的固定资产投资活动。第 3 条对政府性资金的具体内容作了说明，是指财政预算内投资资金，各类专项建设基金，国家主权外债资金以及其他政府性资金。

纳入预算管理。因此,政府投资资金,还可源于地方政府在满足举债资格①、债务纳入预算管理②、债务资金严格限制用途③的基础上依法举债筹措的资金。政府投资根据调控目标,按项目的性质安排,一般采用直接投资、注入资本金的方式;适当的情况下,也采用投资补助、贷款贴息等方式。

以不同的投资主体为基础,政府投资可分为广义政府投资和狭义政府投资。广义政府投资,是指中央政府、地方各级政府、国有企业为了实现一定的经济目标,直接作为投资主体,使用预算资金和自筹资金对公共领域进行的各类投资,包括对公共物品及服务的投资和国有资本投资。④ 狭义政府投资,是指中央及地方各级政府以预算资金对公共领域进行的投资。⑤ 由于国有企业投资管理体制与使用财政预算资金的政府投资管理体制有较大区别,因此,在实践中,政府投资专指以政府为投资主体的投资,不包括以国有企业为投资主体的投资。本书中所指的政府投资,主要是指以政府为投资主体、以预算安排的资金在公共领域所进行的固定资产投资建设活动。

与政府投资相近的概念是公共投资。公共投资是按投资领域划分的。公共投资,是指各种经济主体以公共领域为投资领域而进行的投资。公共投资的主体是多元的,广义的公共投资主体包括政府主体和非政府主体,⑥狭义的公共投资专指政府对公共领域进行的投资。因此,狭义的公共投资与狭义的政府投资是相同的,其实质都是财政投资。政府投资强调的投资主体是政府,其投资领域既可以是公共领域,也可以不是公共领域;而公共投资则强调投资的领域是公共领域,其投资主体既可以是政府,也可以是居民和企业。在现实中政府投资与公共投资经常混用,应当

① 根据《预算法》(2018 年修订)及《国务院关于加强地方政府性债务管理的意见》的规定,经国务院批准的省、自治区、直辖市政府方可适度举借债务,市县级政府确需举借债务的,应由省、自治区、直辖市政府代为举借;政府债务只能通过政府及其部门举借,不得通过企事业单位等举借。

② 根据《预算法》(2018 年修订)及《国务院关于加强地方政府性债务管理的意见》的规定,地方政府举债仅能采取政府债券方式,并应纳入预算管理。没有收益的公益性事业发展确需政府举借一般债务的,由地方政府发行一般债券融资,收支纳入一般公共预算管理,主要以一般公共预算收入偿还;有一定收益的公益性事业发展确需政府举借专项债务的,由地方政府通过发行专项债券融资,收支纳入政府性基金预算管理,以对应的政府性基金或专项收入偿还。

③ 根据《预算法》(2018 年修订)及《国务院关于加强地方政府性债务管理的意见》的规定,举借资金仅能用于公益性资本支出,不得用于经常性支出。

④ 参见殷强:《我国公共投资规模效率实证分析》,载《新疆财经学院学报》2007 年第 2 期。

⑤ 参见陈工:《政府投资学》,高等教育出版社 2012 年版,第 6 页。

⑥ 参见张雷宝:《地方政府公共投资研究》,载《财政研究》2004 年第 3 期。

严格区别,只有两者都采用狭义的定义方式时才能等同。

在此,本书所称的政府投资主要是中央和地方县级以上政府在中国境内通过使用预算安排的资金进行固定资产投资建设活动。

(二)政府投资的特征

政府投资有着显著的特征,区别于一般投资。一是公益性。政府投资主要是通过提供公共服务和产品满足公众需求,保持社会经济的可持续性发展。政府投资往往涉及大量公益性、非营利的项目,投资规模大、回收周期长。而一般投资是以追求自身利益最大化为目标,对投资回报有较高要求。二是正外部性。政府投资对社会经济发展有着长足的影响,涉及基础设施建设、产业结构调整、城乡统筹发展、区域经济平衡、科教文卫体发展等,大到国家、小到个人,都与之息息相关。政府投资往往能创造更好的发展环境,具有很强的正外部性。三是严格性。由于政府投入资金体量大、影响深远,所以有着严格的管理程序,如立项审批制度、政府采购制度、项目评审制度等,以保障资金使用的效益。

(三)政府投资的分类

政府投资根据不同的标准可作不同的分类:

一是根据行政结构和层级分为中央政府投资和地方政府投资。中央政府投资,是指中央政府作为一级投资主体所进行的投资,其资金来源主要是中央财政,投资内容包括全国性重点建设项目、涉及国家长远发展的公益性投资、涉及区域经济平衡的建设投资等。地方政府投资,是指地方政府(省、市、县政府)作为一级投资主体所进行的投资,其资金来源主要是地方预算财政、转移性支付及其他资金,主要投向地方性科教、文卫、水利、基建等方面。

二是根据投入性质分为无偿投资和有偿投资。无偿投资,是政府为保障纯公益性部门向社会提供的产品与服务能力所进行的投资,比如行政机关、国防事业、科教文卫体等,一般采用拨款的方式投入。有偿投资,主要指政府对具有准经营性质的公共基础建设、支柱产业和新兴产业、重要战略意义的项目等进行的投资,多采取政策性贷款和资本金注入等方式。

三是根据投入是否可控划分为刚性投资与弹性投资。刚性投资,是指政府必须支付,不能随意逾期或停付的投资支出,也被称为不可控性投资,通常是在特殊的领域或特殊的地域进行,如义务教育、公共防疫等纯公益性领域。弹性投资,则是政府可根据宏观调控目标、社会经济状态、行业特点和年度财政预算情况调增或调减的投资支出，也被称为可控制性投资。①

上述几种分类并不是绝对的，相同的政府投资按不同的标准可以归入不同的政府投资类型。本书对政府投资的分类并不固定于其中某个分类，而是根据具体章节研究内容的不同、侧重点的不同，参考实际情况，选用最合适的分类标准。例如，在第四章讨论中央—地方政府间投资决策权的纵向配置时，更多采用的是根据政府投资主体行政结构和层级进行划分的标准。

三、政府投资项目

（一）政府投资项目的含义

财政部编写的《政府投资项目标底审查实务》从建设目标和资金来源两个方面对政府投资项目进行了定义，认为政府投资项目是政府为了推动国民经济和社会在全国或区域的良性发展，落实宏观调控目标，增进公众福利，满足社会不断提高的物质、文化需求而进行的固定资产投资；在投资中，基于国家安全、政治、经济等综合因素的考虑，政府主要通过财政投资、发行债券（国债或地方政府债券）、利用外国政府赠款以及国家财政担保的国内外金融组织的贷款等方式，以独资或合资的形式兴建具体的固定投资项目。② 后续出台的法律法规相继接受和采纳这一概念。在此，本书将此概念与《政府投资条例》（2019 年）相结合，认为政府投资项目是中央和地方县级以上政府在中国境内通过使用预算安排的资金兴建的固定资产投资项目。由此可以看出，政府投资项目是政府投资的具体化或实物化结果，是政府投资价值取向和国家宏观调控目标在操作层面的具体体现。政府投资项目的实施情况决定政府投资目标能否达成，也决定政府投资决策的后评价结果，与政府投资存在密切联系的对应关系。

（二）政府投资项目的特征

政府投资项目的投资主体是中央政府和地方各级政府（县级以上），资金来源是财政预算安排的资金，投资方式是政府通过集中资源优势为公众提供公共产品和服务，不同于一般投资项目，具有以下特征：

一是政府的主导性。政府投资项目是政府以预算安排的资金进行投资的项目，

---

① 参见王元京：《政府投资方式适用性研究》，载《经济研究参考》2006 年第 4 期。

② 参见财政部投资评审中心主编：《政府投资项目标底审查实务》，经济科学出版社 2000 年版，第 20 ~ 100 页。

政府在投资项目的规划、立项、建设以及后期运营的整个过程中都发挥决定性的作用,有完整意义的、绝对主导的投资决策权。为了保证此类项目的效益,政府的管控也更加严格,对立项审批、项目采购、项目评审、项目管理、项目后评价等方面都有严格的要求。

二是政府投资项目具有公共性。政府投资项目不同于一般投资项目是以追求经济利益最大化为目标,而是以服务国民经济发展和公众需求为目标。政府投资项目多数集中在非营利、难以营利或投资回收周期较长的项目,如基础设施建设、国防安全设施等项目,投入资金大、社会影响大,这也意味着项目需要经过合理规划和充分论证,建设和运营的环境相对稳定。

三是投资拉动效果明显。政府投资项目对烫平经济周期、拉动需求有重要的作用。巨额的政府投资,能够带动具体项目的上下游产业发展,刺激生产扩张、提高就业水平、提升要素流动、激活市场需求、引导社会投资,进而加快社会整体经济的增长。尤其是超大型政府投资项目的建设和运营,可能影响与之相关的诸多产业和部门、区域经济发展和产业结构调整,与社会整体发展、人民生活质量提升息息相关。

四、政府投资决策

(一)政府投资决策的含义

决策,是指人们在改造世界的过程中,寻求并决定某种最优化目标和行动方案;①是指决定策略或方针,或是指决定的策略或方法。②③ 可见,决策不单单是一个结果,还是确保结果获得的一个过程。本书所指的政府投资决策,是指政府投资决策主体依据经济规律、宏观调控要求和项目建设规律,遵循科学、理性、民主的决策程序,确定政府投资的目标,严格论证投资项目建设的必要性和可行性,最终作出是否立项的决定。政府投资决策是政府决策的一个特定领域,是政府在投资领域的决策行为。政府决策不是单个行为,而是系列连续政府行为及其关联机制的集合,主要包括信息获取机制、多方沟通机制、需求察觉机制、公众参与机制、专家及咨询机

---

① 参见夏征农、陈至立主编:《辞海》,上海辞书出版社2009年版,第1187页。

② 参见李行健主编:《现代汉语规范词典》,外语教学与研究出版社、语文出版社2004年版,第718页。

③ 参见中国社会科学院语言研究所词典编辑室:《现代汉语词典》,商务印书馆2012年版,第1057页。

构参与机制、平衡和协调机制、制约与监督机制等,①是一个完整的行为机制链。从整体运行情况看,政府决策涉及政府决策权力的分配和关于政府决策运作的程序、规则与方式、监督等一系列制度性安排。

政府投资决策根据所涉范围和影响的大小,可以分为宏观决策和微观决策。宏观决策是政府站在全国或某一地区的高度,综合考虑投资效益,对政府预算资金的投资方向、投资规模、投资结构等全局性、综合性、长期性重大问题所作的决策,一般通过国民经济社会发展总体规划、主体功能区规划、区域规划、专项规划等中长期规划实施。微观决策是政府通过立项审批确定具体的投资项目,匹配预算资金所作的决策,一般通过政府投资计划确定待投资项目(“进盘子”),在入围项目中根据宏观经济调控要求、资金总量、项目条件等因素谨慎筛选,确定最终投资项目。

(二)政府投资决策的特征

政府投资决策除了具备一般决策的共同特征,还具有自身的特征。一是公共性。政府投资决策是各级政府履行行政职能的要求,通过一定的法定程序进行的决策,决策结果是为公众提供公共产品和服务,为企业发展创造良好的基础条件,促进产业升级和区域、城乡协同发展。二是非营利性。政府投资决策的价值取向与企业投资的价值取向不同,不以利己动因下追求经济效益最大化为目标。政府投资决策追求的目标是社会效益、生态效益、长期效益和宏观效益的最大化;政府投资具有很强的外部性效应,收益存在明显的外溢,评价决策是否成功,不能单凭某个项目、某个决定,而是要放到宏观、整体的经济社会环境中进行综合评价。三是复杂性。政府投资决策关系国计民生,涉及公众切身利益,需要整合不同的利益诉求,形成多种方案进行综合评估。不同利益集团所处的立场不同,政府在决策过程中须更多地评估、论证,决策程序相对复杂,决策时间更长,受多方面牵制和制约的因素更多。四是博弈性。政府投资兹事体大,决策主体多元化、利益格局分散化、利益诉求复杂化必然推动决策过程中各利益主体的激烈博弈。利益主体之间通过竞争、讨价还价,最终形成博弈均衡,达成决策结果。五是民主性。正是由于政府投资决策的公共性、复杂性、博弈性决定了决策方式上的民主性,这是政府投资决策的内在要求,也是社会发展的必然选择。最大限度让公众参与决策过程,通过公众的力量防止公共

① 参见王满船:《政府决策机制的内涵及其完善》,载《国家行政学院学报》2003年第6期。

资源的"非公共投资使用"。推动决策分工的专业化,引进更多的专家、专业咨询组织参与决策过程,从技术层面降低决策者负担,加大决策的科学化、合理化。

五、政府投资决策法律制度

政府投资决策法律制度,是规范政府投资决策过程中各方主体权力、职责、权利、义务的行使和履行的各种法律、法规、规章和规范性文件的总和,是一个复合的制度体系,包括实体规范、程序规范、决策监督、责任追究等内容,由多个子制度以及不同阶段、不同环节构成。

每个子制度都有各自的内容,在各自领域发挥作用,有机地相互联系在一起,构成完整的政府投资决策法律制度。本书以政府投资各决策主体是否行使行政决策权及其作用和影响为标准,将政府投资决策法律制度分解为3个子制度,分别是以投资决策组织为基础形成的决策核心制度,以专家、公众、融资平台等为基础形成的决策参与制度,以对政府投资决策实行监督的行政监督主体、权力监督主体、社会监督主体为基础形成的决策监督制度。在政府投资决策制度运行过程中,3个子制度在决策的不同阶段发挥不同的作用,相互影响,紧密联系在一起,共同构成政府投资决策法律制度。

本书对政府投资决策法律制度的研究,是通过对整体制度进行分解,放到3个子制度中逐一考察和分析实现的;同时,希望结合实际运行的情况,对子制度运行中存在的问题提出具有建设性的对策。这也是后文论述的重点和主要内容。

第二节 政府投资的范围

对政府投资范围的分析和界定,主要是确定政府投资决策的范围,进而确定政府投资决策法律制度运行的领域。政府投资决策最终体现在项目立项、资金配置上,在这个过程中,财政预算安排的资金应当投向哪些领域、不宜进入哪些领域,其实质涉及政府投资范围的界定问题。因此,对政府投资决策范围的考察可以放到政府投资范围中来分析。

一、政府投资范围的影响因素

界定政府投资范围的前提是科学把握各影响因素的内在要求。无论是公共产品理论还是公共财政理论,都对政府投资范围作了深入的研究,亦为政府投资范围的界定提供了理论支撑。结合实际运行情况,影响政府投资范围的因素主要有宏观经济调控的要求、公共产品供给的要求、外部性效应引导的要求和收入分配调节的要求。

一是宏观经济调控的要求。基于"市场失灵"现象,政府需要有效地干预和介入市场,宏观经济调控是其中有效的途径,通过一系列的政策措施调节市场经济的运作,烫平经济周期波动,推动经济社会的良性发展。宏观经济调控的基本目标包含4个方面,即促进经济增长、增加就业、稳定物价总水平和保持国际收支平衡。① 促进经济增长是通过宏观经济调控使经济增长速度保持在一个合理的水平,通过结构优化、提升效益,避免经济大起大落。增加就业是通过宏观经济调控解决我国从二元经济向现代经济结构转换过程中的劳动力问题,扩大就业人数、提高就业质量。稳定价格是通过宏观经济调控既防止通货膨胀又防止通货紧缩。平衡国际收支是通过宏观经济调控避免国家收支失衡。政府投资是宏观经济调控的重要组成部分和主要手段,须全面落实上述要求。

二是公共产品供给的要求。由于公共产品"既无排他性又无竞争性",②市场机制无法高效合理地配给相关产品,出现了"搭便车"等"市场失灵"现象,市场的作用受到限制。而政府投资是提供公共产品的重要手段,政府投资的落脚点也是为了提供更符合公众需求、经济社会发展要求的公共产品。

三是外部性效应引导的要求。外部性效应又称外部性(externality),是指"一个人的行为对旁观者福利的影响",即"一个人从事影响旁观者福利而对这种影响既不付报酬又得不到报酬的活动时就产生外部性。如果对旁观者的影响是不利的,就称为'负外部性',如果这种影响是有利的,就称为'正外部性'"。③ 外部性效应也会造成"市场失灵",因为外部性效应产生的成本和利益,并不包含在市场价格体系中,由于价格信号的扭曲,就可能造成产品供给的失衡。单个经营主体的盈利可能造成大量的负外部性,而产生大量正外部性的产品可能并不带来个体的盈利。为了消除这种背离,就需要政府通过投资的方式提供相应的公共产品。

---

① 参见侯作前、周鲁耀、王伟:《地方政府应对金融危机的经济法分析——兼论地方的经济调控权》,载《安徽大学法律评论》2010年第2辑,第56~68页。

② [美]曼昆:《经济学原理》,梁小民译,三联书店、北京大学出版社2001年版,第232页。

③ 同上书,第232页。

四是收入分配调节的要求。初次分配是以市场为核心进行的分配，注重效率，对劳动、资本、土地和技术等生产要素供给者进行初始分配。再次分配是以政府为核心进行的分配，注重公平，通过对居民和企业依法征收所得税、利得税、资本所得税和其他经常性所得税等，将税收转换为投资，投向基础教育、公共卫生、保障住房、社会福利等领域进而调剂社会收入，避免“高者衡高、低者衡低”的情况。其中，政府投资在公共房屋和基础教育领域的再分配调节效果最为明显，这部分投资累进度非常高。另外，在公共医疗和卫生方面的投资也让低收入人群获益颇深。①

政府投资范围受上述因素的影响，在实施投资决策过程中，无不需要贯彻上述因素的内在要求，而这些要求也决定了政府投资决策范围和政府投资具体项目的立项目标。

二、我国政府投资的主要范围

亚当·斯密在《国民财富的性质和原因的研究》中对政府职能作了三项界定：一是保护本国社会安全；二是保护人民不受压迫；三是建设公共事业及公共设施。② 在亚当·斯密看来，一个好的政府应当是有所为、有所不为的政府。政府应当以社会的需求为导向，有的放矢地提供高质量的公共产品及服务；市场和政府各司其职，通过复合的制度安排，让不同的主体提供不同类型的公共服务和产品。可见，有效的政府投资应当建立在合理的投资范围内。

2004 年出台的《国务院关于投资体制改革的决定》通过定性、列举、分层式等多种方式对政府投资的范围进行了多重阐述，规定“政府投资主要用于关系国家安全和市场不能有效配置资源的经济和社会领域，包括加强公益性和公共基础设施建设，保护和改善生态环境，促进欠发达地区的经济和社会发展，推进科技进步和高新技术产业化。中央政府投资除本级政权等建设外，主要安排跨地区、跨流域以及对经济和社会发展全局有重大影响的项目”。《国务院关于投资体制改革的决定》指出应尽可能地利用社会资金进行经济建设，充分调动和引导民间资本；合理划分中央政府与地方政府的投资事权，避免相互间权责交叉。2019 年出台的《政府投资条例》对政府投资范围作了进一步明确，“政府投资资金应当投向市场不能有效配置资

① 参见杨灿明、李景友：《公共部门经济学》，经济科学出版社 2003 年版，第 61 页。

② 参见[英]亚当·斯密：《国民财富的性质和原因的研究》（下卷），郭大力、王亚南译，商务印书馆 1974 年版，第 253～272 页。

源的社会公益服务、公共基础设施、农业农村、生态环境保护、重大科技进步、社会管理、国家安全等公共领域的项目,以非经营性项目为主”,并要求建立政府投资范围定期评估调整机制,优化投资方向和结构。

从政府投资覆盖的领域看,主要包括3个方面:一是纯公共产品领域。这类产品具有非竞争、非排他性质,如国防、司法、邮政、卫生防疫、大江大河治理、行政等,其供给方式只能是通过政府直接投资。在投资的过程中可以进一步细化分类,提供普通服务的,应尽可能借助社会组织和民间力量完成。一般来说,政府承担此类产品主要的投资和运营责任。二是准公共产品领域。该类产品带有显著的正外部性特征,能够创造更好的经济发展条件、推动社会公平、提高劳动者素质、带动社会投资,如市政基础设施、交通基础设施、公共医疗卫生、公共教育、社会保障、环境保护等。这些领域可以通过政府投资、政府补贴和授予特许经营权等多种方式供给,政府介入程度的深浅取决于政府的财力;政府在该领域的规划、组织、监管和控制尤为重要。三是自然垄断产品领域。这些产品和服务属于典型的“俱乐部产品”,存在超额需求,具有排他性或者竞争性。消费者愿意为获得该类产品付费,这也是资本进入该类产品投资的现实可能性。此类产品应实施严格的政府管制,其实现方式可通过社会资本供给或由社会资本与政府联合供给,其中,价格管制和市场准入管制均为重点,主要是避免企业的无序竞争或产生市场垄断等情况造成资源的浪费和无序配置。

政府投资范围随着经济发展、政府职能的调整、政府宏观调控目标的变化而变化,并不是一成不变的。在经济发展初期,充分调动和利用社会稀缺资源,提升国民收入水平,做大国民生产总值,推动经济持续增长是宏观调控和社会经济发展的基本目标,而收入分配和社会保障等问题置于次要地位。为了提升经济,政府往往加大政府投资,集中在经济领域,主要投向各种基础设施和支柱产业。在经济发展到中期阶段,政府职能在保持经济持续发展的同时开始关注社会保障、民生福利及国民素质等领域。这个阶段,民间投资体量较大,社会经济主体较为成熟,需要由政府主导的大型基础设施基本已经建成,政府投资更多是补充和引导作用。与此同时,国民收入水平提高,对教育、卫生、安全等方面的需求迅速提高,因此政府在公共领域的投资比例也开始同步提高。当经济发展到成熟阶段,政府职能开始侧重于社会稳定、收入分配公平等目标,经济增长退到次要地位。为了回应这个阶段的发展需求,政府投资主要侧重于社会公共领域。

社会发展与公众需求,推动政府投资范围的动态调整。上述社会与公众需求的变化,要求政府逐步将公共服务与社会管理职能放到更加优先的位置,从"建设型"政府转向"建设型"与"服务型"兼备的政府。与此同时,政府投资决策也应当作出适应性调整。

第三节　政府投资决策法律制度的理论依据

与政府投资决策法律制度相关的研究理论,涉及经济学、管理学、政治学和法学等多门学科,涵盖甚广。其中,公共产品理论、公共财政理论、治理理论、公共选择理论、委托—代理理论对政府投资决策法律制度的影响甚大。本节对这几种理论进行综述,旨在为下文进一步论述的展开奠定理论依据、提供正确的研究指南。

一、公共产品理论

在纷繁复杂的经济活动中,市场并不总是万能的,一定范围也存在失灵的现象,一些社会经济目标单靠市场机制无法实现,需要政府的介入和干预。但是,这种介入和干预是有边界的,公共产品理论为政府投资范围的界定提供了依据和指导,而合理的政府投资范围是科学性、民主性决策的前提。

(一)公共产品理论概述

公共产品理论是政府经济学的核心内容,其产生的前提是"市场失灵"。在公共产品理论下,政府的干预和介入,通过向社会提供公共产品和公共服务,进而弥补"市场失灵"。

"市场失灵"是公共产品理论产生的前提,通常是指单凭市场机制的自发调节难以达到帕累托最优(Pareto Optimality)状态,①也就是说,仅仅依靠市场机制的作用难以达到资源的最优配置状态。②《新帕尔格雷夫经济学大辞典》通过定义市场成功进而定义市场失灵,"假如有足够的市场,假如所有的消费者和生产者都按竞争规

① 帕累托最优(也称为帕累托效率,Pareto Efficiency),是指资源分配的一种理想状态,假定固有的一群人和可分配的资源,从一种分配状态到另一种状态的变化中,在没有使任何人境况变坏的前提下,使得至少一个人变得更好,这就是帕累托改进或帕累托最优化。帕累托最优的状态就是不可能再有更多的帕累托改进的余地。帕累托最优是公平与效率的"理想王国"。

② 参见鲍金红、胡璇:《我国现阶段的市场失灵及其与政府干预的关系研究》,载《学术界》2013 年第 7 期。

则行事,假如存在均衡状态,那么,在这种均衡状态下的资源配置就达到帕累托最优状态”。[①] 只有在满足3个假设前提的基础上,市场对资源的配置才能达到帕累托最优状态,反之,市场对资源的配置则出现低效率情况,产生“市场失灵”。[②] 然而,完全竞争市场条件只是一种理想状态,由于市场存在政治、分配、作用、社会化、生态环境等方面的局限(或界限),市场失灵的情况普遍存在。[③]

为了更好地解决“市场失灵”所带来的收入和财富分配不公、市场垄断、外部负效应、失业率居高不下、区域经济发展不协调、公共产品供给不足、公共资源使用过度等问题,公共产品理论应运而生。早在19世纪末,奥地利学者和意大利学者将经济学中边际效用理论与财政理论相结合,充分论证了市场经济运行中政府机制与财政政策的合理性和互补性,形成了公共产品理论的基础。经济学家萨缪尔森(Paul A. Samuelson)在《公共支出的纯粹理论》(1954年)、《公共支出理论的图式探讨》(1955年)中提出并解决了公共产品理论的一些核心问题,通过引入序数效用论和无差异曲线等经济学工具,建立了纯公共产品模型,给出了公共产品最优供给的一般均衡条件。他在《公共支出的纯粹理论》一文中将公共产品定义为“每一个人对这种产品的消费并不减少任何他人也对这种产品的消费”,这一描述成为经济学关于纯粹的公共产品的经典定义。

公共产品供给理论将社会产品分为3类:私人产品(既具有排他性也具有竞争性)、公共产品(具有非排他性和非竞争性)、准公共品(包括具有排他性但不具有竞争性的“俱乐部产品”,以及非排他性和非竞争性都不明显,但有较大的正外部性效应的公共产品等)。根据效用的可分割性、消费的竞争性和受益的排他性的强弱程度,公共产品供给理论认为对3类产品的供给应该采取不同的资源配置方式,通过市场机制解决私人产品供给问题,通过政府投资解决公共产品供给问题,通过政府和市场相结合的方式实现准公共产品有效供给,这为政府投资范围的划定提供了科学依据。

公共产品理论进一步研究了政府投资的内生问题。20世纪70年代以后,公共产品理论的发展主要集中于设立机制以确保公共产品的提供效率,政府投资体制的

---

① 参见[英]约翰·伊特韦尔、[美]莫里·米尔盖特、[美]彼得·纽曼等编:《新帕尔格雷夫经济学大辞典》(第三卷),陈岱孙等译,经济科学出版社1996年版,第351~354页。

② 同上。

③ 参见王冰:《市场失灵理论的新发展与类型划分》,载《学术研究》2000年第9期。

完善和改革成为一个重要的议题。经济学家科斯(Ronald H. Coase)以英国的灯塔制度为例,指出政府提供公共产品往往效率低下,还可能转变为垄断行业、甚至成为某些利益团体牟利的工具。公共产品根据其排他性、竞争性、可分割性强弱程度的差别,具体到不同地区、不同项目,完全可以通过将公共产品转化为俱乐部产品来解决收费问题。政府投资应限定在公共产品的提供上,退出一般竞争性、营利性的投资范围,避免"越位",同时强化公共领域的投资,填补"缺位"。

(二)公共产品理论的指导意义

"市场失灵"的情况不可避免地存在,主要有以下几种类型:一是局限性市场失灵,即超越了市场作用的限度、市场处于不能发挥作用的领域里所产生的市场失灵;二是缺陷性市场失灵,即市场发育不完善、市场自身不具备某些功能或者在功能上存在某些缺陷而产生的市场失灵;三是负面性市场失灵,即市场运行的结果不符合社会需要的价值判断标准,从而对社会产生负面影响而导致的市场失灵。① 因此,政府的介入和干预是必要的。公共产品理论对公共产品和私人产品进行了定义,并在此基础上,明确了政府和市场的职责范围及相互的分界线。该理论认为,公共产品的供给应由政府机制起主导作用,而私人产品的供给则应由市场机制起主导作用。

政府投资的范围应当根据公共产品供给的特点和方式进行界定和区分,将有限的资金投向最为急需的领域。一方面,政府投资应从"越位"领域退出、填补"缺位"领域,限定在公共产品的提供上,强化对公共领域的投资,比如基础教育、公共卫生、基础性研究等领域;另一方面,退出私人产品的提供,退出一般性竞争、营利性投资领域,充分发挥市场的基础性配置作用。政府是公共产品的供给者和管理者,但是并非唯一供给者,应根据公共产品的性质加以区分,在市场存有空间的生产和供给领域,均应恰当地引入市场机制,②通过赋予特许经营权、财政补助、签约外包、购买服务等方式授权社会、企业,充分调动市场和社会的力量。例如,在基础设施建设领域,通过政府投资带动社会资本投资,引入市场机制;在科学研究、基础教育、公共卫生、社会福利、社会救济等领域,可更多依赖非营利组织及社会志愿机制。政府投资应集中在影响国家经济命脉、公共服务均等化、产业布局、城乡统筹、区域平衡等方

---

① 参见王冰:《市场失灵理论的新发展与类型划分》,载《学术研究》2000 年第 9 期。

② 参见胡元聪:《外部性视野下公共产品供给的经济法分析》,载《天府新论》2008 年第 2 期。

面的项目上,带动社会资本的投入,提高资金的利用率。政府投资范围合理、恰当的划分是政府投资决策科学化、民主化的前提。

二、公共财政理论

公共财政理论既是一个发展着的理论,也是对市场和政府相互关系的认识过程。公共财政理论认为,公共财政是为了弥补“市场失灵”,解决公共产品供给不足、“外部效益”问题、经济周期性波动以及收入分配不公等问题,是与市场经济相适应的财政模式。

(一)公共财政理论概述

公共财政理论主张,在承认市场调节机制不足的前提下,政府通过公共财政进行适度的介入和干预,进而界定政府经济活动的范围和公共财政的职能。公共财政理论中的3个重要分支理论,即财政支出理论、财政预算管理理论、效益财政理论对政府投资资金的管理有着非常重要的指导意义。

一是财政支出理论。财政支出理论主要涉及公共产品的提供、公共生产、公共定价、财政支出规模和结构等内容。这里重点论述与政府投资决策中资金安排密切相关的公共产品提供、财政支出规模和结构方面的内容。基于公共产品理论,纯公共产品应由政府提供,而政府通过对社会成员依法征税保障纯公共产品的提供,实现政府财政职能。对于混合产品中适宜政府提供的产品,需要政府投通过征税弥补和收取费用的,政府在决策过程中应充分评估税收成本和税收效率损失、收费成本和收费效率损失。在财政支出规模和结构方面,尽管瓦格纳法则(Wagner's Law)提出,为了适应工业化之后愈加复杂的市场关系以及纠正外部效应等市场失灵问题,公共支出规模不断增长,①但公共支出应当与经济的发展阶段匹配,适度调整支出规模和支出结构。②

---

① 瓦格纳法则(Wagner's Law)是19世纪80年代德国著名经济学家瓦格纳在诸多国家公共支出资料进行实证分析基础上得出的,其基本原理是随着国家职能的扩大和经济的发展,要求保证行使这些国家职能的财政支出不断增加。

② 马斯格雷夫(Richard Abel Musgrave)在《公共财政理论》和罗斯托(Walt Whitman Rostow)在《经济成长的阶段》等文中,阐述不同阶段政府投资投向要有不同重点,要适时转变。在经济发展早期阶段,政府投资在社会总投资中比重较大;当经济发展进入中期阶段以后,政府投资转向补充私人投资同时矫正市场失灵情况;随着经济发展进入成熟阶段,政府投资从基层设施投资转向以教育、医疗和社会福利为主的支出结构,旨在推进社会福利的再分配。

二是财政预算管理理论。财政预算即国家预算，区别于一般的企业预算，反映政府财政收支状况、财政活动范围和方向，经同级人大审批后通过，体现了权力机关和全体公民对政府财政活动的监督。财政预算是国家重要的立法文件，应充分遵循公开性①、可靠性②、完整性③、统一性④、年度性⑤等预算原则。财政预算过程中，还需注重财政资金使用的绩效管理，将绩效管理的观念及方法融入财政预算的编制、执行、调整、监督、决算全过程，最大限度提高财政资金使用绩效，提升资源的配置效率。政府投资所使用的资金是财政预算的重要组成部分，在决策过程中投资项目资金的调度、配给，均应反映在财政预算中。

三是效益财政理论。效益财政是以财政活动最优化、效益最大化为基本取向，以追求财政经济良性循环为目的，制定和实施财政政策，筹集和运用财政资金，履行财政效益。效益财政的核心是财政效益的最大化，实现经济效益、社会效益和政治效益的有机统一。在政府投资领域，尤其需要强调财政支出效益。在投资决策过程中，政府应充分考量待建项目可能产生的经济效益、社会效益和政治效益，有的可以通过货币量化，如经济建设支出项目；有的难以量化，如事业性支出项目，应充分整合财政支出总量效益、财政支出结构效益和财政支出项目效益。对财政支出项目效益，政府可通过静态和动态相结合、单项和综合相结合、定性与定量相结合等多种方式寻求投资效益的最大化。

（二）公共财政理论的指导意义

公共财政理论要求政府运用投资、公债、税收、转移支付等多种财政变量与其他经济变量协调配合，调节社会供需平衡及经济结构，实现经济稳定增长、充分就业、

---

① 财政预算的公开性，是指财政预算及执行情况须采取一定的形式公之于众，让公众充分了解财政收支情况，并置于公众的监督之下。参见储敏伟、杨君昌主编：《财政学》，高等教育出版社2010年版，第281～284页。

② 财政预算的可靠性，是指预算中的每一收支项目的数字指标，必须运用科学的计算方法，依据充分，数据确实，不得假定、估算，更不能任意编造。参见储敏伟、杨君昌主编：《财政学》，高等教育出版社2010年版，第281～284页。

③ 财政预算的完整性，是指该列入财政预算的一切财政收支都要反映在预算中，不得造假账，设立小金库。参见储敏伟、杨君昌主编：《财政学》，高等教育出版社2010年版，第281～284页。

④ 财政预算的统一性，是指地方政府预算和中央政府预算形成统一的国家预算，设立统一的预算科目，每个科目都要严格按统一的口径、程序进行计算和填列。参见储敏伟、杨君昌主编：《财政学》，高等教育出版社2010年版，第281～284页。

⑤ 财政预算的年度性，是指政府必须按照法定预算年度编制预算，完整地反映全年度的财政预算情况。参见储敏伟、杨君昌主编：《财政学》，高等教育出版社2010年版，第281～284页。

优化资源配置的宏观调控目标和职责。在政府投资领域,公共财政理论要求建立以公共支出为主体的政府投资资金支出体系,而政府投资的资金配置权是政府投资决策权的核心权力之一,也是推进政府投资决策科学化、民主化的核心内容。

一方面,合理界定政府投资资金支出范围和确立适宜的供给方式是科学决策的前提。公共财政支持限于公共产品的支出,突出公共财政职能,缩小和控制财政支出的范围,逐步解决"缺位"和"越位"的问题,从竞争性领域退出,将财政资金集中转向经济发展和效率提高所必需的外部环境建设等非竞争性项目,提高政府的宏观调控能力。对纯公共产品,公共财政应全额负担;对准公共产品中的基础教育、社会保障、公共卫生等公共支出,公共财政应托底,实行最低保障制度;对准公共产品中基础设施、基础产业及公益事业等支出,应以市场为主、政府资助为辅的方式,引导社会资金积极发挥作用。应建立稳定的政府投资项目资金增长机制,加大投入,扩大资金来源渠道,发挥政府重大投资项目的示范作用,充分调动社会投资,提高政府对投资建设的控制力和引导作用。

另一方面,优化公共财政预算管理是科学决策的保障。公共财政预算编制过程中以明确的法律规范体系为基础,强化预算法定原则,预算法案在执行的过程中严格其约束力和执行力。涵盖政府投资资金管理内容的预算过程,应是一个多元主体共同参与、平等协商的过程,应扩大公民的知情权、话语权、决定权,合理配置及限制预算管理权限,实现预算的灵活性与约束性的平衡。提高预算绩效管理水平,提升财政资金的投资效益,实现社会利益最大化。在公共预算管理过程中,尽可能降低政府利益偏好的影响,推动公众相关利益主体参与预算决策过程,提升其公共影响力,实现各方利益的均衡。①

三、治理理论

治理理论兴起于20世纪80年代。英文中的"治理"(governance)概念源于古典拉丁文和古希腊语,原意是控制、引导和操纵之意。长期以来,它与"统治"(government)一词交叉使用,用于与"国家公务"相关的宪法或法律的执行问题,或指管理利害关系不同的多种特定机构或行业。虽然自20世纪80年代到90年代以来,"治理"成为多学科共同使用的一个流行词语,但治理理论的内涵、外延不甚清

① 参见蒋悟真:《绩效预算:基于善治的预算治理》,载《当代财经》2017年第11期。

晰,体现在概念上的模糊性和内容上的复杂性。直到 1995 年,全球治理委员会在《我们的全球伙伴关系》研究报告中将治理定义为:“治理是各种公共的或私人的个人和机构管理其共同事务的诸多方式和总和,是使相互冲突或不同的利益得以调和并采取联合行动的持续过程。”①该定义具有较强代表性和权威性。

(一)治理理论概述

治理理论内容丰富、包容性很强,表现出独有的特征:治理是长期动态的过程,而非单次静态的规则;治理的基础是协调而非控制;治理不仅涉及公共部门还涉及私人部门。治理理论的目标是建立一个政府、市场、公民紧密联系且多元合作的公共事务治理模式。

治理理论提出以新公共管理模式为基础建立“企业化政府模式”。新公共管理理论是对 20 世纪 70 年代末以来发达国家政府改革运动的总结,核心是追求 3E(economy:经济;efficiency:效率;effectiveness:效益),运用企业经营的理念,以公共选择理论、新制度经济学和私营企业管理理论为基础,改变政府困境,缓解财政压力和公众需求的矛盾,重塑政府与公众的关系。公共选择理论认为在政治市场,作为需求者的选民和利益集团通过选票寻找最能满足其需要的提供者(官员和政治家),其提供的产品为公共产品。新制度经济学将科斯(Ronald H. Coase)的交易成本引入企业组织、市场边界的研究,进一步拓展了交易成本的内涵和外延,泛指经济制度的运行成本。新制度经济学认为“在公共部门如果采用签约的形式来降低行政经费并造成某种竞争,将有可能是某些交易付出较低的成本”。② 新公共管理主张将私营部门管理方法引入公共部门的管理,如绩效管理、目标管理、组织管理、人力资源管理等方法运用到政府部门的管理中来,在体制创新、目标控制和回应性等方面取得很大成绩。

一是体制创新理论。新公共管理理论为了缓解政府的财政困境和低效率,强调市场机制的重要性,一切以效率为中心,进行政府制度创新。体制创新的核心观点是,政府在社会管理中是法律和制度的最大供给者,法律和制度供给的质量关系着国家的兴衰。体制创新又落脚到政府职能的科学划分与政府机制创新两个方面。一方面,在政府职能的科学划分中,新公共管理理论将政府组织划分为两大类型,一

---

① 全球治理委员会:《我们的全球伙伴关系》,牛津大学出版社 1995 年版,第 23 页。

② [澳]欧文·E. 休斯:《公共管理导论》,彭和平、周明德、金竹青译,中国人民大学出版社 2001 年版,第 16 页。

类是决策性组织,另一类是执行性组织。前者主要是制定政策和规制,对“大政方针”把握方向;后者是落实前者制定的政策和规制,做好具体服务性工作。政府应当注重这两种职能的分离,将更多的关注点放在决策工作上而非具体的事务性工作上。另一方面,在机制创新上,政府应提高管理的有效性,更加注重战略管理,从政策和战略的高度进行管理,让具体执行事务交由市场解决。避免政府的过度干预,引入竞争机制,打破公共产品和服务供给领域的垄断性和低效性,让更多的私营部门参与其中,提高供给体系的质量和效率。

二是目标控制理论。新公共管理理论认为,政府应当转变管理方式,制定目标并确定达到目标的策略,以目标的实现程度作为政府政绩的评价标准,从“成本—效益”分析中获得对政府绩效目标制定、测量、评估的依据。在操作层面,主张放松严格的行政管制,实行严格的绩效目标控制,通过具体的、量化的目标测评,进而对政府管理部门提出改进措施;改变传统管理中重投入、轻产出的观念,更加重视政府活动的效益和质量。因此,新公共管理理论更推崇政府广泛授权或分权,实行参与管理,让社区、家庭、志愿者组织等主体自我服务、自我管理,简化内部结构的登记。

三是回应性理论。新公共管理理论认为,政府应当注重对公众需求的“回应”,体现为以“顾客”为中心的“回应性”的新行政模式。市场不单单存在私营部门,也存在公共部门,“如果我们把市场导向的思想应用到我们的公用系统上去,我们就能取得伟大的成就”。① 政府不应是凌驾于公众之上、封闭的官僚团体,而应是负有社会责任的“企业家”,公民则是其“顾客”,有更多的机会选择和评价政府工作效果。建立“顾客驱动”机制,推动政府提供多样化、高质量的公共产品和公共服务。

B. 盖伊・彼得斯(B. Guy Peters)提出政府未来的治理模式的特点:一是市场式的政府,充分发挥市场的有效性,破除政府垄断,分散决策和政府执行权力;二是参与式国家,建立更强的民主机制,公共组织结构更加扁平;三是弹性化政府,有能力回应新的挑战。

(二)治理理论的指导意义

治理理论对政府管理模式的重塑有重大影响,对政府投资决策具有直接指导意义。政府投资是一项复杂的、综合性极强的工作,其决策过程牵涉众多主体利益,是

---

① [美]D. 奥斯本、[美]T. 盖布勒:《改革政府——企业精神如何改革着公营部门》,周敦仁译,上海译文出版社 2013 年版,第 288 页。

一个由政府单元主体向社会多元主体扩散,相互监督、相互制约的过程。这个过程,也是政府调整自我角色、职能及管理方式的过程。

一是形成专业化的政府投资决策运行体系。明晰政府投资决策核心机构管理的专业化职能分工,破除条块分割、职能分散、体系凌乱的传统政府投资决策模式。明确各管理机构的职责职权,推动其各司其职、各就其位,从“划桨”转为“掌舵”,提高专业化决策水平。各级投资主管部门负责统筹规划、项目审批和资金管理,各级财政部门协同投资主管部门做好年度预算及资金分配,其他主管部门在其职权范围内紧密配合,建立分工合理、权责明确的专业化政府投资决策运行体系。

二是建立服务型政府投资决策管理模式。在信息技术高速更替的时代,政府要履行好自身职责,必须在组织结构和管理机制上具备适应快速变化的能力,对公众需求及时回应。政府投资的规模、数量、方向应该由市场需求决定、由公众偏好决定,服务于民,以客观的事实为导向。引入科学的管理方法,提升政府投资决策水平。充分借鉴和汲取企业的关于项目预算、业绩评估、战略管理、顾客至上、人力资源开放等管理实践经验,形成一种专业化、合理化、科学化的决策模式。

三是建立决策绩效考评制度和决策责任制度。决策绩效考评制度和决策责任制度是政府投资决策中相辅相成的两种制度;没有绩效考评,决策责任就没有评价的基础,同样,没有决策责任的落实,绩效考评也就没有意义。绩效考评是推动新公共管理理论转化为实际制度安排的重要工具,建立和完善绩效考评制度要把预算制度和政府体制结合起来,一项政府投资决策是否成功,应当通过科学的考评体系和考评制度确定。政府投资决策责任制度的建立和完善,可以削弱决策的任意性、非理性。

四、公共选择理论

(一)公共选择理论概述

20 世纪 70 年代以来,学界对传统政府的运作方式提出了批判。在这种大背景下,公共选择理论作为发达国家经济学一支重要的力量逐渐兴起。公共选择理论(Theory of Public Choice)将经济分析理论与政治理论相结合,将经济分析方法应用于政治研究领域,以经济定量分析工具为基础对政府决策进行深入分析。该理论重点关注集体决策、政治决策、经济决策的形成结构,涉及立宪、立法、行政与司法等整个过程,尤其是经济政策的出台过程,着力揭示其中深层次的政治经济原因。公共选择理论从“经济人”假设出发,针对国家过度干预提出了“政府失灵”,以个体主义、“经济人”假设、交易政治为方法论,围绕公共产品需要与供给决策这一问题,逐步形成了民主政治经济理论、俱乐部理论、宪法经济理论、官僚经济理论和经济的政治周期理论等成熟的理论体系。[①] 其中,“经济人”假设与“政府失灵”理论,宪法经济理论、官僚经济理论对政府投资决策约束机制的建立和完善产生了重大影响。

一是“经济人”假设与“政府失灵”理论。公共选择理论将经济学中“经济人”假设引入政治行为分析,认为每个人都是利己的、理性的、趋利避害的,在参与公共选择的过程中投射了不同的动机和偏好,并努力调动各种资源实现自身的利益最大化。在政府决策中,不是组织决定了个人,而是个人决定了组织,决策最终取决于具体、唯一的个体;国家并不是超越个体存在的单位,国家利益、公众利益也不是完全独立于个人利益单独存在的。公共选择学派认为,政治市场类似经济市场,有着供给和需求两面,交易结构复杂,需求方(选民、纳税者)与供给方(政治家、官僚)都是以个人效用最大化为基础进行交易的。政治家和官员在政治市场最大限度追求政治利益,如权力、地位、威望等,公共利益是否与此一致并不重要。“经济人”假设否定了传统意义上政治、经济“善恶二元论”,运用成本—收益分析方法,对发达国家民主政体下的政府行为进行了实证分析,得出了“政府失灵”的重要结论。政治家和官员并不当然按照公共利益原则行动,在公共选择过程中,与普通“经济人”一样具有自利的动机,夸大自身影响力,操纵舆论,使公众与自身利益保持一致。政府也有同样的问题,决策中常常会不顾公共利益而追求官僚集团自身的私利,甚至在提供公共产品的过程中形成行政垄断,提高供给价格降低服务水平、寻租和腐败、扩大机构的层级和规模,变相谋求利益。

二是宪法经济理论。公共选择理论认为,公共产品的需求、供给与产量等政府投资决策核心因素应当由民主政治过程来确定,通过立宪确立规制将私人选择转化为集体选择,对资源配置作出非市场决策,由立宪、立法和行政司法3个阶段来实现。[②] 在立宪阶段,主要通过制定政府投资决策规制反映公众利益诉求,确定公共产品和服务的供给的数量和种类,并在此基础上,明确各阶层应负担的税收;在立法阶

---

① 参见张伟、刘晓梅:《西方公共选择理论与实现机制评价》,载《中共中央党校学报》2003年第2期。

② 同上。

段，主要通过立法程序和投票过程来确定公共产品和服务的最佳供给量；在行政司法阶段，主要是通过政府和议会各司其职实现和保障公共产品及服务的供给。① 在这一公共选择过程中，可以通过公众的偏好显示机制②和公共决策机制③来实现。

（二）公共选择理论的指导意义

公共选择理论最终落脚点是建立一种制度，在重塑政府治理结构，建立法治政府、规范权力运行等多方面有较大参考价值，也为政府投资决策约束体制的建立和完善奠定了理论基础。政府投资决策的约束机制包括政府内部的监督机制和外部的监督机制，吸纳公众的参与和监督，通过建立和完善一系列法律规范约束政府决策行为，最大限度降低腐败和寻租。

公共选择理论认为，要改革政府投资决策规则，就要克服政府的“自我扩张”逻辑。“自我扩张”源于决策的“多数规则”，这一规则具有自身的缺陷，需要通过新的决策规则进行弥补，其中最具实际意义的成果是戈登·图洛克（Gordon Tullock）提出的“需求显示法”④。在涉及政府投资决策制度时，应当将各级领导在内的所有人假定为“经济人”，约束个人利益和集团利益最大化行为；针对市场机制在调整公共产品供给过程中的局限，通过扩大政府投资决策过程中公众参与的深度和广度，弥补价格反馈机制迟缓的缺陷，更准确地获悉公众利益诉求和偏好，提高有限的财政预算资金的使用效率。公共选择理论能够合理引入竞争机制，避免政府投资在政府主管领导和主管部门中封闭运行，而建立起一个能够有效地制约政府行为的政治决

---

① 参见张伟、刘晓梅：《西方公共选择理论与实现机制评价》，载《中共中央党校学报》2003 年第 2 期。

② 所谓偏好显示机制，就是在公共选择中，个人是最终的决策者、选择者和行动者，个人真实性偏好决定各种选择机制的有效性。但是，在公共经济中，由于公共产品易产生“搭便车”行为，公共选择所体现的偏好未必真实。因此，在公共选择过程中，应以“经济人”理性原则和利己主义本性作为公共选择的利益动机，由此决定公共选择过程的政治交易性质。对于不同公共产品的偏好强度，可通过“保险投票制”“投否决票制”“征税投票制”3 种方案显示。

③ 所谓公共决策机制，就是通过一定成效将社会成员对公共产品的偏好作为国家偏好予以确认，一般是通过直接民主制和间接民主制等政治程序来实现。由于直接民主制容易产生较高的行政管理成本和投票交易、投票议程的操作低效等弊端，公共选择理论更倾向于采取间接民主制的决策机制，主张公共产品的需求由民选代表投票决定。

④ “需求显示法”，是指通过对投票人征收某种税收或收取一定费用的办法促使其显示对公共产品的真实偏好，偏好强度大的方案将获胜。它是一种反映集体偏好的复杂制度，较能真实反映公众的偏好，有助于防止“多数规则”导致的政府扩张现象。戈登·图洛克认为，需求显示法将使两种人的活动重新获得平衡，一种是力图利用国家机器为自身利益服务的人，另一种则是为此类政策承担费用的人。其缺点是参与人数过多的时候，交易成本很高。

策体系,从根本上限制国家干预和介入的无限扩大,从制度上对政府自利行为进行约束。

五、委托-代理理论

委托-代理理论是制度经济学的重要组成部分,是在非对称信息(asymmetric information)博弈论基础上形成的。非对称信息主要是指在合作性活动的参与者中,某些人拥有但另一些人不拥有的信息,其可能源自时间的非对称,也可能源自内容的非对称。委托-代理关系是社会分工专业化的结果,其本质是合作性活动各方参与者之间基于信息获取、运用差别形成的契约关系,是具有相对信息优势的代理人与相对信息劣势的委托人之间展开的信息博弈。在政府投资决策方面,委托-代理理论对其监督有着重要的指导意义。

(一)委托-代理理论概述

委托-代理理论源自经济学中对企业所有者和经营者关系行为的分析。20世纪初期,现代公司在不断完善中形成了所有权和经营权分离的模式。在公司的管理中,职业经理人更看重自身效用目标的最大化,而企业所有者则追求利润最大化。为了避免代理人风险,委托者需要设计出更有约束和激励意义的制度。

委托-代理理论的主要内容涵盖以下3个方面:一是收益。委托-代理管理得以成立,是因为经济主体双方希望通过一种制度安排达到双赢的目标。一般来说,委托收益主要是由分工细化和专业化带来的比较收益和规模收益之和。二是成本。委托-代理成本主要是指代理人的道德风险①和逆向选择②给委托人带来的损失,一般包括委托人对代理人的监督费用、代理人的担保费用以及剩余损失。三是激励和约束机制。在管理学上,主要是通过诱导因素集合、行为导向制度、行为幅度制度、行为控制制度以及行为规范制度等一系列规则激励和约束代理人,以保障委托人利益。

(二)委托-代理理论的指导意义

在公司管理中,委托-代理管理出现在企业所有者和职业经理人之间,同样的

---

① 道德风险,是指代理人利用自己的信息优势,通过减少自己的要素投入或机会主义行为为自己最大限度地增进效用时,做出损害他人利益、降低组织效率的行为。

② 逆向选择,是指如果私有信息无法为他方所验证,掌握私有信息的人就有可能隐瞒或者谎报真实情况,以获取自己的经济利益。

道理，在政府投资决策过程中，我们把公众看作企业所有者，把政府看作企业经营者，公众委托政府提供公共服务及产品，也有必要建立一套有效的监督激励机制以防止和矫正政府官员利用自身信息优势追求个人利益或集团利益最大化。这种委托－代理关系存在于公众与政府、中央政府与地方政府之间。

公众与政府的关系是基于行政权的运行而达成的政治上的委托－代理管理，公众是行政权的委托人，政府是行政权的代理人。政府投资的出发点是提供符合公众偏好和需求的公共产品，公众对政府投资最有说服力和约束力。然而，公众需求多样且不稳定，很多真实意图仅仅存在于概念中，决策者很难掌握。在决策过程中，如何整合公众的利益诉求，真实反映公众的偏好是委托－代理理论在政府投资决策这一块内容的切实要求。

同时，委托－代理理论对各级政府行使投资决策权的监督也有着重要意义。在政府投资决策过程中，对投资有要求的除了公众，还有各种利益集团以及和利益集团捆绑的政府官员。

第二章　政府投资决策法律制度的沿革

考察政府投资决策制度的沿革，可以放到整个投资体制的变迁中进行。以改革开放为分界线，我国的政府投资决策制度建设可以分为3个阶段，其中，1949年至1978年为政府投资决策体制建设的传统阶段，1979年至2003年为政府投资决策体制建设的探索阶段，2004年至今为政府投资决策体制建设适应社会主义市场经济阶段。改革开放是分水岭，政府投资决策体制由从适应计划经济的传统体制过渡到适应市场经济的现代投资体制。

第一节　政府投资决策法律制度的传统阶段

1949年至1978年这个阶段，在计划经济体制下，政府投资以中央政府为投资主体，多从政治需要的角度出发，经济考虑则放在次要位置，科学决策尚不足。[1] 这个阶段主要有3个节点：

一、形成阶段(1949～1957年)

中华人民共和国成立以后，国家出台一系列文件，建立

---

① 参见张汉亚：《政府该管什么？》，江西人民出版社2004年版，第74页。

计划经济投资体制。1952年1月,中央财经委员会颁发《基本建设工作暂行办法》,规定中央财经委员会自上而下颁布投资指标,各地各建设单位自下而上报投资计划,再由中央统一定夺。1953年,"一五"计划时期,高度集中的投资体制得到极大的强化,中央政府集中掌握了宏观投资决策权和具体项目决策权,从宏观层面决定投资总体规模、投资结构、投资布局,从微观层面承担具体项目的决策和管理任务。1954年,成立中国人民建设银行,统一办理基本建设拨款事宜。1956年对城市工商业进行改造,1958年对农村实行人民公社改造,此后,投资主体缩小为中央政府、国有或集体所有的城市小企业和农村人民公社,其中,中央政府投资占全部投资的80%以上。

二、探索阶段(1958~1965年)

1958年起,由于高度集中的政府投资决策体制将投资决策主体、项目资金来源、项目具体选择等多方面决策影响因素过度集中,不能及时客观地反映中国幅员辽阔、各地文化经济水平参差不齐的国情,影响了地方、部门及基层单位的积极性,中央开始释放部分投资决策权力,下放投资项目审批权限。投资决策体制由中央集中决策转变为地方决策为主,实行投资包干制,撤销建设银行,将其管理和监督投资建设拨款的职能划归各级财政部门。1961年,党的八届九中全会上,中央又对投资体制进行了调整,恢复和重建投资决策规章制度,重新组建国家基本建设委员会建筑工程部;取消了基本建设地方财政包干的方式,实行中央财政转款拨款,严格控制和规定基本建设审批权限;恢复建设银行,恢复集中统一的投资决策体制。

三、重建阶段(1966~1978年)

20世纪70年代,开始了投资体制包括决策体制的重建工作。对基本投资项目和资金进行了统一管理,对投资规模进行控制;对基本项目实行分级管理、经济核算和拨款监督,加强国家的监管。

通过对传统阶段政府投资决策体制的梳理,可以总结出这一阶段的特征:一是投资主体单一必然导致决策主体单一,投资主体由中华人民共和国成立初期的中央政府、私人企业、农民缩小为中央政府、集体所有制城市企业、农民公社,其中,中央政府投资额占全国固定资产投资额80%以上,政府投资的决策主体主要为中央政府。二是投资方式和资金来源单一,决策不太重视科学性和经济收益。这个阶段的投资主要表现为基本建设投资，即固定资产的新建、改建、扩建；资金来源为单一的财政性资金，通过拨款的方式下达投资单位。政府在安排投资资金时，均为无偿使用且缺乏约束，这个过程几乎不涉及信贷资金的参与。三是政府投资决策问责机制缺乏。与计划经济相适应的投资决策体制自上而下几乎没有责任约束，基于“大锅饭”的安排，无论是涉及投资宏观决策层面的整体效益评估、方向及规模的确定，还是涉及投资微观决策层面的具体项目立项和落地，都无法明确责任主体，更谈不上责任追究。

第二节　政府投资决策法律制度的改革阶段

1978 年 12 月，中国共产党第十一届中央委员会第三次全体会议召开，这是中国历史上的重大转折，宣告了我国步入改革开放时期，全面转向以经济建设为中心的时代。这个阶段，为了推动国民经济和社会发展，充分发挥投资的引领作用，党和政府一直将投资体制改革作为改革的重点内容，相应地，政府投资决策制度也随之调整，具体可以分为以下 4 个阶段。

一、破冰阶段（1979 ~ 1984 年）

这个阶段，最重要的改变是突破了中央政府是投资决策权单一行使主体的限制，打破了“统收统支”的财政体制，投资主体逐步多元化；同时，也突破了中央财政资金是唯一投资资金来源的限制，多种来源的资金开始进入投资领域。中央政府将部分投资决策权下放，拓展资金来源渠道，追求经济效益，开启了引进市场机制的尝试工作。这个阶段，政府投资决策制度的变化主要是以下几个方面：

第一，政府投资主体逐步多元化，投资决策权逐步下放。除中央政府外，地方政府开始以投资主体的形式出现。1980 年，国家打破“统收统支”的固有财政体制，中央政府和地方政府打破“大锅饭”、实行“分灶吃饭”，在多数地区推行“划分收支、分级报告”的财政体制改革。中央政府和地方政府的财政关系得到调整，逐步成为相对独立的利益主体，由条条为主、纵向管控转为块块为主、纵横交错的状态，政府投资事权在中央、地方两级政府间得到初步划分。地方政府拥有更大的自主权，获得财政收入的“剩余支配权”，财政预算内资金和作为机动财力的预算外收入成为地方政府投资的重要资金来源。1984 年，国家计委发布通知，下放项目审批权，简化审批流程，缩小指令性计划范围，扩大地方政府的投资自主权。

第二，政府投资方式调整，开始注重决策的科学性。这个阶段还是以中央政府投资为主，但投资的方式已经作了较大调整，决策开始追求项目的经济效益，进行“拨改贷”试点工作。1979 年，国务院批准了《关于基本建设投资试行贷款办法的报告》《基本建设贷款实行条例》，破除投资资金的无偿性使用，开始试点“拨改贷”工作。1984 年，国务院出台了《建筑业和基本建设管理体制改革方案》，进一步明确资金的有偿使用原则，进一步完善“拨改贷”政策。与此同时，国家开始尝试多渠道筹措建设资金，扩充政府投资项目资金来源，开放国内银行在固定资产投资领域的贷款业务、开征国家能源交通重点建设基金①和建筑税②、发行重点建设债券和企业债券等。1983 年 2 月，国家计委出台了《关于建设项目进行可行性研究的试行管理办法》，引入可行性研究制度，旨在提升投资决策的科学性。在逐步推行的“拨改贷”工作中，确立了政府投资责任制度的雏形，强调对资金的科学使用。

第三，政府投资范围逐步缩小，引入社会投资力量。政府在这个阶段的决策过程中，开始转变观念，不再大包大揽，囊括经济建设方方面面，有意识地逐步退出一些市场机制可以发挥作用的领域，引入社会投资力量，国有企业③、外资企业④、乡镇企业⑤、城市个体工商户等新的社会投资主体也逐步发展起来。

---

① 1982 年，中共中央、国务院发布了《关于征集国家能源交通重点建设基金的通知》，决定对一切国营企事业单位、机关团体、部队和地方政府的各项预算外资金，以及城镇集体企业交纳所得税后的利润，除了国家免征的项目外，一律按当年收入的 10%（后提高到 15%）征集国家能源交通重点建设基金，全部上缴中央财政。

② 国务院规定，从 1983 年 1 月起，一切国营企事业单位、机关团体、部队和地方政府以及城镇集体企业用国家预算外资金、地方机动财力、企事业单位留用的各种自有资金、银行贷款和其他自筹资金安排的基本建设和更新改造项目的建筑工程，除了按规定可以免征的工程外，都要缴纳建筑税，地方留用 50%，其余上缴中央，作为中央财政收入，用于重点建设。

③ 1978 年我国恢复了企业基金制，同年实行了 50% 的折旧基金留成制。1979 年，我国实行了企业自主权扩大试点，实行利润留成制度，企业可用留利的大部分进行再投资。

④ 1979 年，国务院决定在深圳、珠海、汕头、厦门建立经济特区，实行对外开放政策，制定和颁布了一系列利用外资的法规、条例和办法，如《技术引进和设备进口工作暂行条例》《关于加强外资利用的指示》《利用外资计划管理试行办法》《中外合资经营企业法实施条例》等；同年，五届人大二次会议通过了《中外合资经营企业法》；此后，国务院又颁布了一系列规章条例支持引进外资。

⑤ 1978 年以后，农村改革的成功释放了大量人口红利，农民在提高劳动生产率和略有结余的前提下自发筹办了非农企业。在此背景下，大批乡镇企业产生，形成新的民营投资主体。

二、探索阶段(1985~1991年)

1988年,国务院出台《关于投资管理体制的近期改革方案》,提出投资管理体制改革以市场化为导向,由计划经济向市场经济转轨,这标志着我国投资体制改革进入了新的改革发展阶段。这个阶段,中央政府进一步下放投资决策权,初步明确中央和地方政府的投资事权,拓宽融资渠道,对政府投资项目实行分类管理,在政府投资决策制度的探索方面取得了很多成绩,主要表现为:

第一,投资决策权进一步下放。一是初步划分了中央和地方政府的投资范围。1988年,国务院出台了《关于投资管理体制的近期改革方案》,初步划分中央政府与地方政府的投资范围,明确基础工业和基础设施建设实行中央、省(自治区、直辖市)两级配置、两级调控,一定程度上缓解了中央政府投资任务过重、资金使用分散的问题。中央政府承担全国性重大建设项目,地方政府承担区域性的重点建设项目和一般性建设项目。二是区别管理投资项目。国家将基本建设项目按其资金来源分为指令性项目和指导性项目,进一步提高地方、部门、建设企业的自主权。国家层面确定指令性项目,主要包括3类项目,分别是政府预算内通过"拨改贷"进行的基本建设投资项目、纳入国家信贷计划管理的基本建设贷款投资项目、利用外国政府贷款和国际金融组织贷款安排的投资项目。[①] 地方政府或部委层面选定指导性项目,主要包括4类项目,分别是地方政府和部委通过自筹的方式获得资金进行投资的项目,以中央政府统借、地方政府统还的方式获得资金进行投资的项目,地方政府和部委通过自借自还的方式获得资金进行投资的项目,在国家限额规定以下利用专项贷款项目获得资金对技术改造、引进、更新等方面进行投资的项目。[②] 三是进一步下放项目审批权限。国家计委和国家经委加大了对项目审批权限的下放力度,将用于技术改造、引进、开发等方面项目的审批权由1000万元人民币提高到3000万元人民币;将地方政府和部委利用外资的审批权由500万美元提高到1000万美元。[③] 此外,政府还进一步释放企业的投资决策权,鼓励各类企业在国家法律和政策要求范围内,自筹资金、物质,支配应得投资收益,推动企业成为一般性投资建设主体。这

---

① 参见沈山州:《中国投资体制的变迁及其对投资效率的影响:政府的视角》,复旦大学2003年西方经济学博士学位论文,第45页。

② 同上。

③ 同上。

个阶段，国有企业①、"三资企业"②、乡镇企业和"个体户"③等投资主体迅速崛起，成为政府投资的有益补充。

第二，政府投资的融资渠道进一步拓宽。随着资金来源的进一步拓宽，政府决策可配置的资金更加充足。一是国家针对基础产业设立专项建设基金④，由国家计委编制计划，与一般财政性预算支出分开，单独列收列支，实行专款专用。专项建设基金由建设银行负责资金的拨付和监管。为解决当时基础设施和基础产业建设资金不足的矛盾，在结合行业要求和基础产品定价标准的基础上，国家先后设立了包括石油、电力、邮电、交通、铁道、民航等专项建设基金，有力地推动了这些领域的基础设施建设。二是国家成立了6大专门投资公司。各专门投资公司在各自相关的领域和行业，运用中央基本建设基金，对经营性项目、横向交叉及综合利用项目进行固定资产投资。三是金融机构的进入。以建设银行为代表的一批专业银行，通过信托投资公司，拓宽融资渠道，利用自有资金和信托资金进行直接投资，并在此基础上实现了融资延伸，以控股联营和参股分红的投资形式为产业部门和金融机构牵线搭桥。

第三，宏观调控体系初步建立。一是政府宏观管理者的角色逐步确立。随着投资主体、资金来源、投资方式的多元化，政府决策观念发生变化，逐步实现了从直接控制者向宏观管理者的转变。1985年，政府对非中央政府直接控制的投资活动进行指导性管理；1988年，国务院出台《关于投资管理体制的近期改革方案》，明确国家计划调节的方式只适用于具有综合性、长期性、重大性的建设投资

---

① 国有企业逐步成为投资的主体。继1979年推行利润留成，1983年推行第一步利改税，1984年推行第二步利改税，1986年推行承包制，企业得以有所积累；"拨改贷"进一步强化了企业的自主决策权，使其以独立经济主体的身份和市场化方式掌握了政府预算内转移出的投资资金使用权；1984年金融体制改革的深化使新成立的商业银行能够以商业贷款的形式向企业发放贷款，从而推动企业获得更多的投资资金。

② "三资企业"作为新的投资力量迅速增长。1984年中央政府决定将天津、上海等14个沿海港口城市开放，放宽其使用外资的审批权限，发展"三资企业"；到1988年，我国已经形成了一个由"经济特区—沿海开放城市—沿海经济开发区—内地"的渐进式开放格局，"三资企业"飞速成长，外商投资规模和投资主体的数量也迅速增长。

③ 乡镇企业和"个体户"作为新的投资力量迅速增长。随着国家相关政策的松绑，农村的乡镇企业和城市个体工商户数量迅速增加，并利用其成本低、经营政策灵活等优势迅速累积资本，为进一步扩大规模投资储备了基础。

④ 1988年，国务院颁布《国家基本建设基金管理办法》，决定建立中央基本建设基金，该基金由能源交通重点建设基金中中央使用部分、建设税中中央使用部分、铁道部包干收入中用于预算内基本建设部分、国家预算内"拨改贷"收回的本息和财政定额拨款5部分构成。

活动。二是建立了以产业政策为核心的投资宏观调控体系。1989 年,国务院出台《关于当前产业政策要点的决定》,首次提出产业发展序列,以产业发展序列为依据明确各领域应重点支持和限制的产业,并以此指导国民经济产业结构建设、确定宏观经济调控目标。三是以税收方式引导投资方向。1991 年,国务院颁布《固定资产投资方向调节税暂行条例》,政府开始用税收的方式行使经济管理职能。投资方向调节税在国家产业政策的指导下,以投资项目经济规模为基础,实行差别税率,进而调节投资的方向、优化投资结构。投资方向调节税是国家运用经济杠杆管理投资的有益尝试。

三、步入正轨阶段(1992~2003 年)

1992 年,邓小平同志南方谈话厘清了一系列困扰我们判断的理论是非,使改革开放事业翻开了新的一页。党的十四大确立了我国经济体制改革的目标是建立社会主义市场经济体制,进一步明确了改革开放的总体方向和大政方针,系统有序地推进相关工作。这一阶段,我国的投资体制逐步突破了计划经济的束缚,取得显著成绩,与政府投资决策制度相关的主要表现为:

第一,进一步推动投资决策权的下放力度,分类管理投资项目。1993 年,《中共中央关于建立社会主义市场经济体制若干问题的决定》提出,将所有的投资项目划分为竞争性、基础性和公益性 3 类,并规定政府投资主要用于公益性项目和基础性项目,竞争性项目投资则由企业自主决策,所需贷款由商业银行自担风险。同时,在此基础上初步划分政府投资范围,将社会投资与政府投资相分离。国家用产业政策引导企业投资,推动企业成为社会投资的主体,在管理上用登记备案制替代行政审批制,充分发挥市场的基础性作用,将投融资活动推向市场。在基础性项目投资领域,搭建平台吸引多方主体积极参与投资,推动地方政府对非竞争性的基础产业和公用设施进行投资,扩大其投资审批权。对于国家层面的重大政府投资项目,在宏观调控总体目标的指导下,按照国民经济和社会发展的整体规划,引入国家开发银行等政策性银行,充分发挥市场机制作用,通过财政、金融等多种渠道筹集项目所需资金。社会公益性项目建设,根据中央和地方事权划分,由相应层级的政府通过财政统筹安排;同时,广泛吸收社会资金。

第二,深化投资融资体制改革,进一步拓宽投资资金来源。一是进行政府投资金融体制改革,成立了国家开发银行,负责发放政策性固定资产投资贷款;①成立了国家开发投资公司,负责固定资产投资事务。② 二是推行积极财政政策。1998～2003年,我国政府大幅度持续增发国债,用于固定资产投资,支持企业技术改造、加大西部大开发、生态环境建设、发展科学教育等,相当程度推动了我国基础设施建设及相关产业的发展。③ 三是实施分税制改革。1993年年底,国务院出台了《关于实行分税制财政管理体制的决定》,规范了政府间财政关系,改变了中央财政能力持续下滑的趋势,中央政府财权上收,地方政府事权下沉。但也因此带来了新的问题,表现为中央和地方政府财权、事权的倒挂,为了完成中央政府下达的投资任务,地方政府不得不以自身财力为保障,不断通过各种渠道获取预算外和制度外融资,其中最显著的情况是"土地财政"逐渐成为地方政府筹资和缓解财政不足的主要手段。

第三,初步建立责任机制。一是逐步确立了"谁投资,谁决策,谁承担风险和责任"的原则。2003年,《中共中央关于完善社会主义市场经济体制若干问题的决定》明确企业对其投资行为风险自担,规定政府只就限制类和政府投资类项目进行行政审批,其余项目审核制改为登记备案制。二是建立了国家重大投资项目稽察监管制度。1998年,国家建立了重大项目稽察特派员制度。2000年,国家发改委出台了《国家重大建设项目稽察办法》,通过派驻稽察特派员监督重大项目的决策、建设、实施情况,实施全方位稽察。

四、深化阶段(2004年至今)

这个阶段是政府投资体制改革具有标志性意义的里程碑时期,政府与市场的关系得到进一步厘清,政府投资范围的界定更加清晰、政府投资项目的审批程序更加简化、政府投资决策制度和政府投资项目管理制度更加健全。其中,2004年7月《国

---

① 1993年,《中共中央关于建立社会主义市场经济体制若干问题的决定》提出,成立政策性银行,实行政策性任务与商业性任务分离。1994年,国家开发银行正式成立,负责发放政策性固定资产投资贷款。

② 根据国家计委《关于请确认国家各专业投资公司级别的请示》(计办厅〔1988〕37号),国务院同意成立国家能源投资公司、国家交通投资公司、国家原材料投资公司、国家机电轻纺投资公司、国家农业投资公司、国家林业投资公司,并同意以上6个公司在国家计划中实行单列,在涉外活动中享有一定的外事审批权。1995年5月,六大投资公司整合为国家开发投资公司,负责固定资产投资事务。

③ 1998年,我国开始实行积极财政政策,增发国债1000亿元,配套增加1000亿银行贷款,用于基础设施专项投资。1999年,中央财政增发500亿国债,1999年年初继续增发600亿国债,2000年继续增发1500亿国债,均用于固定资产投资,支持企业技术改造、加大西部大开发、生态环境建设、发展科学教育等方面。这种大幅度追加国债发行的政府行为持续到2003年。

务院关于投资体制改革的决定》的颁布和2019年5月《政府投资条例》的颁布具有重大意义。这个阶段，与政府投资决策制度相关的变化表现为：

第一，进一步明确政府投资范围。2004年，明确了政府投资主要用于关系国家安全和市场不能有效配置资源的经济和社会领域，能够由社会投资建设的项目，①尽可能利用社会资金建设。② 2019年，《政府投资条例》更是明确了政府投资主要投向非经营性的公共领域，包括公共服务、公共基础设施、农业农村、生态环境保护、促进科技进步、社会管理和公共安全等领域，并要求建立定期评估机制，根据实际情况及时调整投资范围。这为政府投资在科学范围内决策提供了依据。

第二，简政放权，规范投资决策权的行使。一是加强政府投资项目规划和储备工作。要求县级以上的各级政府根据国民经济和社会发展规划、中期财政规划和国家宏观调控政策，统筹安排政府投资项目；要求投资主管部门、财政部门和其他业务部门对其负责安排的行业、领域的政府投资编制年度计划，并做好投资项目储备工作。二是进一步合理划分审批权限，简化审批程序。进一步明确中央—地方政府间投资事权，规定中央政府投资除了安排本级政权建设外，主要负责跨地区、跨流域以及对经济和社会发展全局有重大影响的项目，地方政府主要负责辖区内公共产品及服务的供给。同级政府不同部门之间，如投资主管部门、财政部门、相关业务主管部门等，根据项目性质和资金来源确定项目审批权限。针对政府投资项目中不同的投资方式采用不同的管理方法，如对采用直接投资或资本金注入方式的投资项目实行行政审批制，对采用投资补助、转贷或贷款贴息的投资项目只审批资金申请报告，进一步简化审批程序。

第三，规范政府投资资金管理。政府投资资金来源从预算内投资、各类专项建设基金、统借国外贷款等多个口径，统一到全口径预算的财政资金进行统筹安排。更加重视政府投资与经济社会发展水平、财政收支状况相适应，要求政府在安排项

① 2004年7月，《国务院关于投资体制改革的决定》要求，“各级政府……利用特许经营、投资补助等多种方式，吸引社会资本参与有合理回报和一定投资回收能力的公益事业和公共基础设施项目建设。对于具有垄断性的项目，试行特许经营，通过业主招标制度，开展公平竞争，保护公众利益。已经建成的政府投资项目，具备条件的经过批准可以依法转让产权或经营权，以回收的资金滚动投资于社会公益等各类基础设施建设”。

② 2005年颁布的《关于鼓励支持和引导个体私营等非公有制经济发展的若干意见》，提出了推进非公有制经济发展的36条政策规定，允许非公资本进入垄断行业和领域，在电力、电信、铁路、民航、石油等行业和领域，进一步引进竞争机制。随后又进一步明确和细化了“非公经济36条”等文件中鼓励民间投资的政策，明确民间资本进入的具体范围、途径、政策保障等系列政策措施。

目资金的时候，对纯公共产品供给，主要采用直接投资的方式；对确需支持的经营性项目，以资本金注入为主，适当辅以投资补助、转贷、贷款贴息等方式。分门别类地管理不同类型的资金及其运作方式。强化对政府投资资金的预算约束，对政府债务和资金来源进行有效控制，规定地方政府及其有关部门不得违法违规举借债务筹措资金。

第四，完善政府投资项目决策机制。这个阶段，在不断的探索中，进一步完善政府投资决策规则和程序，要求政府投资项目应通过符合资质要求的专业咨询机构评估论证。同时，投资主管部门也对专业咨询机构制定了一定的竞争规则，并引入竞争机制。对经济社会发展、社会公众利益有重大影响或者投资规模较大的政府投资项目还要求遵循《重大行政决策程序暂行条例》的要求，实行包括公众参与、专家论证、风险评估、集体讨论等多个环节在内的集体决策制度。逐步实行政府投资项目公示制度，推动投资信息公开，结合大数据管理，通过投资项目审批监管平台发布有关的规划、产业政策、年度计划，公开具体项目的审批流程、办理时限等信息。

第五，健全政府投资决策监督机制。探索建立政府投资决策责任制度，对决策中不遵守法律法规给国家造成重大损失的，依法对负有责任的领导人员和直接责任人员直接负责人追究法律责任，包括超越审批权限审批项目，对不符合规定的项目予以批准，未按照规定核定或者调整项目的投资概算，为不符合规定的项目安排投资补助、贷款贴息等政府投资资金以及其他玩忽职守、滥用职权、徇私舞弊的情形。探索并逐步建立政府投资项目的后评估机制和社会监督机制，推动在线监测、现场核查、信息共享制度落地，充分发挥各主体对项目的监督作用。

第三节 政府投资决策法律制度沿革的总体评价

一、政府投资决策法律制度的成就

从上述纵向维度的历史沿革中可以看到，政府投资决策制度与中国经济体制、改革开放整体变革以及投资体制的调整密切相关。政府投资体制改革对中国社会经济发展起到了积极的促进作用，以政府为主导投资拉动经济模式深度变革了中国的经济基础，“从总体上看，新的投资格局有利于生产力的发展，应当作出肯定的判断。由于新的投资格局的形成在某种意义上正是投资体制改革的结果，因此对投资体制改革也应当给予肯定的评价”。① 其中,政府投资决策制度的建设也取得了长足的进步。这些成绩既是对过去探索的肯定,也蕴含了改革对政府投资决策制度建设的时代要求。

(一)政府投资决策主体逐步多元化

政府投资决策制度变革打破了中央政府作为单一决策主体的格局,形成了以中央政府、县级以上地方政府、专家、咨询机构、投资平台、政策性银行、普通公众等多个主体共同决策的格局。中央政府不断下放投资决策权,逐步明确中央、地方政府间投资事权及支出责任范围,赋予地方政府项目审批权力和资金管理权力,鼓励社会投资力量成为政府投资的有益补充,极大地释放了生产力,激发了各投资决策主体的信心和热情。政府投资决策突破少数政治精英封闭决策的小圈子,逐步向社会和公众开放,引入专家论证、公开听证、信息公开、项目信息公示等制度,吸纳更多主体参与决策过程。

(二)政府投资资金来源日渐多样化

政府投资决策制度改革扩大了地方政府和企业的项目审批权和资金管理权,形成了国有经济和非国有经济共同发展、政府投资与民间投资并驾齐驱的新投资格局。在公共投资领域,以政府机制为主导的情况下,开始逐步将市场机制引入具体的投资项目运作中,利用特许经营、投资补助等多种形式吸引社会资本参与公益事业和公共基础设施项目的建设。政府在决策过程中可配置的项目资金来源不单单局限于预算财政资金,还可以通过市场化运作撬动企业留利、民间资金、外资,甚至银行贷款、股票和债券融资等。

(三)政府投资范围的界定日益科学化

政府投资范围从过去总揽社会经济领域方方面面,逐步从市场机制可以发挥作用的领域退出,转向“市场失灵”的领域,为政府投资决策提供了依据。目前,政府投资主要集中在国家政权机关、基础设施、基础教育、公共卫生医疗、社会保障、市政设施等方面。在投资领域打破了政府垄断的局面,企业的独立自主性得到极大的释放,逐步成为市场经济主体。这推动了国民经济的发展,进一步优化了宏观经济运行环境和社会资源的配置。

(四)政府投资宏观调控体系基本建立

政府投资决策制度改革推动了政府决策观念的改变,由过去单纯依靠行政指

---

① 罗云毅、沈志群等:《投资体制改革的回顾与思考》,载《中国工业经济研究》1991 年第 1 期。

令、行政命令、计划安排的直接介入方式转变为依靠税收、财政、货币、金融、法律、行政等多种手段宏观复合调控；由过去单纯依靠计划方式配置社会资源转变为以市场为基础配置社会资源；由过去财政主导型政府投资模式转变为以财政和金融共同主导投资模式。在决策的过程中，不仅强调具体项目的经济效益、社会效益和政治效益，还强调宏观层面上投资规模、投资结构对社会经济整体影响和效用。可以说，在政府投资决策观念的调整下，推动了整个政府投资体制的变革，进而推动了国家对社会经济宏观调控体系的建立。

二、政府投资决策法律制度的不足

经过多年的改革，中国传统投资体制发生了巨大变化，取得了很大的成就，政府投资决策法律制度也随之调整。但是，由于投资体制改革涉及多方面利益关系，一些深层次问题还未得到根本解决，与建立社会主义市场经济体制的要求还有一些差距。当前的政府投资决策制度，要在实践经验中逐步探索和落实市场经济体制改革下对政府投资管理的要求。从制度层面看，政府投资决策法律制度还不能很好地承载和支撑政府投资科学决策、民主决策、依法决策的需要，主要存在以下问题：

（一）政府投资决策的法律制度体系有待进一步健全

一是法治化程度较低。到目前为止，我国尚未出台关于政府投资决策的专项立法，对决策的要求主要是体现在政府投资管理综合制度中。我国在政府投资领域的探索多是基于实践的积累，通过政策性文件对实际问题予以指导和规范。基于投资问题的综合性和复杂性，系统的投资管理法律制度化建设较为滞后。刘剑文教授曾指出，政府投资在弥补市场失灵、稳定社会经济、发挥财政对资源的积极配置作用等方面有着极其重要的意义，2019 年 5 月，第一部综合性行政法规《政府投资条例》出台。回顾历史，我国政府投资法律制度主要是由部门规章、地方性法规、地方性规章和规范性文件组成，其中规范性文件所占数量较大（如表 2－1 所示）。

表 2-1 政府投资专门法律、法规、规章、规范性文件出台情况

效力层级		1949～1980年	1981～1990年	1991～2000年	2001～2010年	2011～2019年
中央级	法律	—	—	—	—	—
	行政法规	—	—	—	1	1
	司法解释	—	—	—	—	—
	部门规章	—	—	1	14	10
	其他	—	—	—	—	6
	合计	—	—	1	15	17
地方级	地方性法规	—	—	1	10	31
	地方政府规章	—	—	3	20	47
	地方规范性文件	—	—	3	448	991
	合计	—	—	7	478	1069
总计		—	—	8	493	1086

注:根据北大法宝检索结果整理计算得出。

二是立法层级较低,效力有限。从表2-1的统计中可以看出,我国现行的政府投资法律体系中,从中央层面看,法律、行政法规、部门规章三者比例失调,规范中央政府投资制度文件主要是部门规章;从地方层面看,地方性法规、地方政府规章、规范性文件三者的比例也是失调,规范地方政府投资制度性文件主要是地方政府出台的规范性文件。大量的部门规章和地方规范性文件在实际运行中担负着调整政府投资领域各种法律关系的规范功能,成为该领域的主要依据。然而,部门规章和地方性规范文件在各自发挥效力的领域又处于最低效力层级,且囿于特定的部门和地区,对政府投资决策的运行机制、监督机制、问责机制均无法作出有效的法律规制,规范的权威性和制约能力不足。

三是责任体系的规定有待进一步细化。《政府投资条例》(2019年)第六章规定了法律责任,其中,对负有责任的领导人员和直接责任人员须承担法律责任的5种情形、对投资资金违法管理须承担法律责任的3种情形的规定中均涉及政府投资决策责任的内容。但是,这些决策责任的认定和落地,还需要更加细化的实施规则和更加完备的配套制度进一步明确界定相关主体的权利、义务、权力、职责,以增强制度的可操作性。

（二）中央与地方政府投资事权的界限有待进一步明确

在政府投资决策制度的改革过程中，虽然对中央和地方投资事权作了宏观的框架性安排，却没有作出具体的可操作性规定，致使政府投资决策过程中主体的错位、缺位和越位。有些应当由中央政府决策进行投资完成的领域和建设项目实际上由地方政府承担了，而有些应当由地方政府决策进行承担的项目却得到了上级政府的资金支持。另外，中央个别部委对下级政府的项目和资金的分配以及政策倾斜的决策比较随意；而个别地方则通过大量公关活动从上级争取更多的资金及项目的倾斜。

（三）相应的改革配套措施有待进一步完善

一是投资体制改革需进一步加快。政府投资决策制度是投资体制整体改革中的一环，然而，投资体制改革明显滞后于财政、金融、外贸等方面的体制改革。投资体制改革与总体经济体制改革的进程不匹配，致使投资决策在整体规划、项目审批、资金配置等方面存在漏洞。

二是融资体制改革需进一步深化。与政府投资决策制度密切相关的融资体制改革需要进一步推进，特别是地方债务风险化解。地方政府为了解决支出责任和财力不匹配的问题，支撑相应的投资决策、完成投资任务，形成了一整套通过地方融资平台和政策性银行、商业性银行打捆融资的模式，很大程度上缓解了地方政府财力短缺的困境，但是，在这个过程中，也累积了大量风险，多重隐形担保预期推高各方投资冲动，地方政府甚至中央政府隐性或显性的债务也不断累加，可能形成金融性和财政性系统风险。

从纵向历史维度看政府投资决策制度的沿革，可以看到以政府为主导的投资体制改革深刻影响了我国经济社会结构，对国民经济的运行有着举足轻重的作用。政府在投资决策过程中，观念不断优化，对宏观经济调控能力日益增强，国家的社会经济也取得了长足进步。当然，这个过程并不是一蹴而就的，有反复也有挫折，因此，总结经验和教训，在遵循社会和经济规律的基础上进一步深化政府投资决策制度的建设是非常必要的。需要特别说明的是，在梳理政府投资决策制度沿革的过程中，由于投资基本法律的欠缺，在很长时期内，大量的规范性文件在实际操作层面承担了法律的功能，这种情况更加指向了政府投资决策法律制度构筑和建设的重要性和迫切性。

第三章 政府投资决策法律制度的整体考察

本章力图从整体上对政府投资决策进行考察,将决策分为宏观层面和微观层面。就宏观层面而言,政府投资决策应当在秉持整体效应优化的目标下,寻求最优投资规模和投资结构,确定正确方向,进而指导微观层面具体投资项目的立项工作。本章以政府投资各决策主体是否行使行政决策权以及在决策过程中的作用和影响为基础,将政府投资决策法律制度分解为决策核心法律制度、决策参与法律制度、决策监督法律制度,并以此建立本书的整体论述框架。

第一节 政府投资决策整体情况考察

一、政府投资整体效应的考虑

政府投资决策分为两个层面,宏观层面和微观层面。宏观层面的决策,涉及政府投资的规模和结构;微观层面的决策,涉及具体项目的立项及评价。无论是从宏观层面还是微观层面看,政府投资决策都应当充分评估和衡量投资可能产生的经济效应和社会效应。这种效应可能是积极的,也可能是消极的;决策过程中,应当充分平衡各方面因素及作用,尽可能取得积极效应,避免消极效应。

(一)政府投资的积极效应

1. 乘数效应

乘数效应(Multiplier Effect),是指经济活动中某一变量的增减所引起的经济总量变化的连锁反应。乘数效应既是一种宏观经济效益，也是一种宏观经济调控手段。萨缪尔森（Paul A. Samuelson）在其著作《经济学》中指出，"当一国储蓄较多的时候，其资本存量就会迅速增长，从而使潜在产出能力迅速提高。而当一个国家的储蓄率较低时，它的设备和工厂就会变得陈旧，基础设施就会变得破旧不堪"。① 曼昆（N. Gregory Mankiw）对 15 个国家经济增长率和投资率的研究表明："增长与投资之间是相关的，把 GDP 中相当大的部分用于投资的国家，往往有较高的增长率，把 GDP 较少部分用于投资的国家往往增长率也低。"②无论是哈罗德—多马的经济增长模型（Harrod-Domar Model），③还是索洛（Robert Merton Solow）的新古典增长理论（Solow Growth Model），④抑或是早期的经济增长思想及内生增长理论（The Theory of Endogenous Growth），⑤都能从中看到投资对经济增长的积极意义。

投资具有乘数效应，从短期需求看，投资是"稳增长"的关键因素；从长期供给来看，投资是资本的形成过程，决定未来潜在增长水平的高低。即使全要素生产率的提高，从根本上讲也离不开投资的增加。⑥ 从发达国家的崛起史来看，工业化均是通过大规模投资来推动增长的，投资是最有效的手段。改革开放 40 多年来，我国经济的持续发展跟高投资、高资本积累密切相关。目前，我国依然处于社会主义初级阶段，保持合理的有效投资是维持经济增长、保持就业稳定的基础。政府投资是全社会投资的重要组成部分，从供需两端促进经济增长，除此之外，还有更强的外部效应。政府投资主要投向基础设施建设及公共服务领域，这些领域是国民经济的关键

---

① ［美］保罗·萨缪尔森：《经济学》，萧琛等译，华夏出版社 2000 年版，第 341 页。

② ［美］N. 格里高利·曼昆：《经济学原理》（下册），梁小明译，北京大学出版社 1999 年版，第 152～153 页。

③ 有学者将哈罗德—多马的经济增长模型与中国政府投资发展结合研究，认为一个国家的投资必须措置得宜，在收效快的项目和以取得经济长期增长为目的的项目之间求得一种平衡，并使这些项目恰当地分布在一段时间里。要求得这种平衡，重要的是要有一个明确的统筹经济全局的产业政策作为投资的指导。参见刘义圣：《哈罗德—多马经济增长模型和我国投资问题研究》，载《福建论坛（经济社会版）》1986 年 11 月。

④ 索洛（Solow）在哈罗德—多马的经济增长模型的基础上引入了资本与劳动可替代的因素，使用新古典主义的生产函数，在一个简单的模型中实现了经济的均衡增长。索洛模型用外生的技术进步来解释人均收入的增长，依然肯定了投资对经济增长的重要作用。

⑤ 罗默（Romer，1986）和卢卡斯（Lucas，1988）将技术进步等问题内生化，认为经济能够不依赖外力推动实现持续增长，强调不完全竞争和收益递增，其中，依然相当重视投资对经济增长的拉动作用。

⑥ 参见刘立峰：《供需两端发力遏制投资滑坡》，载《中国经贸导刊》2016 年第 12 期。

部分，是社会和经济社会发展的基本条件，影响着资源配置的效率水平。政府投资缓解了这些领域的瓶颈制约，同时，为其他部门的发展创造了条件。

2. 稳定效应

政府投资的扩张与收缩是财政支出政策的重要组成部分，对平复经济波动有一定的作用。政府在评价赤字——政府债务的经济必要性时，关注的是预算是否能及时回应经济的变化。为了避免以预算赤字或盈余作为简单的评价标准，现代财政学产生了结构性赤字（充分就业赤字）和周期性赤字，即年度预算由这两种赤字构成。结构性赤字衡量的是经济处于充分就业状态下，政府赤字或盈余应当是什么情况，是一种受政府政策影响的外生变量，反映了相机决策的财政政策是扩张还是收缩。周期性赤字是国家财政对经济周期波动产生的自然反应，是一种内生变量，体现的是经济运行对财政平衡的决定作用。例如，随着经济增长放缓，税收下降及福利支出上升，财政赤字会趋于恶化。正如萨缪尔森所论述的那样，结构性赤字预算是主动赤字预算，周期性赤字预算是被动赤字预算；前者主要取决于政府税率调整、基建工程支出、社会福利支出、科教文卫支出等，后者则主要取决于国民收入水平、国民生产总值及商业周期状况等。①

结构性预算是经济周期反向操作、烫平经济波动的重要财政工具，对保持经济平稳发展有着重要意义：一是结构性预算盈余或赤字为财政计划是收缩还是刺激提供了指示，从盈余到赤字的变化也为政府预算变化提供了指示。二是结构性赤字的增加可能推动未来周期性赤字减少，可能以短期的不平衡推动长期的平衡。三是结构性赤字或盈余的调整对周期性赤字或盈余的刺激，其变化趋势可以为未来财政政策调整方向提供参考。例如，在经济运行处于低谷或衰退期的时候，使用扩张性财政政策进行反周期操作导致结构性赤字增加、周期性赤字减少，那么这种财政政策可以被判断是有效的，同时，也是可以适时调整和转向的。② 因此，作为财政支出政策重要内容之一的政府投资，也是国家烫平经济波动、反周期操作的重要工具。

（二）政府投资的消极效应

1. 挤出效应

挤出效应（Crowding out Effect），是指政府通过发行政府债券等方式，向包括公

① 参见［美］保罗·萨缪尔森：《经济学》，萧琛译，华夏出版社2000年版，第522～523页。

② 参见刘立峰：《国债政策可持续性与财政风险的理论解析》，载《改革》2002年第3期。

众和银行在内的私人借贷资金市场筹措资金，以平衡财政预算赤字，实行扩张性财政政策，因此导致市场利率上升，私人投资和支出相应下降，进而部分或全部抵消财政支出的扩张性效益。[①] 挤出效应取决于私人借贷资金市场利率的高低以及央行在公开市场买卖政府债券的频率。政府投资是扩张性财政政策的重要组成部分，挤出效应可能会削弱部分政府投资的效力。[②]

挤出效应的负面影响是政府过度介入市场竞争，一定程度上影响了市场配置资源的决定性作用，压缩了民间投资的空间。从这个意义上说，如果政府投资的规模过度扩大而压抑、排挤了民间投资的增长，再实施政府投资扩张政策就是不合适的。但是，需要注意的是，挤出效应并不总是负面影响。如果简单地用传统的储蓄—投资恒等式来分析赤字的挤出效应，可能高估其负面影响。在一般情况下，政府投资与私人部门投资是此消彼长的，但特定情况下也会呈现出相对挤出的情况，如基础设施建设挤出非基础设施建设，教育科技投资挤出娱乐业投资等，这种挤出是否产生负面影响要联系政府支出的实际效率而定。在政府投资决策的时候，应把握公私部门之间的最优比例，这种比例是经济实体实现最优发展的前提，需要避免挤出效应带来的消极影响。

2. 通胀效应

政府投资可能产生的通胀效应主要是政府债务的发行。债务融资对通胀膨胀的影响是不确定的。政府债务的发行是一个货币扩张的过程，无论是通过商业银行还是中央银行作为认购主体，均会助推通货膨胀的形成。商业银行作为认购主体，通过包括超额准备金在内的资金以各种渠道购买政府债券转向中央银行贴现；中央银行作为认购主体，则通过公开市场业务在二级市场购买政府债券。这两种方式均会推高货币供应总量，挤出货币发行。[③]

从政府债务发行与社会总需求关系的角度看，政府举债主要是用于偿还已有债务本息或筹集新建项目资金。已有债务的还本付息，其本金的偿还是一种债务时序的置换，对即期需求不产生影响；其利息的偿还，则取决于社会与公众的投资和消费

---

① 参见汪洪、雷虹：《财政政策挤出效应的若干理论研究——挤出效应大小的度量和影响因素分析》，载《华东经济管理》2006 年第 6 期。

② 参见刘立峰：《政府投资学》，科学出版社 2018 年版，第 787 ~ 788 页。

③ 参见刘立峰：《国债政策可持续性与财政风险的理论解析》，载《改革》2002 年第 3 期。

倾向。具体而言,如果这部分资金全部用于投资和消费,则可能扩大社会总需求。[①]筹集新建项目资金部分,就其支出结构的不同,应分为转移性支出[②]和消耗性支出,[③]前者取决于公众的投资和消费倾向,后者则形成社会总需求的一部分,引起系列再支出,形成 GDP 数倍累进增加额。[④] 然而,社会总需求的增加并不必然产生刺激经济的作用,在某些情况下,受资源条件的限制,国民收入的增加也会受到限制,社会总需求的增加反而会导致通货膨胀的发生。[⑤] 因此,大量理论和实践证明,政府支出及政府债券的扩张必须适度且时机恰当。

二、政府投资决策宏观层面:规模、结构、方向的确定

(一)政府投资规模

1. 政府支出的基本规律

政府投资是政府支出的重要组成部分,对政府投资规模的判断和确定可以放到政府支出规律中来考察。19 世纪 80 年代,德国经济学家阿道夫 · 瓦格纳(Adolph Wagner)通过对进入工业化以后的欧洲国家、美国、日本等政府支出的研究,提出随着经济及社会的发展,公共支出具有一种内在的不断扩大的趋势。20 世纪 70 年代初,财政学家伯德(Bird)在评价瓦格纳对财政理论的贡献时,将上述研究结论归纳为瓦格纳法则(Wagner's Law)。根据瓦格纳法则,社会经济发展的一个客观规律是,社会经济的不断发展和政府活动的不断扩张,必定推动政府支出的不断扩张。[⑥]

从全球范围看,在近百年时间内,无论是财政支出的绝对额还是支出占 GDP 的比例都呈现出不断在增长的趋势。尤其进入 20 世纪以后,随着市场自身缺陷的暴露,政府被赋予了更多新的职责,从而促成了政府活动和支出的增长。以部分发达国家政府

---

① 参见刘立峰:《国债政策可持续性与财政风险的理论解析》,载《改革》2002 年第 3 期。

② 转移性支出,是政府资金无偿的、单方面的转移,包括养老金、补贴、捐赠等,最终形成公众的可支配收入,其作用取决于公众的投资及消费倾向。

③ 消耗性支出,是政府购买公共物品或公共劳务的活动,包括行政管理费及各类投资拨款,形成总需求的一部分。

④ 参见刘立峰:《国债政策可持续性与财政风险的理论解析》,载《改革》2002 年第 3 期。

⑤ 参见[美]弗雷德里克 · S. 米什金:《货币金融学》,李扬等译,中国人民大学出版社 1998 年版,第 293 ~ 294 页。

⑥ 瓦格纳并没有明确说明"公共支出不断增长"是指绝对额上升,还是指公共支出占经济总量的比例上升,后来的学者大多把瓦格纳法则理解为随着人均收入的提高,政府公共支出占国内生产总值(GDP)的比例也逐步提高。

支出增长与GDP占比情况为例,政府支出占GDP的平均比例由1913年的12.1%,上升到1920年的18.3%、1937年的23.2%、1960年的27.3%、1990年的43.9%。其中,美国、英国、法国、加拿大等国家政府支出规模都是保持持续增长的(如表3-1所示)。

表3-1 部分发达国家政府支出占GDP的比例①

单位:%

国别	1913年	1920年	1937年	1960年	1990年
西班牙	11.0	8.3	13.2	18.8	42.0
意大利	11.1	22.5	24.5	30.1	53.2
美国	7.5	12.1	19.7	27.0	33.3
英国	12.7	26.2	30.0	32.2	39.9
瑞典	10.4	10.9	16.5	31.0	59.1
日本	8.3	14.8	25.4	17.5	31.7
德国	14.8	25.0	34.1	32.4	45.1
法国	17.0	27.6	29.0	34.6	49.8
加拿大	—	16.7	25.0	28.6	46.0
澳大利亚	16.5	19.3	14.8	21.2	34.7
总平均	12.1	18.3	23.2	27.3	43.9

影响政府支出变动的因素很多,学者作了大量理论和实证研究,从经济因素、政治因素、效率因素和突发因素等各个角度进行了论证和阐释。由于所处的阶段和国情差异,这些理论不能直接解释我国政府支出的变动原因,但是,从长期发展来看,政府支出规律作为一种经济规律,仍具有普遍适用性,对我国政府支出变动的判断有参考意义。概括来说,影响政府支出变动的因素主要有以下几个方面:

一是经济发展因素。经济发展引起一系列新型的公共服务需求,进而从需求侧推动政府支出增长。瓦格纳认为,随着工业化的推进,市场主体之间的关系变得复杂而紧密,对商业契约和法律的要求增多,需要投入更多的公共资源以实现制度的供给;工业化推动城市化的进程中,产生了大量的外部性问题,如人口密度增大、交

① 俞永萍:《我国政府支出规模变动规律研究》,陕西师范大学2004年政治经济学硕士学位论文,第12页。其中,意大利和西班牙1913~1937年是中央政府数据,第二次世界大战以前的数据有些是占GNP或NNP的比重,(资料来源为Tanzi和Schuknecht于1997年整理的数据)。转引自马拴友:《财政政策与经济增长》,经济科学出版社2003年版,第50页。

通拥堵等,需要增加政府支出以提供更多的公共服务;居民人均收入的提高,也催生对科教文卫体及社会福利方面的需求,引起政府支出的增加。① 在瓦格纳法则的基础上,马斯格雷夫(Richard A. Musgrave)和罗斯托(Walt Whitman Rostow)从经济发展的角度,提出"发展阶段增长理论",对政府支出增长进行了分析。他们认为,在经济发展的早期阶段,私人部门不愿意投资或者没有能力投资的领域和项目,需要政府提供资助或者直接投资,因此,政府投资在总投资中占有较高的比例。在发展的中期,由于存在市场缺陷,为了弥补市场失灵,仍需要加强政府干预,增加公共支出。一旦进入经济发展的成熟期,随着人均收入水平提高,公众需求也有了质的提升,政府投资从基础设施转向不断扩大的基础教育、公共医疗卫生、科技研发、社会保障、环境保护与社会福利等方面的支出,并且这方面的支出将占据支出总额的相当比例。

二是政治因素。公共选择学派引入对制度、政治决策过程的效应分析,解释政府支出不断增长的原因。塔洛克(Tullock,1959)开创性地分析了在多数票规则下,政治候选人为了在选举中获胜,往往作出各种优越的承诺,如提高公共服务水平、提高社会福利等,要实现这些目标就需要扩大政府支出,增加政府投资。唐森(Tonsen,1963)认为,在扩大政府支出可能获取的选票边际收益增加和增加税收可能带来的选票边际收益减少中,官僚出于选票收益的考虑,只要当前者收益大于后者损失,就会在决策中推动政府预算规模的扩大。② 诺思(North)等认为,随着社会分工的专业化产生了新的利益集团,它们向政府施压,推动政府降低交易费用、提高交易效率,③在多数票决的制度下,利益集团在谋求各自利益的基础上结成同盟,力争推动某一方面的预算支出,直接促进了政府预算规模的扩张,推动了政府支出的不断增长。尼斯坎南(Niskanen)等认为,官僚与其他人一样,也是追求效用最大化。管理的效用函数变量包括薪金、公共声誉、额外收入、权力和地位等。为了达到效用的最大化,官僚竭力追求机构最大化,机构规模越大,官僚的权力就越大。由于官僚效用函数中的许多变量与预算规模直接相关,作为效用最大化的官僚也会是推动预算最大化者,因而政府支出不断扩大。④

三是突发因素。政治动荡的特殊时期,很可能出现政府支出的急剧扩张,如战

① 参见郭小聪:《政府经济学》,中国人民大学出版社 2011 年版,第 219 页。
② 参见孔祥利:《政府公共支出最优规模的理论与实证研究评述》,载《社会科学评论》2004 年第 1 期。
③ 同上。
④ 参见[美]威廉姆·A. 斯坎南:《官僚制与公共经济学》,王浦劬译,中国青年出版社 2004 年版。

争、动乱等。1961 年,英国经济学家皮考克(A. T. Peacock)和魏茨曼(J. Wiseman)在《联合王国公共支出的增长》中对英国 1890 ~ 1955 年的政府支出进行了考察,提出了“梯度渐进增长论”,认为在一个较长的时间段里,政府支出是以阶梯型增长而非直线型增长的状态出现。以此为基础,两位学者进行了推论:随着收入水平上升,以不变的税率征收的税收会上升,于是政府支出的上升会与国民生产总值的上升呈线性关系,这是公共支出增长的内在原因;但是在非常时期,如战争、饥荒等,公共支出上升的压力骤然增大,政府被迫提升税率,而公众在危急时期也会考虑接受提高后的税率,这是公共支出增资的外在原因。皮考克和魏茨曼认为,在公共支出增长中起作用的是两个效应:审视效益(inspection effect)和替代效益(displacement effect)。和平时期,政府支出呈线性状态受制于公众的“可容纳税收水平”;非常时期,政府支出呈现出跳跃状态,公众的“可容纳税收水平”提高。然而,回复到和平时期,公众的“可容纳税收水平”并没有降低,财政支出规模可以持续保持在一个高水平上。这就是审视效益。替代效益,是指战时战争支出对私人支出和民用财政支出的替代,战争支出规模扩大,而私人支出和民用财政支出规模相应缩小;战争结束后,政府支出对战争支出的替代,战争支出减少,而民用财政支出增加。

可以看出,无论是出于经济因素、政治因素还是突发因素,政府支出或投资规模的增加是普遍规律,同时,非常事件还会加速这种上升趋势,如战争、经济衰退等。推动政府支出或投资规模上升的原因一方面来自公共产品和服务需求的持续增加,另一方面来自政府官员对效用最大化的追求以及利益集团的压力。因此,政府投资规模的增加有其合理性,也有其不合理性,需要谨慎而有效地评价、监督和制约。

2. 我国政府投资规模的变动趋势

中华人民共和国成立以来,尤其是改革开放后,我国政府支出规模和政府投资规模显著变化。考察我国政府支出规模的变动轨迹,有助于鉴别我国政府支出规模和投资规模是否合理。

长期以来,我国的固定资产投资统计中,没有明确区分政府投资和非政府投资。与政府投资范畴接近的是全社会资金来源中固定资产投资(不含农户)的国家预算资金。整理中国统计年鉴和中国财政年鉴的相关数据可以看到:1995 年,国家预算内资金为 569 亿元,到 2017 年增加到 38,741.7 亿元,年均增长 6.9%。20 世纪 80 年代中期以前,国家预算内资金占全社会资金来源的比例保持在 20% 以上,之后迅速下降到1996年的2.8%、2007年的3.9%；2008～2009年，随着国家再一次实施积极财政政策，比例又上升到5.2%。近年来，基本维持在5%～6%（如图3-1所示）。可见，国家预算资金增长较明显，但在全社会投资中的比例逐步下降，目前所占比例已经较小。

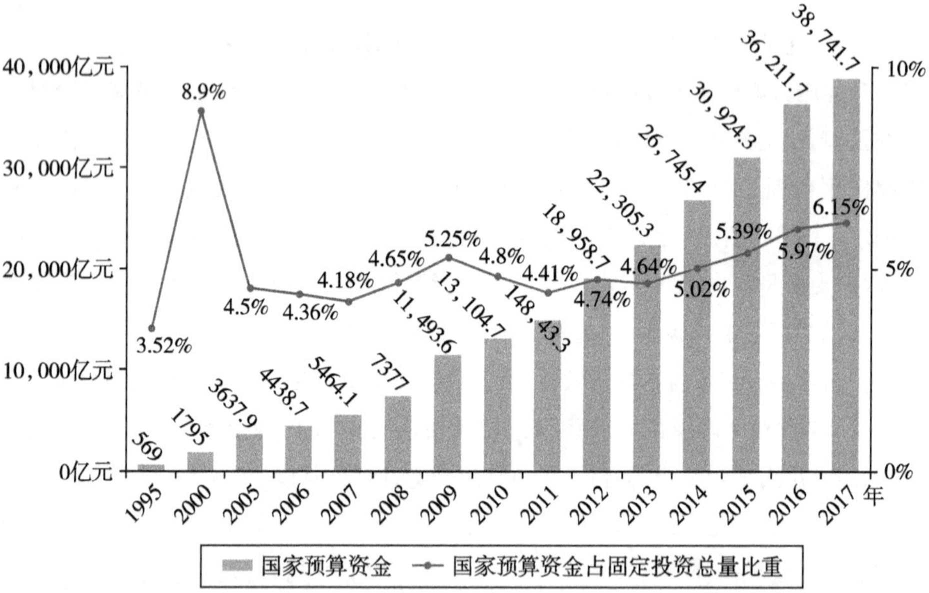

图3-1 1995年、2000年、2005～2017年国家预算资金规模及占固定资产投资总额的比例

资料来源：《2018年中国统计年鉴》，其中2010年度及以前年份数据统计口径为城乡固定资产投资。

从国家统计局发布的数据中，可以看出政府投资在交通、水利、市政等经济基础设施建设中一直保持强势；在教育和卫生等社会事业领域投资有所加大；在科技、体育等领域的投资有所下降；在采矿业、制造业、商务服务等传统竞争性行业政府投资维持平稳的状态；在环境、信息服务等新兴公共服务业有所下降。

然而，用国家预算内资金这一指标衡量政府投资规模有一定的问题。一是当前政府投资体系中，预算外资金的投入，特别是政府性基金（如土地收益）规模越来越大；二是预算内资金只包括中央预算内资金和由地方政府统筹的部分预算内资金，而没有将中央政府各部门及地方省、市、县政府自筹资金计算在内。如果忽略了这两部分资金的统计，政府投资规模的统计将是不准确的。因而，本书认为政府投资资金应当包括中央政府资金和地方政府资金。其中，中央政府资金包括国家预算内资金、中央部门自筹资金;地方政府资金包括省级政府自筹资金、地市级政府自筹资金、县级政府自筹资金。由于《中国统计年鉴》固定投资资金来源自筹部分没有确切的中央部门自筹部分、地方政府自筹部分、企事业单位自筹部分的统计,因此,选用《中国财政年鉴》国家财政支出(不包括国内外债务部分)1995～2017年的数据,以便更加近似地反映政府投资的基本情况。

统计显示,1995～2017年,国家财政支出6823.72亿元快速增加到203,085.49亿元,年均增长20.9%。从增量看,2008年国际金融危机以来,财政支出增加迅速。2008～2017年,政府财政支出都在60,000亿元以上(如图3-2所示)。其中,政府投资所占比例较高,在经济发展中的主导作用较强,大规模的政府投资大幅度改善了基础设施条件,提升了基本公共服务水平,促进产业园区功能不断完善,推动城乡面貌发生根本改观。

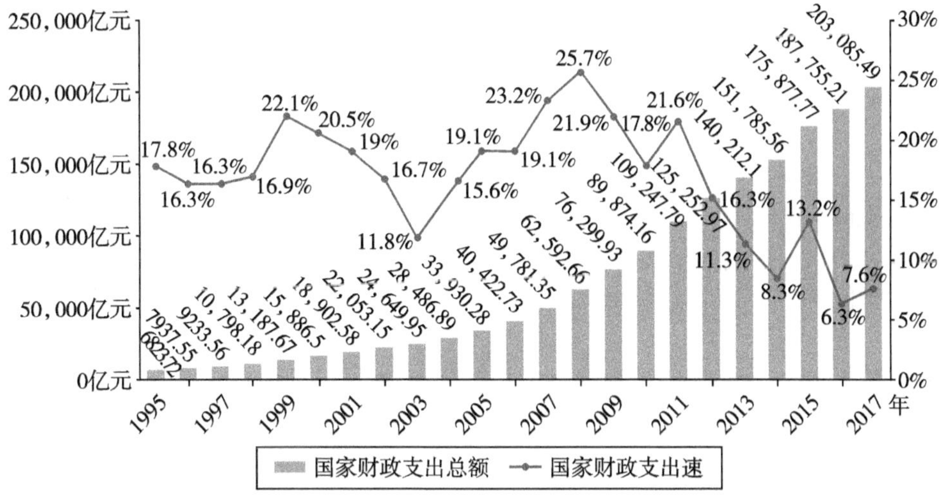

图3-2　1995～2017年国家财政支出规模及增速

资料来源:根据历年中国财政年鉴整理得出的数据。

从统计数据中可以看到,中央财政支出和地方财政支出从"一五"时期的966.85亿元、353.67亿元,比重(中央:地方)73.2:26.8调整到"十二五"时期的103,862.72亿元、599,213.47亿元,比重(中央:地方)14.8:85.2,地方承担了主要的财政支出责任,近20年的中央和地方财政支出数据尤其说明了这一点(如图3-3、图3-4所示)。

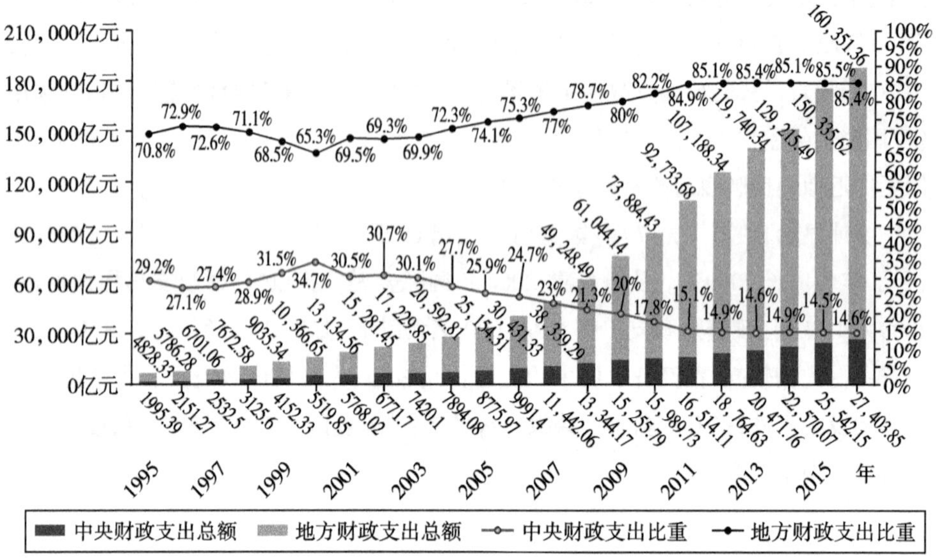

图 3-3 1995~2016 年中央和地方财政支出规模及比重

资料来源:《2018 年中国财政年鉴》以及历年财政年鉴数据整理计算得出的数据。

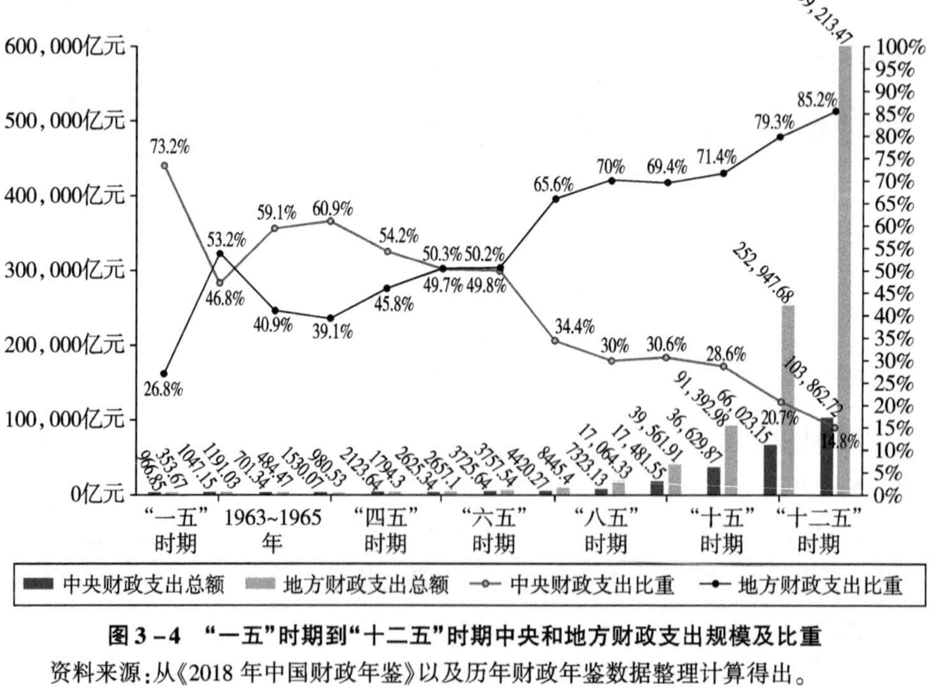

图 3-4 "一五"时期到"十二五"时期中央和地方财政支出规模及比重

资料来源:从《2018 年中国财政年鉴》以及历年财政年鉴数据整理计算得出。

从我国投资规模和财政支出规模变动的趋势中可以看出，我国政府投资或财政支出规模持续增长，在国民经济和社会发展中起到了非常重要的作用，政府支出逐步由“建设为主”向“服务为主”转变，符合经济发展转型阶段的要求。其中，中央政府的财政支出下降较快，地方政府的财政支出上升较快，投资和支出都呈现出中央轻、地方重的特点。

3. 最优规模的选择

政府投资是否具有最优规模，最优规模是多大，国内外学者对此进行了大量的理论研究和实证研究。

研究表明，政府投资规模和经济增长之间并不是线性增长的关系，存在政府投资规模的最优比例，但是在最优比例的取值上莫衷一是。罗伯特·巴罗(Robert J. Barro)指出，按政府支出和税收衡量的政府规模扩大会对经济增长产生双重效应，其影响是倒“U”型而非线性的关系，最优规模是存在的。[①] 阿米(Armey)认为，当政府规模较小的时候，政府支出对经济的推动效益强劲；当政府规模扩张到一定程度，达到某一临界点后，政府支出的正向产出效益则发生边际递减。这即是著名的阿米曲线。皮维森(Pevcin)利用西欧12个国家37年的混合数据拟合了阿米曲线，得出这些国家的政府最优规模为国内生产总值的37%～46%。[②] 卡瑞斯(Karras)利用全球118个国家1960～1985年的有关数据进行了实证分析，通过评估样本国家数据得出最优政府规模为23%。[③] 近年来，国外学者加强了对政府规模的研究与生活质量的关系的研究。美国学者戴维斯(Antony Davies)对154个国家的面板数据进行实证研究，结合联合国开发计划署的人类发展指数(HDI)，评价社会福利状态，认为发达国家HDI最大化时，政府投资支出占GDP比例为13%，总的最佳规模为39%；而发展中国家政府投资支出占GDP比例超过49%时，才能推动HDI的提升。[④]

我国学者对政府投资规模也进行了大量研究，以期找到政府投资最佳规模比

---

① 罗伯特·巴罗指出，按政府支出和税收衡量的政府规模扩大会对经济增长产生双重效应：税收的增加降低经济激励，从而降低经济增长率；政府支出则提高资本的边际生产率，从而提高经济增长率。当一国政府规模较小时，后一效应占主导地位，反之，则前一效应占主导地位。因而，政府规模的扩大对经济增长的影响并不是线性的，也即存在政府最优规模，政府规模和经济增长之间存在着倒“U”的关系。参见钟正生、饶晓辉：《我国存在最优政府规模曲线吗》，载《财贸研究》2006年第6期。

② 参见钟正生、饶晓辉：《我国存在最优政府规模曲线吗》，载《财贸研究》2006年第6期。

③ 参见丁俊艳：《中国市场化进程总的政府规模问题研究》，陕西师范大学2006年硕士学位论文。

④ 参见徐萍：《政府规模与国民福利增长：一个研究综述》，载《北方经济》2010年第15期。

例。马拴友认为,政府劳务是具有显著生产性的,可以提供国防、教育、科研、卫生、宏观经济管理等方面的产品和服务,这样的投入有助于推动经济的良性增长,但也有一个“度”的问题,我国政府支出的“度”即最优规模是占 GDP 的 26.7% 左右。① 根据张明喜、陈志勇的研究,由我国的实际数据得出的中国最优公共支出规模是 28%,而我国在 2004 年的财政支出规模仅为 20.8%,这显示财政支出规模还有进一步提高的空间。② 马树才、孙长清基于 1978 ~ 2000 年的统计数据,以巴罗的内生增长模型为基础,构造了一个具有公共物品拥挤效应的经济增长模型,得出我国预算内最优财政支出规模大约占 GDP 的 21.2%,而我国的综合最优财政支出规模约为 GDP 的 24%。③ 刘长生等构建了社会福利指数,以政府总支出占 GDP 的比重作为衡量政府规模的评价指标,进行相关性分析和最优规模估算,得出我国最优政府总支出规模为 39.2%。④

从上述学者大量实证和理论研究中可以看出,政府投资规模的确定有其自身的规律,在决策过程中应当注意以下几点:一是政府投资必须与经济发展水平相适应,必须与经济规模保持一定的比例关系;二是政府投资最优规模是一个相对概念,不可能有一个放之四海而皆准的标准,适合所有国家、任何阶段,最优政府投资规模具有相对性和历史性;三是政府作为社会福利的主要推动者,政府投资规模的大小应该与国民福利的增长联系起来;四是在发展的初期阶段,政府投资规模的扩大对经济增长的作用显著,而在经济成熟阶段,政府投资规模扩张对经济增长的效应会有所降低。

(二)政府投资结构

政府投资结构,是在一定的经济体制和财政体制下,政府投资资金用于国民经济和社会发展各行业、各地区以及城乡建设等各方面的数量、比例以及相互关系,其实质是各类政府投资的分类组合和配置比例。政府投资结构反映了政府投资的基本内容及其各类投资的相对重要性,体现了一定时期内国家财政经济政策的取向和

---

① 参见马拴友:《政府规模与经济增长:兼论中国财政的最优规模》,载《世界经济》2000 年第 11 期。

② 参见张明喜、陈志勇:《促进我国经济增长的最优财政支出规模研究》,载《财贸经济》2005 年第 10 期。

③ 参见马树才、孙长清:《经济增长与最优财政支出规模研究》,载《统计研究》2005 年第 1 期。

④ 参见刘长生、郭小东、简玉峰:《社会福利指数、政府支出规模及其结构优化》,载《公共管理学报》2008 年第 3 期。

政府投资活动的范围、支出责任及重点。① 对政府投资结构的调整是国家实现宏观调控目标的重要手段之一,通过对财政支出结构的调整进一步引导经济结构、产业结构、消费结构、社会结构的调整。对政府投资结构进行系统的整理有助于探索政府投资的内在规律,分清主次和轻重缓急,合理安排财政资金,形成政府投资的最优结构,提高政府投资决策的科学性和合理性。

1. 政府投资结构的现状

由于我国固定资产投资统计中没有明确区分政府和非政府主体的投资情况,2002 年前后各行业的数据统计口径不太一致,2006 年以后国家统计局对政府自筹资金也未进行分类统计,本书以国家统计局发布的国家预算内资金投资结构情况为基础,分析政府投资的结构情况。虽然以国家预算内资金为基础可能缩小了政府投资的规模和总量,但是,投资方向是一致的,具有参考价值。国家预算资金包括中央政府和地方政府一般预算资金用以固定资产投资的部分。

从政府投资行业的角度看,总的来说,国家预算内资金的投向比较集中。回顾近 15 年的国家统计数据,各大行业政府投资比例排位不断变化(如表 3－2 所示),其中,交通(交通运输、仓储和邮政业)和公共事业(水利、环境和公共设施管理业)两大行业投入的资金占全国国家预算资金的 50% 以上,其他占比较低的行业有公共管理(公共管理、社会保障和社会组织)、电力(电力、热力、燃气及水生产和供应业)、教育、农业(农、林、牧、渔业)、房地产业。服务业中的批发和零售、住宿和餐饮、金融、信息服务等经营性领域,国家投资较高,工业中的采矿业和制造业的国家投资较少,而在社会事业领域的科技、文化、卫生领域的国家投资比例也不高。

表 3－2 各行业政府投资比例排位②

行业	2003 年	2009 年	2015 年
农、林、牧、渔业	6	7	8
采矿业	16	15	16
制造业	8	9	11
电力、热力、燃气及水生产和供应业	5	5	7

① 参见刘澎:《新时期我国政府投资研究》,东北财政大学出版社 2011 年版,第 79 ~ 80 页。

② 参见刘立峰:《政府投资学》,科学出社 2018 年版,第 45 页。

续表

行业	2003 年	2009 年	2015 年
建筑	11	12	10
交通运输、仓储和邮政业	1	1	1
信息传输、软件和信息技术服务业	15	18	19
批发和零售	21	19	18
住宿和餐饮	20	22	21
金融	19	21	22
房地产业	14	8	3
租赁和商务服务业	18	17	15
科学研究和技术服务业	9	14	14
水利	2	4	4
环境	10	11	12
市政	4	2	2
居民服务、修理和其他服务业	22	20	17
教育	7	6	5
卫生	12	10	9
文化艺术	13	13	13
体育	17	16	20
公共管理、社会保障和社会组织	3	3	6

以 2017 年固定资产投资各行业国家预算资金到位情况及占比为例，可以看出我国政府预算资金投资结构情况（如图 3－5 所示）。

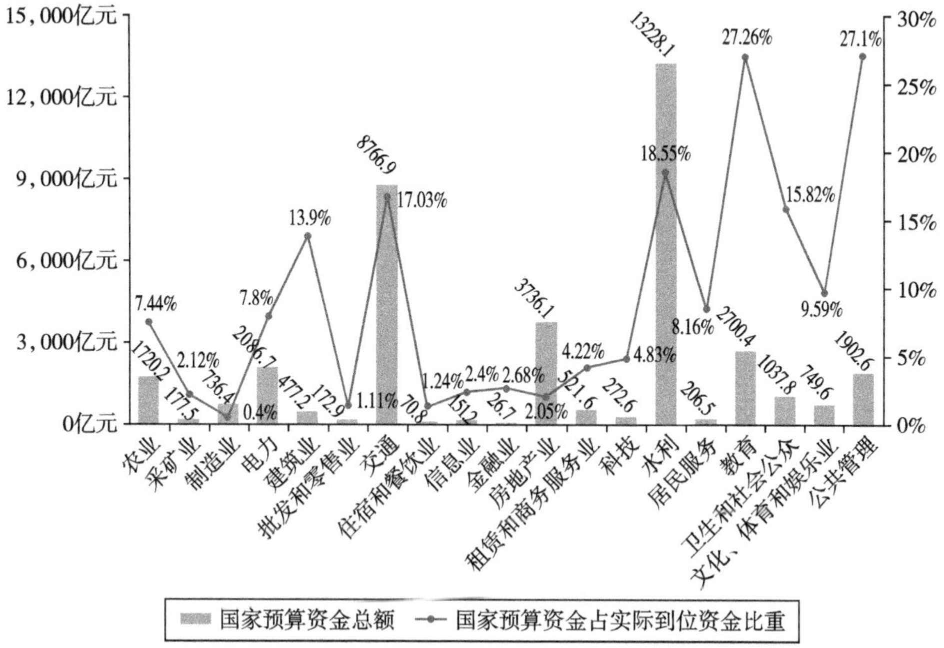

图 3－5　2017 年固定资产投资各行业国家预算资金到位情况及比例

资料来源:《2018 年国家统计年鉴》以及整理计算得出的数据。其中,部分大行业使用了简称,"农、林、牧、渔业"简称为"农业","电力、热力、燃气及水生产和供应业"简称为"电力","信息传输、软件和信息技术服务业"简称为"信息业","科学研究和技术服务业"简称为"科技","水利、环境和公共设施管理业"简称为"水利","居民服务、修理和其他服务业"简称为"居民服务","文化、体育和娱乐业"简称为"文化","公共管理、社会保障和社会组织"简称为"公共管理"。

从国家统计局发布的数据中,可以看出政府投资在交通、水利、市政等经济基础设施建设中保持强势;在教育和卫生等社会事业领域投资有所加大;在科技、体育等领域的投资有所下降;在采矿业、制造业、商务服务等传统竞争性行业政府投资维持平稳的状态;在环境、信息业等新兴公共服务业有所下降。

从政府投资区域分布的角度看,投资的重心从东部逐步转向中西部转移。随着西部大开发、中部崛起以及东北老工业基地振兴等重大国家战略的陆续出台,中西部投资有了较强增长。东部在全社会固定资产投资中所占比重从 2007 年的 52.7% 下降到 2015 年的 41.7%,下降了 11 个百分点,而中西部的比重都有所上升。然而,从增速上看,近年中西部固定资产投资的增长速度明显快于东部地区,也快于全社会固定资产投资增长速度。然而,东北地区的投资始终不太理想,在近两年增速下降明显,甚至出现负增长。中西部地区投资增长快,有利于缩小中西部地区与东部地区经济发展差距,促进区域协调发展(如图3-6所示)。从2017年数据中可以看到,经济越是落后的地区,如西北地区各省,对国家预算投资的依赖越高,其他渠道的投资比重越低(如图3-7所示)。

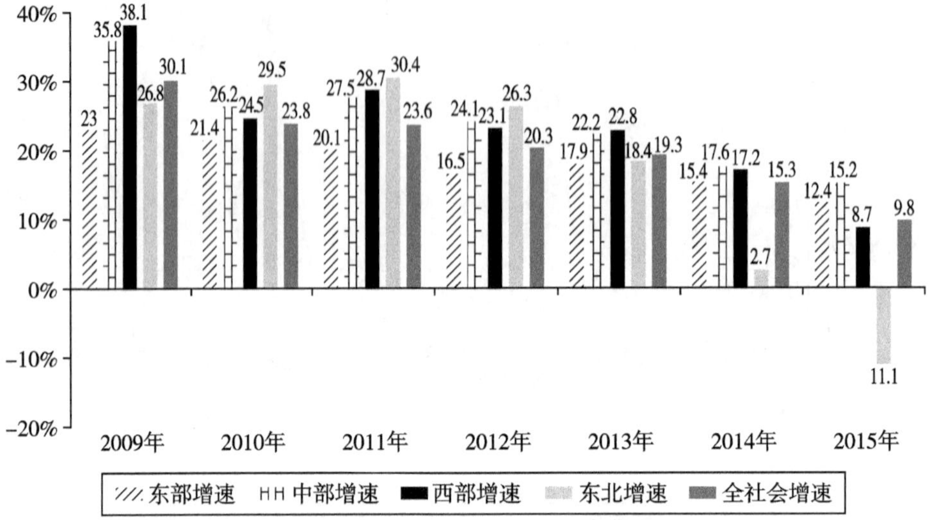

图3-6 2009~2015年区域投资增速变化①

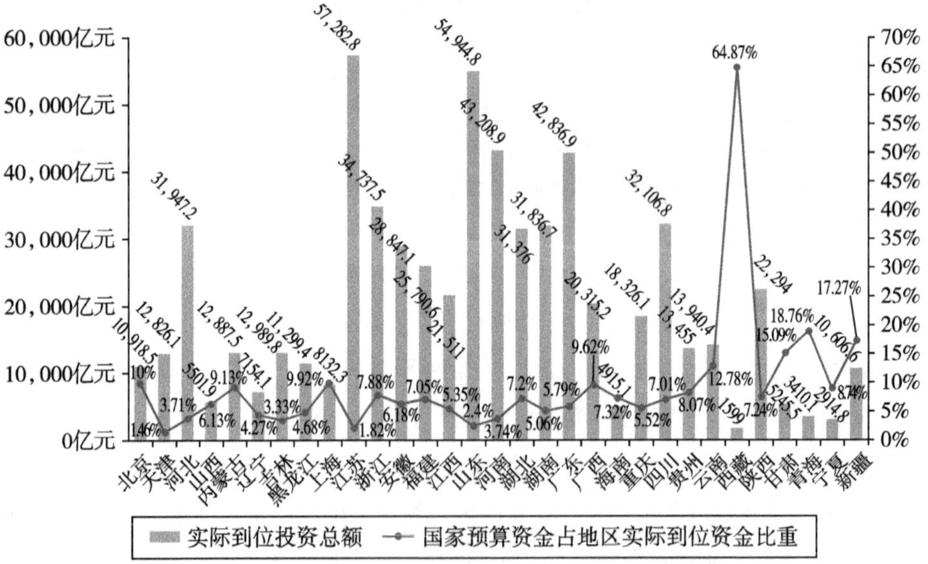

图3-7 2017年各省份国家预算资金占比实际到位投资总额情况

资料来源:《2018年国家统计年鉴》及历年统计年鉴计算得出的数据。

① 参见赵振华:《我国投资结构失衡问题研究》,中共中央党校2016年经济学教研部经济学博士学位论文,第84页。

2. 政府投资结构的问题

从国家统计局披露的基本信息来看,我国政府投资结构存在一些不足:

一是政府投资涉及领域偏多。政府投资行业分布面过宽,除了具有非竞争性和非排他性的公共产品,带有显著外部收益、能够创造社会公平的产品外,政府投资还广泛分布在一些市场化程度比较高、竞争比较激烈的加工工业和一般竞争性服务业,政府投资的公共性仍显不足。

二是社会事业投资力度不够。在政府投资中,资金主要投向基础设施方面,在社会事业方面的投入尚不足,在一些与公众生活息息相关的社会事业领域,如公共卫生防疫、学前教育、养老等,投入非常薄弱。市政公用设施存在短板,城市地下管线系统发展滞后,城市垃圾无害化处理、污水处理等问题没有得到有效解决,亟须推进海绵型建筑和相关基础设施建设。

三是环境保护比较薄弱。环境保护问题已经成为我国经济社会可持续发展的瓶颈,污染物排放总量居高不下,危险废物、微量有机污染物、持久性有机污染物、土壤污染等新的环境问题凸显,这方面投入虽然逐年递增,但仍然不足。

四是公共服务的区域和城乡差距大。长期以来,我国城镇和农村推行两套不同的基本公共服务制度,在基本公共服务的供给内容、范围和标准上差异明显,农村成为基本公共服务的薄弱环节。同时,我国基本公共服务水平的地区性差异也较大,东部地区的财政收入要远高于中西部和东北地区,其公共服务的供给水平最高。在区域经济差距不断拉大的情况下,基本公共服务均等化的差距也在扩大。在财政收入水平较低和转移支付制度不健全的影响下,中西部和东北地区的公共服务水平相对较低。

(三)政府投资方向

1. 政府投资面临的新形势

当前,我国进入了经济发展新常态,面临的环境、条件、任务、要求等都发生了很多新的变化,从追求经济高速发展转向中高速发展,从追求规模速度型发展模式转变为质量效益型模式,与此同时,经济结构从增量扩能转向调整存量、做优增量,发展动力从依靠资源和低成本劳动力等要素投入转向依靠科技、创新等高质量内生动力驱动。[①] 随着我国经济发展阶段的不同，这些变化，是经济形态更高级、分工更优化、结构更合理的必经过程。[②] 总的来说，我国经济已经步入谋求高质量发展的新阶段。顺应这种变化，调整经济发展思路是制定经济政策、实施宏观调控的根本要求，也是确定政府投资规模和结构的依据。

新常态下，经济增长放缓，在高速增长阶段不明显的经济社会矛盾和问题会凸显出来，产能过剩严重，发展后劲不足，就业压力增加，债务风险加大。这个阶段不仅要求政府扩大支出规模，还要求政府增加对经济影响大、就业拉动作用大的行业的投入，引导传统产业的升级和新兴产业的发展，通过政府投资促进经济尽快回暖。政府投资需要进一步提质增效，提升基础设施的配置水平、提高科教文卫体的质量、增加环保资源等领域的投入，统筹兼顾生存、生活、生态三者的关系，回应和满足公众不断增长的物质和精神文化生活的需要。政府投资需要进一步激活社会创新元素，提供创新机会和创新平台，通过财政资金的引导和扶持，形成政府投资和社会资本融合，推动以创新为核心价值取向、多元化投入格局的形成。

新常态下，我国经济社会发展在面临挑战的同时，也在基础设施互联互通、区域协同、新城新区建设等领域涌现出大量机遇，是政府投资应当关注的重点方向。目前，我国基础设施和公共服务领域拥有巨大的发展空间。政府投资应当抓住机遇、适应变化，着力化解发展中的瓶颈制约。

2. 政府投资与供给侧结构性改革要求

新常态下，针对我国经济结构发展上的不合理，党和政府提出了推进供给侧结构性改革，“这是在全面分析我国经济阶段性特征的基础上调整经济结构、转变经济发展方式的治本良方，是培育增长新动力、形成先发优势、实现创新引领发展的必然要求”。[③]

供给侧结构性改革的核心关键词是“供给侧”、“结构性”和“改革”。“供给侧”是相对“需求侧”而言的，从供给端入手，通过变革要素机制、产品和服务供给机制、制度供给机制，进而优化我国的宏观生产函数，提高生产效率；“结构性”则明确了本

---

① 参见《习近平百次系统阐述“新常态”》：中国共产党新闻网2014年11月10日，http://cpc.people.com.cn/n/2014/1110/c64094-26001005.html。

② 中共中央宣传部编：《习近平新时代中国特色社会主义思想学习纲要》，学习出版社、人民出版社2019年版，第112页。

③ 同上书，第117页。

次改革重点解决的诸多问题是经济发展中的结构性问题，如经济增长动力结构问题、产业结构问题、收入分配结构问题、区域结构问题、要素投入结构问题等，以推动我国宏观生产函数形成新的均衡状态；“改革”则点明了本次改革的重中之重，即通过制度优化，为新旧动能转换提供引擎，推动供求平衡向更高水平跃升。① 具体说来，供给侧结构性改革需要从以下 3 个层次统筹兼顾，整体推进：

一是要素供给。保证各种要素高效、充分的配置，是提供高质量产品和服务供给的前提和基础。避免要素的浪费、低效，克服要素流动的不畅，推动相对稀缺的生产成本要素、边际产出更高的技术和高素质的劳动力等优质要素相结合并保持持续增长，是供给侧结构性改革中的难点。同时，如何减少要素流动屏障，强化市场为基础的要素配置功能，也是本次改革中的难点。

二是产品和服务供给。能否为市场提供高质量、有效的产品和服务供给，是本次改革的落脚点。面对市场大量的需求，重点在于通过改变产品和服务供给机制，推动消费者效应函数的改变，从供给侧结构性改革入手拉动需求侧消费潜力，进而实现供求关系更高水平的动态平衡。

三是制度供给。供给侧结构性改革最核心的部分就是解决制度供给问题。制度是对各种资源进行分配的关键因素，决定各种要素投入形成的规模和结构。有效的制度供给机制，是要素供给机制和产品供给机制得以高质量运行的保障。解决制度供给问题，应当处理好市场与政府的关系，减少政府的过度干预和行政垄断，充分发挥市场在资源配置中的决定性作用。同时，通过政府矫正“市场失灵”，在社会事业、技术创新、劳动力素质提升等多个领域发力，创造良好竞争环境，释放正向外部效应。通过两者结合，引导要素向需求层次更高的领域配置，使消费者追求效用最大化和生产者追求利润最大化达到供求均衡，推动供求平衡的高水平提升。

3. 政府投资未来的方向

政府投资决策在宏观层面应充分认识我国社会经济发展的客观阶段，在新常态下，结合供给侧结构性改革的要求，重构和调整政府与市场的关系，进一步提高政府的宏观调控能力、简政放权，平衡需求侧与供给侧，深化经济结构调整，提升发展质量。政府投资通过适当的规模提供有效投资，放大乘数效应和稳定效应，优化投资

---

① 参见供给侧结构性改革研究的基本理论与政策框架课题组：《推进供给侧结构性改革研究的基本理论与政策框架》，载《宏观经济研究》2017 年第 3 期。

结构,撬动社会资本,释放经济活力。我国当前发展阶段投资需求潜力仍然很大,政府投资的方向应注意以下几个方面:

第一,调整产业结构。以新型基础设施投资计划为重点,加快新一代信息技术应用投资,带动通信、电力、交通、数字等多个社会民生重点行业的发展。一是推进新型基础设施建设。加大投资力度,重点促进以5G、城际高速铁路和城际轨道交通、新能源汽车充电桩、大数据中心、人工智能、工业互联网等领域为代表的新型基础设施建设,推动新一代信息技术与传统产业领域的融合创新,支撑传统产业实现网络化、智能化、数字化的升级换挡。二是推动新一代信息技术与制造业深度融合,培育新的生产方式、产业形态、商业模式和经济增长点。加大政府投资对传统制造业的支持,加速传统制造业技术的改造和设备的更新,推动传统制造业结构升级和布局优化,将资金重点投向智能化、高端化的关键领域。

第二,提高生产要素效率。加强对资源、环境、人力资本、科研科技等生产要素领域投资力度,加大能源、交通、水利等重大项目建设,加快推进环保、生态修复、防险抗灾等方面的建设。

一是加大生态环境投入力度。良好的生态环境具有很强的正外部性,对社会的可持续发展具有全局性、战略性影响,政府应加大投入且保持投入的持续性。对尚未形成较为清晰盈利模式的环保领域,如污水管网、土壤修复等,政府投资的支持更加重要。实施流域水污染防治及水生态修复、地下水污染防治、重点区域大气污染联防联控、受污染场地和土壤污染治理与修复等工程。实施农村环境综合整治、农业面源污染防治等工程。实施重点生态功能区和自然保护区建设、生物多样性保护等工程。为拓宽生态环境基本服务供给渠道,扩大生态环保资金投入,可综合运用增加政府投入等政策,鼓励和引导社会资本参与余热发电、危废处理等项目的建设和运营。

二是完善基础设施建设。加大中小城市的基础设施投入力度,推动小城镇功能优化,尤其是旧有地下市政设施改造、城镇绿化、城际道路建设等。以中央政府投资资金为引导,引入民间资本,支持地方政府完成旧城改造。① 建设现代综合交通运输体系,以高速铁路、高速公路、民用航空等为主体,构建高品质的综合交通骨干网络。推进跨省区电力输送通道建设,完善区域和省级骨干电网,加强配电网建设改造,着

① 参见刘立峰:《新常态下政府投资方向选择》,载《宏观经济研究》2015年第12期。

力提高电网利用效率。

三是加强水利设施建设和水资源保护。迫切需要建设一批江河防洪骨干工程，增强防御流域性大洪水的能力，尤其是在东北平原、长江流域等水土资源较好的地区，建设一批设施完善、用水高效、稳产高产的大型灌区。通过政府投资，促进河湖水系统综合整治和生态修复，减少内源污染；实施河湖配水、调水引流工程，提高河湖水环境容量。加强水资源保护与治理，提升水资源涵养能力。

第三，弥补社会事业短板。提升社会保障①、基础教育、公共卫生医疗、健康养老、大众文化等公共服务质量，落实重大公共服务投资项目，提高区域发展协调性。加大公众需求强烈的学前教育、基本义务教育投入，兼顾高等教育和职业技术教育。以学前教育为例，此类经费长期以来只占全国教育经费总投入1.2%～1.3%，与4000多万学前儿童规模极不相称，特别是地级以上中心城市的供求缺口更大。又如，全国老龄化问题日趋严重，政府可将资金投向老年人护理、老年人安养设施建设、家政服务、健康护理等多个方面。再如，公共卫生防疫方面，2020年1月，新冠肺炎疫情在全国范围内蔓延，暴露了我国公共卫生与防疫基础设施、公共卫生应急响应体系、公共卫生运营体系和人才培养等方面的短板。加大公共卫生服务方面的投资，将会产生巨大的社会效益和回报。例如，假设政府投资1000亿元在传统基建项目上，可能转化为当年GDP的30%左右，但投资到教育、卫生等公共服务和设施建设上，可能转化为当年GDP的60%～70%。② 又如，群众体育方面，政府投资应加大大众体育设施建设，推动田径、游泳、滑冰、球类等体育运动和培训服务，建设多个活动中心、健身步道、登山步道等，加大小区体育设施建设等多方面，大力鼓励健康消费。政府投资应发挥示范和带动效应，可采取国债资金投资建设、私人运营的方式拓展公私合作空间，提高投资效率。

三、政府投资决策微观层面：项目的确定

（一）一般政府投资项目的确定

政府投资决策是由多个环节环环相扣构成的动态过程。根据《国务院关于投资

① 政府应尽快健全以社会保险、社会救助、社会福利为主要内容的社会保障体系，消除影响公平分配的制度性因素，尤其要注意加强社会救助。参见王怀勇：《收入分配、财富积累和政府责任》，载《经济法论坛》2013年第2期。

② 参见黄奇帆：《新冠肺炎疫情下对中国公共卫生防疫体系改革的五点建议》，载《第一财经日报》2020年2月13日，第A11版。

体制改革的决定》(国发〔2004〕20 号)和《政府投资条例》(2019 年)以及政府公开信息,可以看出政府投资决策形成大致有 5 个环节:投资规划的编制、项目的提出与前期审批、项目的可行性评审、年度投资计划编制、预算管理。

1. 投资规划的编制

政府投资规划的编制是整个投资活动的起点和龙头,从中央到地方各级政府都会编制国民经济和社会发展五年规划。国民经济和社会发展总体规划侧重于各种发展目标和建设指标的提出,具有中长期指导意义。各级政府在五年计划的框架内,细分专项规划、区域规划、产业规划,提出明确的目标和指标,落实总体规划中拟定的发展目标。通过各种规划,确定近期、中期需要解决的问题和亟待实现的目标。专业规划、行业规划、区域规划中一般会明确近年需要建设和完成的投资项目,但是,也会随着实际情况不断调整项目的情况。

2. 项目的提出与前期审批

一般项目的审批程序启动于投资主管部门审批各项目申报单位提交的项目建议书并核查项目相关批准材料。项目建议书应就申报的项目作详细的前期论证、规划。与项目建议书同步提交的其他相关批准材料包括规划部门出具的规划意见书或规划征求意见函、环保部门出具的环评报告、行业准入文件、国土资源部门出具的新征建设用地预审意见函等。项目申报单位既可以是政府各部门,如各级政府的发改委、交委、建委等,也可以是符合条件的非政府法人及其他组织,如地方城投公司、大学城指挥部、高速集团公司等。

重大项目则需要通过政府常务会议作出决策动议,组织相关政府职能部门进行论证和规划,形成可行性研究报告,交由投资主管部门审批。在笔者调研的 C 市,重大政府投资项目由市政府常务会议作出动议后,市长牵头召开部门联合会议,部署相关部门就规划、资金、拆迁、环保、用地等问题分头论证和负责,最后形成统一的项目可行性论证报告,提交投资主管部门审批。

3. 项目的可行性评审

投资主管部门依法审核项目申报单位提交的项目建议书,并向其出具审核意见,作出批复。项目申报单位根据投资主管部门出具的肯定性批复文件编制可行性研究报告,其中需要详细说明所有单项工程的规模、内容、建设标准及估算经费,详细论证技术上的可行性和经费使用上的合理性。根据项目建议书和可行性研究报告,投资主管部门需要会同其他职能部门组织有关专家或委托具有相应资质的中介机构进行项目评估。对经济、社会、环保有重大影响的项目,投资主管部门还应广泛征求社会各界及公众意见,召开必要的听证会进行反复论证。上述流程通过才能决定是否出具行业主管部门的审查意见书、咨询机构评估意见、听证会意见。在意见通过的基础上,投资主管部门才能将项目列入固定资产投资项目储备库。

一般情况下,本级地方政府投资主管部门负责该地区政府投资项目的审批,超过一定投资规模、影响较大、跨区域的项目审批,需报送上级政府审批。本级地方政府投资主管单位将项目建议书、资金申请书、投资主管部门意见一并上报上级政府投资主管部门审批。

4. 年度投资计划编制

审批通过的项目,项目单位按批复文件编制招投标文件,经投资主管部门和财政部门核准后,向社会公开招标或邀请招标,进行项目初步设计。项目单位组织初设方案评审并提出中标单位建议。项目主管部门组织有关部门或委托具有相应资质的中介机构对项目概算投资进行审核,确定最终中标单位。项目单位和中标单位签订合同,报投资主管部门及财政部门备案,该项目正式成为预备项目。

5. 预算管理

投资主管部门根据国民经济与社会发展五年规划、中长期规划以及政府投资前期工作完成情况编制年度投资计划,并将预备项目落实到年度投资计划中。年度投资总量由投资主管部门会同财政部门及相关部门拟定,涉及预算内投资的计划由投资主管部门、财政部门编制,涉及专项建设基金的计划则由投资主管部门、财政部门、行业主管部门根据基金总量、可使用比例、申请状况审核平衡后编制。配合年度投资计划,财政部门编制预算。年度投资计划和财政预算均需提交同级人大审议,通过后,财政部门下达基本建设预算支出指标、拨付资金并按预算管理要求对财务活动进行动态监管(如图 3-8 所示)。

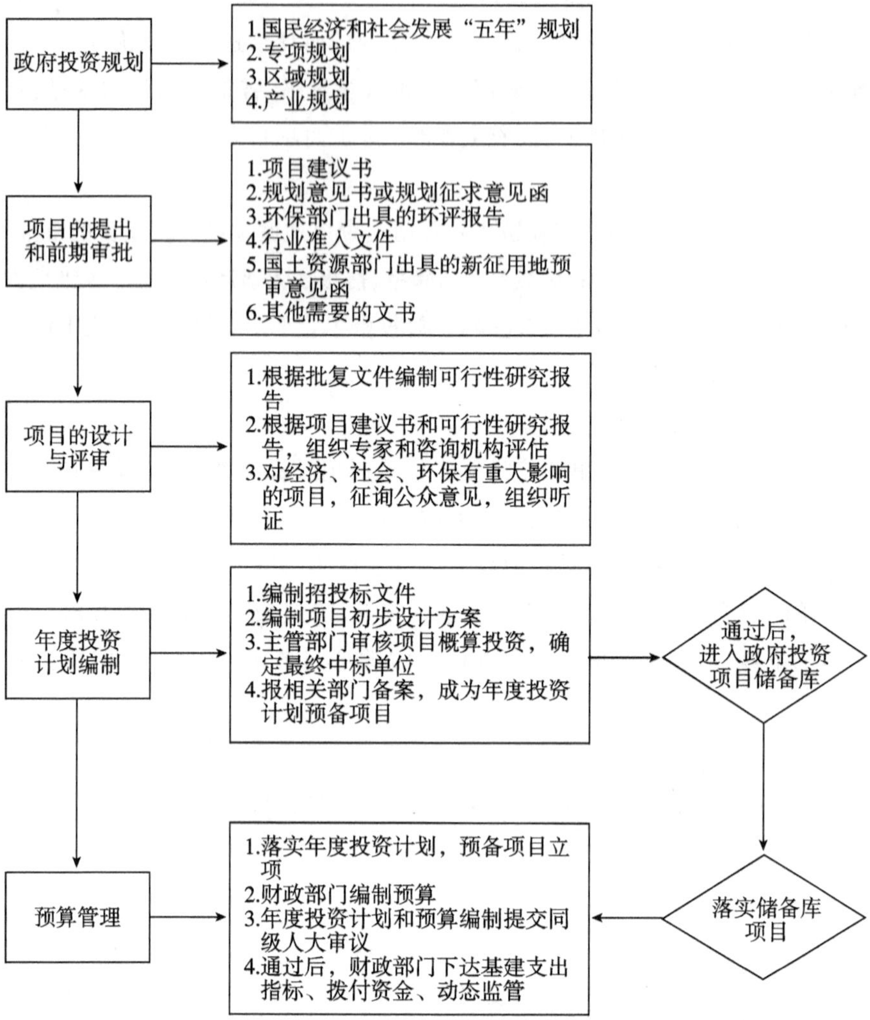

图3－8 政府投资项目的确定流程

（二）重大政府投资项目的确定

鉴于重大政府投资决策往往涉及重大公共利益、公民权益，投资体量大，对国民经济发展、产业结构优化、区域经济平衡、城乡统筹发展等多方面具有全局性、长期性、综合性的战略影响。所以，重大政府投资项目的确定除了应满足一般政府投资项目的立项流程要求，还应严格遵照《重大行政决策程序暂行条例》的规定，通过集体讨论决定。其流程主要包括4个环节：

1. 决策草案形成。决策草案的形成包括决策启动、公众参与、专家论证和风险评估4个方面的内容。在决策启动方面,决策承办单位应做好前期摸底工作,通过深入广泛的调研,全面掌握项目相关信息并做好沟通协调工作。在此基础上,承办单位拟定决策草案,应确保其合规合法、与相关政策衔接流畅,对决策事项所涉及的综合成本、整体效益进行分析预测,并就可能产生的分歧作出充分说明及准备备选方案。在公众参与方面,决策承办单位应依法披露决策事项相关信息,广泛向社会公开征求意见,对公众普遍关心或者专业性较强的问题通过专家进行解释说明,对涉及公民等切身利益或存在较大分歧的问题召开听证会。在专家论证方面,决策承办单位应就重大项目的可行性、科学性和必要性组织专家及专业咨询机构进行论证,同时,保障其独立性和超然性。严格遵守利益冲突回避原则,避免选择与决策项目由直接利害关系的专家和专业咨询机构,完善专家诚信考核和退出机制。在风险评估方面,决策承办单位应充分评估决策草案的风险可控性,并通过多种方式对决策实施的风险进行科学预测和综合研判,明确风险点,提出防范措施和处置预案。在风险可控的情况下方可提起决策讨论,否则,应采取相应措施调整决策草案。上述4个方面的内容均为必备环节。

2. 合法性审查。这个环节决定决策是否正当、合法,为决策的必经程序。决策草案应由专门部门进行合法性审查,不得以征求意见等方式代替。通过合法性审查的决策草案才能提起集体讨论,否则,应驳回,由承办单位重新拟定。合法性审查为必备环节,不得规避。

3. 集体讨论和公布。重大政府投资项目应当经同级政府常务会议或全体会议讨论决定。参会人员应对承办单位提交的决策草案(包括前面几个环节形成的意见)进行详细、审慎的审议。集体讨论决议应与首长负责制相结合,以行政首长意见为主。集体讨论时,行政首长应充分听取与会人员的意见,最后作出判断。当行政首长意见与会议组成人员多数人意见不一致时,行政首长应说明理由。会议讨论情况和决定应当如实记录。决策出台前应依规定向同级党委请示报告。集体讨论和公布是重大政府投资项目确定的核心环节。

4. 决策的执行和调整。重大政府投资项目决策的执行和调整环节明确了决策后评估制度,严格规范了决策调整要求,规定执行单位应当全面、及时、正确地执行决策,未经法定程序不得随意变更或者停止执行。这是决策形成后的延伸环节,也是确保决策的有效性和合理性不可或缺的环节。

四、政府投资决策整体运行中存在的不足

（一）政府投资发展规划效力较弱

发展规划是政府投资的起点，是决策科学化和合理化的前提。中央政府和地方各级政府编制了大量规划，包括国民经济和社会发展总体规划、主体功能区规划、专项规划、区域规划、土地规划等，覆盖了社会经济发展、产业结构调整、区域经济平衡、城乡统筹发展等各方面内容。发展规划是政府投资决策的依据，也是项目执行的源头。但是，在实践中，由于各类发展规划定位不够清晰和准确、部分规划缺乏可操作性且相互之间的衔接不够，降低了发展规划的科学性。同时，发展规划不具备强制约束力，在具体的政府投资决策过程中，临时修改项目、新增项目的情况并不少见，一定程度上影响了发展规划的权威性。

（二）政府投资决策权的配置尚不够清晰

政府投资决策权的配置分为纵向配置和横向配置两个方面。从纵向配置方面看，政府投资决策权在中央、地方政府间投资事权与支出责任的划分尚不清晰，投资事权与投资财权、投资财力的匹配情况尚不理想。从横向配置方面看，政府投资决策权在同级政府不同部门之间的配置也不够清晰。投资主管部门、财政部门、业务主管部门等众多政府机构在发展规划权、项目审批权、资金分配权等方面有待进一步厘清。此外，在重大政府投资决策中，集体决策制度启动的标准尚模糊，与行政首长负责制的关系有待进一步优化。

（三）政府投资决策程序有待进一步规范

我国尚未出台规范政府投资决策程序的基本法律，对政府投资决策程序基本原则和主要内容缺乏明确的指引，特别是作为支撑决策的重要环节和关键步骤的程序缺失，如信息公开程序、调查程序、可行性论证程序、公开听证程序等。在实践中，这种情况极易造成各方决策主体权力、职责、权利、义务结构的混乱，降低决策的科学性、民主性和正当性。尽管国务院于 2019 年 5 月出台了《政府投资条例》，其中明确规定要简化和规范政府投资项目审批程序，但是相关规定仍比较原则，可操作性不够。

（四）政府投资决策公众参与有待拓宽

在政府投资决策过程中，普通公众、专家、市场主体、社会团体参与的深度和广度均有限，其利益诉求和利益偏好的制度化表达渠道有待进一步拓宽。当下的政府

投资决策体系还比较封闭，社会公众尚未被真正地引入决策程序中。这种情况下，一方面，决策机构无法真实地捕捉民意，及时地回应公众，基于有限信息作出的判断可能推高决策风险；另一方面，公众的利益诉求和利益偏好不能通过制度化渠道得到有效的反映和沟通，对决策结果缺乏认同。

（五）政府投资决策监督力量有待加强

现行的政府投资决策监督机制，主要是通过行政监督、权力及监察监督、社会监督来实现。其中，行政监督依赖于政府投资主管部门、财政部门、审计部门相关机构实现内部监督，权力及监察监督主要通过人大及其常委会行使监督权、国家监察委员会行使监察权（检察权）实现，社会监督主要依靠公众、专家、社会团体、媒体等实现。行政监督、权力及监察监督、社会监督 3 个方面的关系尚未完全理顺，多元监督主体之间的关系也尚未有效协调，综合监督的合力有待进一步加强。

（六）政府投资决策责任制度有待进一步完善

政府投资决策责任制度尚待进一步完善和健全，在归责原则、责任内容、追责程序等重要内容缺乏明确的法律规范。实践中，由于政府投资项目决策的复杂性、综合性和专业性，决策责任的认定比较困难。从投资项目的整体规模、社会效益到具体建设标准尚未形成一套科学、有效的评价指标，决策责任认定标准比较模糊，缺乏可操作性。同时，政府投资决策责任承担主体往往涵盖多个领域、多个部门，更加推高了权责划分和认定的难度，“集体决策”的形式下可能“集体免责”。

第二节　政府投资决策法律制度的内在要求

一、政府投资决策的科学化

（一）优化决策观念

政府投资决策兹事体大，涉及巨量财政资金的投放，影响一个地区乃至整个国家的经济结构、产业布局、区域经济平衡、城乡统筹发展，一旦项目选择错误，尤其是超大型投资项目选择错误，国家和人民将承担巨大的损失。在决策过程中，应当充分遵循科学决策原则，注重创新、协调、绿色、开放、共享的发展理念，①运用科学的技

---

① 2015 年 10 月 29 日，习近平总书记在党的十八届五中全会第二次全体会议上的讲话提出了创新、协调、绿色、开放、共享的发展理念。新发展理念符合我国国情，顺应时代要求，对破解发展难题、增强发展动力、厚植发展优势具有重大指导意义。

术和方法,充分尊重客观规律。

政府投资决策是系统性的决策,从选择项目到确定项目,整个过程中,涉及包括中央、地方政府相关部门以及政府平级相关部门在内的多个决策主体,决策主体根据各种因素综合作出决定,其中,决策主体的品质和能力是保障科学决策的重要因素。一方面,需要提升决策主体的思想认识水平,牢固树立科学决策的理念;另一方面,需要提升决策主体的业务能力,将现代化管理知识与决策相结合,运用科学的决策方法、尊重决策规律、遵守决策规制和程序,尽可能作出最优决策以取得最大的整体效益。

政府投资决策过程不仅是一种思维活动,也是一种社会交互活动。因此,决策主体除了考虑政府投资决策的正确性和合理性外,还应当考虑政府投资决策的互动性和可接受程度。决策过程中,保证公众的充分参与,听取和回应公众意愿,是提供符合公众需求的公共产品和服务的前提,也是作出科学决策的前提。在决策中搭建制度性沟通渠道,建立从公众到政府投资决策部门的信息双向传递通道,有利于达到科学决策的目的。信息是科学决策的前提和基础,政府对投资项目信息及时性、充分性、全面性的把握情况,决定了决策目标、决策内容、决策方案制定的客观性和合理性,直接影响了决策的质量。同时,在信息的获取、整理和甄别中,应当注重从科学的角度进行统筹分析。为了使决策更加合理,即便是在公众自由、民主的选择上,也要采取一种逻辑严密的推理方法,循序渐进、有条不紊地作出判断。[①] 因而,科学决策需要通过对话、辩论、听证等多种方式从不同观点中发现最佳方案。

(二)优化科学的决策机制

科学的政府投资决策依赖于一整套科学的决策机制,这个机制应当包含明确的权义架构、科学的决策程序、遵循客观规律的方法。

其一,决策主体权限和责任的明确性。政府投资决策是综合性、系统性的决策,涵盖了包括中央、地方各级政府和同级政府相关部门在内的多个决策主体,需要通过构建完整的法律规范体系进行制度性支撑。通过法律、法规、规章及制度性文件清晰界定多个决策主体的权力、职责、权利、义务,明确责任,形成具有可操作性的实施细则和行为规范标准,对违法行为进行明确的惩戒。

其二,决策程序的科学性。政府投资应当严格遵照科学的程序安排、使用科学

① 参见季卫东:《法治秩序的建构》,中国政法大学出版社 1999 年版,第 50 页。

的方法进行决策。首先,科学规划。政府投资作为国民经济建设发展的重要内容,涉及国家层面、区域层面、行业层面的规划和建设,应当在统一的国民社会经济规划、区域规划、行业规划及专项规划的指导下开展项目的选择和立项工作,确保政府投资具体项目建设与整体规划要求的一致性和协调性,保障政府投资的结构和规模的最优化,进而实现投资效益的最大化。其次,在决策的过程中,需要充分引入专业咨询机构,完善专家评审制度建设,对项目建议书和可行性研究报告进行专业角度的技术分析、评估,并在综合评议的基础上提出建议。完善信息公开制度,积极披露与项目建设的相关信息,主动接受公众的监督,听取和回馈公众的诉求,尤其是与项目有直接利益关系的公众诉求。最后,应当进一步理顺中央、地方各级政府的投资事权配置、理顺同级政府相关部门的投资管理权限,对经过专家评审的项目建议书和可行性研究报告进行严谨审核,对项目建设条件、工程建设方案、环保标准、投资概算、消防及劳动保护等各方面的技术可行性、经济合理性进行充分论证,形成是否立项的意见。

其三,决策方法的科学性。在决策的整个过程中,应对政府投资项目本身和投资环境中存在的不确定性因素进行周密的调查研究。根据不同项目的特点、要求、目标,采用相应的方法(定性分析和定量分析相结合)进行可行性分析,分析内容应当包括确定性因素和不确定性因素。对项目风险应进行充分评估,做好预案,最大限度地动态预测和控制决策结果。

二、政府投资决策的民主化

(一)回应公众利益诉求

政府投资决策的民主化是决策科学化的前提和保障。政府投资决策是一个系统的、复杂的、综合的决策过程,需要充分关注公众的利益偏好以及充分回应公众利益诉求,将个体的或部分的利益偏好和利益诉求整合为社会公共利益,指导决策的最终形成。诚如马克思指出的那样,人的本质不是单个人所固有的抽象物,在其现实性上,它是一切社会关系的总和。[①] 每个人的生存和发展都离不开社会,存在于特定的社会发展阶段和社会关系中,个体的诉求和偏好需要通过个人与社会的关系得以实现,个人利益可以整合为公共利益,个人偏好可以转换为社会偏好。现代民主

① 参见《马克思恩格斯选集》(第1卷),人民出版社1995年版,第60页。

决策程序赋予了公民在公共产品需求与供给的决策中表达自己的意志。① 在政府投资决策的过程中，关于项目的选择、判断、建设、监督也体现了这样的关系，个人利益的整合、个人偏好的转换需要在民主的框架下通过制度化渠道实现。

政府投资决策的民主化取决于公众参与决策的深度与广度，尤其是受投资政策影响的公众成员参与决策；②从公众参与政府投资决策的深度方面看，取决于公众参与是否得到足够的重视，其反馈的利益偏好和利益诉求是否能够影响决策的结果。从公众参与政府投资决策的广度方面看，取决于公众参与的覆盖面和有效数量，不同利益主体的主张和诉求能否得到充分的表达。政府投资决策的过程是政府决策部门与社会公众之间相互影响、相互制衡、相互作用的博弈过程。政府投资的最终目的是提供符合公众愿望的公共产品和公共服务，进而推动国民经济社会的良性发展。事实上，在政府投资决策过程中，公众的利益偏好和诉求越是得到重视，不同主体之间利益博弈越充分，政府投资决策就越具有正当性与合理性。公众的认可和拥护直接影响项目是否能够顺利立项、建设、实施、运营和监督。

在实际工作中，尽管不同的利益主体之间在一定范围和条件下存在共同性，但是其间的差异性是客观存在的，而决策者首先需要面对的就是这种差异性。民主决策是在充分尊重个人权利基础上的多数决定，也是通过多数决定的形式防范个人权利在共同体人格化身下被消亡的有效机制。③ 政府在投资决策过程中必然有自己的价值取向，需要在不同利益冲突中作出衡量和取舍，以平衡个体利益与公共利益、国家利益与社会利益、近期利益与长远利益、中央利益与地方利益、整体利益与局部利益等。将政府投资决策放入民主的框架下，给予各方主体充分表达利益诉求的制度性渠道，让各方面意见充分展现，争论越是充分、越是坦诚，越容易找到各方利益冲突的焦点，从而越是有利于政府作出正确的选择，整合各方面的利益。

（二）保障公众参与决策

政府投资决策过程中保证公众的参与，既是决策民主化的要求，也是决策科学化的要求。以适当的方式保障公众参与决策，需要推动政府投资决策信息更加公开、决策过程更加开放、支持公众以团体的方式参与决策、尊重专家及专业咨询机构参与决策的独立性和专业性。

---

① 参见江帆、闵颖：《公共产品分享权利及其法律保障》，载《当代法学》2009 年第 3 期。

② 参见［美］卡尔·科恩：《论民主》，聂崇信等译，商务印书馆 1988 年版，第 12 页。

③ 参见张怡：《税收法定化：从税收衡平到税收实质公平的演进》，载《现代法学》2015 年第 3 期。

其一，推动政府投资决策信息更加公开。信息公开是其中最关键的一环。“阳光是最好的防腐剂”，信息公开是政府投资决策民主化的必然要求。某种意义上，关于政府投资决策信息的公开性越高、透明度越高，公众参与的深度就越深，参与的广度就越广。政府投资决策的信息公开应是常态，不公开是例外，应推动信息披露和共享制度的建立和完善。《政府投资条例》(2019 年)中明确规定，“投资主管部门和依法对政府投资项目负有监督管理职责的其他部门应当建立政府投资项目信息共享机制，通过在线平台实现信息共享”；“政府投资年度计划、政府投资项目审批和实施以及监督检查的信息应当依法公开”。

其二，推动政府投资决策过程更加开放。一是政府投资在决策建设规划、投资计划、项目咨询论证等环节以公开征询、公示、召开听证会等方式，听取公众意见。二是政府投资项目在选址、用地、环评、能评、公共资源使用、移民、核准等环节，听取利益相关方意见。三是决策过程、决策结果全面及时向社会公开。

其三，支持公众以团体的方式参与决策。在和平和理性的支撑下，允许公众以团队的方式参与政府投资决策，将个体的、散乱的、模糊的单个诉求整合为较为集中、具体、明确的团体诉求，在决策过程中反馈给决策机关，帮助决策机关更加深入详尽地掌握待立项项目情况，形成更加有效和合理的理由及依据。

其四，尊重专家及专业咨询机构参与决策的独立性和专业性。建立和完善专家咨询制度最核心的内容，是保持专家及专业咨询机构的独立性和超然性，充分发挥其专业性。一方面，尽可能多地吸纳相关专家参与决策论证，尤其是不同观点、不同立场的专家，反复听取各方面意见，尤其是与决策机构相左的意见；另一方面，减少对专家的干预。在专家论证政府投资项目是否立项的过程中，决策机关应避免预设前提、框定范围、圈定方向，全面开放专家论证中所需的信息。另外，面对不同专家采用不同方法、不同角度提出的不同意见，决策机关应综合辩证地看待，减少简单“一刀切”的方法，避免单纯肯定一种声音、否定另一种声音。

三、政府投资决策的法治化

（一）增进社会整体利益

政府对经济生活的干预，立足于保障社会整体利益的基础之上，源于市场本身的缺陷以及经济运行中对市场失灵矫正的需求。社会整体利益是融个人利益、团体利益以及公共利益于一体的利益，具有整体性、经济性、平衡性、持续性、包容性以及协调性等特点。[1] 社会整体利益不同于个人利益,也不同于局限于某个团体的利益,甚至不同于国家利益,而是一种综合的、融合的利益。这种形态的利益具备超越个体、超越局部、超越地方、超越眼前、超越当代的全局性和长远性。[2] 在政府投资决策过程中,政府应当以社会整体利益为出发点,平衡和协调不同发展阶段、不同地域、不同经济利益主体间的利益关系,并尽可能融合、吸纳、整合个体利益、局部利益及短期利益,促进整体利益的增长。政府资金的投向对社会资本有着引领的作用,决策者应当有更加开阔的视野,从宏观布局入手协调众多关系,其中,协调人和自然的关系,协调部门、地区、城乡之间的关系尤为重要。

其一,协调人与自然的关系。近年来,自然资源的过度消耗、环境承载力屡屡跌破底线的问题已经非常突出,如何协调人类发展的无限性与自然资源的有限性已经非常紧迫。通过政府资金的投入推动建立资源节约型、环境友好型社会,加大环保力度,避免产生新的代际不公平,避免产生环境恶化、资源枯竭的后果。

其二,协调部门、地区、城乡之间的关系。部门、地区产业结构的合理安排以及城乡的统筹发展,是经济供给平衡、产业优化、共同富裕的前提和保障。政府有多个层次,每个层次又由多个部门组成,政府系统本身就构成了纵横交错、错综复杂的利益需求及利益冲突。在政府投资决策过程中,统筹协调中央政府和地方政府的利益、不同部门的利益、不同地区的利益,尽可能避免某部门、某地区、某行业为谋求自身利益凌驾于社会整体利益的情况。

(二)平衡市场与政府的关系

党的十六大报告提出,政府具有 4 种职能:经济调节、公共服务、社会管理和市场监管。政府推动经济发展的策略性选择与结构化调整是现代化治理能力的重要体现。[3] 政府投资是政府履行上述职能的重要方式之一。由于市场机制无法有效、及时地解决地区、环境、资源的差别及各种资源条件的差异,市场信息的不充分影响经济主体的经济决策及交易成本,从而产生资源的低效率配置甚至浪费。在投资领域,政府通过投资规模和投资结构的调整以及具体项目的实施,落实产业主导政策、促进经济总量供求平衡、协调经济结构发展、实现宏观调控职能。在公共产品和服

---

① 参见顾功耘:《论重启改革背景下的经济法治战略》,载《法学》2014 年第 3 期。

② 参见卢代富:《经济法对社会整体利益的维护》,载《现代法学》2013 年第 4 期。

③ 参见叶明:《经济法偏重法律标准的原因及意义》,载《西南民族大学学报(人文社科版)》2003 年第 11 期。

务的供给方面，市场主体的唯利性使市场机制部分失灵；公共产品的非排他性让等价交换规则及市场竞争规则较难发挥作用，甚至有时还会限制其效益的最大化。有的项目社会资本无力承担、有的项目不宜由社会资本承担，这些都需要通过政府投资来实现。需要注意的是，政府应当避免在创造政绩的动因下，滥用投资决策权，不是设法弥补市场的缺陷，而是希望替代市场的作用，投资范围不清、投资定位不明，在投资领域大包大揽，挤出社会资本，形成新的行政垄断及资源浪费。

政府与市场的关系是一种动态发展的关系，不是静止的、一成不变的。当经济发展到一定阶段，市场逐步成熟，其矫正能力也逐步增强，原有的缺陷就可能不再是缺陷，与之对应的是，政府弥补市场失灵的要求也就发生了相应的改变。总的来说，市场越来越趋于完善，政府职能更多体现在宏观调控和规制方面。应当形成这样一种观念，政府的介入和干预是适度的，其介入和干预是为了引导市场不断成熟，“作为扩展秩序的市场延伸到哪里，政府的范围就应该收缩到哪里”①。政府投资的介入和干预也是如此，“国家干预经济的真谛在于校正市场的自然逻辑，及时、有效地应对这种逻辑所引发的那些按照社会普遍接受的价值标准不能接受的后果”。② 在市场日趋完善的过程中，信任市场机制、依赖社会自治，③应尽可能少地动用政府资金，尽可能少地运用硬性权力，尽可能多地运用直接投资方式，尽可能多地投向非经营性领域。

（三）推动决策行为的法治化

政府投资决策关系国计民生的经济产业布局、供需总量平衡、经济结构调整，影响公众利益、组织行为和社会秩序，具有重大的政治、经济、社会意义。决策行为频率高，一旦失误产生的危害也较大。政府投资决策是行政决策行为之一，政府投资决策的法治化也是建设法治政府的重要内容。党的十八大报告提出：“坚持科学决策、民主决策、依法决策，健全决策机制和程序，发挥思想库作用，建立健全决策问责和纠错制度。”④习近平总书记更是指出：“要以建设法治政府为目标，建立行政机关内部重大决策合法性审查机制，积极推行政府法律顾问制度，推进机构、职能、权限、

① 毛寿龙、李梅：《有限政府的经济分析》，上海三联书店2000年版，第12～13页。

② 卢代富：《经济法中的国家干预解读》，载《现代法学》2019年第4期。

③ 参见盛学军：《监管失灵与市场监管权的重构》，载《现代法学》2006年第1期。

④ 胡锦涛：《坚定不移沿着中国特色社会主义道路前进　为全面建成小康社会而奋斗——在中国共产党第十八次全国代表大会上的报告》，人民出版社2012年版，第29页。

程序、责任法定化，推进各级政府事权规范化、法律化。”①

推动政府投资决策法治化，让政府对市场失灵的干预在制度框架下通过法律手段来实现。通过法律予以确认和规范政府投资决策行为，使其获得正当性和合法性基础，明确决策的边界、决策权限的配置、决策程序、决策责任等重大问题，进而可望扭转政府在投资中缺位、越位、滥权和恣意等现象。此外，由于国家利益与社会整体利益并不总是一致，②政府投资决策职能又需要通过有其自身利益的以政府为代表的具体国家机构来承担，因而，如何最大限度将国家利益与社会整体利益进行协调和平衡，也需要通过法律来规范。

推动政府投资决策法治化的内涵可以分解为 4 个方面：一是决策权义法定。这里的决策权义是广义的说法，涵盖了权利、义务、职权和职责。在政府投资决策过程中，参与决策的各主体所享有的权力、权利以及应对履行的职责、义务，应当通过法定的方式作出明确的安排。尤其是作出决策行为的机构，其权力及职责源于人民，由立法机关授权，以法律的形式予以明确规制，不得滥用。核心决策主体行使政府投资决策权应当有相应的法律依据，否则，便是违法无效的。二是决策实体法定。政府投资决策的内容应当符合法律规定，不得通过各种变通方式规避法律的监督。三是决策程序法定。政府决策流程应当严格符合法定程序的要求，将公众参与、专家论证、专业咨询机构评估进入决策程序。四是决策责任法定。综合运用民事责任、刑事责任、行政责任，对错误的、违法的政府投资决策主体予以惩戒，对损害社会整体利益的决策行为提供矫正机制。

政府投资决策科学化、民主化、法治化三大内在要求紧密联系、相辅相成，是构建政府投资决策法律制度的终极目标。政府投资决策的科学化使决策遵从实际情况、符合社会规律，提高投资的质量和效益，提供符合公众需求的公共产品和服务，进而增进个体利益。政府投资决策的民主化是在制度框架下，利益相关方的意见能够有渠道得到充分表达，使决策结果更具有正当性和合理性，进而提高决策的科学性和维护社会的公平正义。政府投资决策的科学性和民主性最终都集中统一到决策法治化的要求上，以法治为前提和基础，以制度框架的完善和法律手段的健全为保障。

---

① 习近平：《加快建设社会主义法治国家》，载《求是》2015 年第 1 期。

② 参见卢代富：《经济法对社会整体利益的维护》，载《现代法学》2013 年第 4 期。

第三节　构建政府投资决策法律制度的整体框架

一、政府投资决策主体的构成

任何决策中,“人”都是最核心的要素。对政府投资决策来说,决策主体的构成、决策方式的选择、决策内容的执行等不同情况,对项目产生的影响和作用均不一样。决策主体的意识影响着事务走向以及结果,在政府投资决策领域也是如此,主体的合理界定及主体间权责划分至关重要。随着投资体制改革的深入,政府投资决策主体日趋多元化。从实践情况看,决策主体除了拥有管理国家公共事务行政权的国家行政机关和行政首长,还包括参与行政决策的机构及组成人员,呈现多层次状态。①

行政决策权是公权力中最重要的一种权力,是行政权的核心部分,存在于各类机关。② 本书以决策过程中是否行使行政决策权、发挥作用及影响的大小为基础,对各决策主体进行分类:第一层是拥有政府投资决策权并对决策活动起决定性作用的行政决策主体,主要是决策中枢机构,是决策活动的“主导者”,是政府投资决策的核心主体。第二层是不拥有行政决策权但参与政府投资决策过程并对决策结果产生影响的决策者,主要是普通公众、社会团体、专家及咨询组织、包括融资平台在内的市场化主体等,是决策活动的“参与者”,是政府投资决策的参与主体。前者主要涉及政府投资决策权的运行情况,后者则主要侧重政府投资决策影响权的运行情况。申言之,政府投资决策主体的多元化,实质上是参与主体的多元化,即越来越多的自然人或组织参与到政府投资决策过程中,对投资结果施加影响,但是,这并不妨碍政府投资决策权限的界定。同时,围绕政府投资决策进行监督的第三层主体也非常重要,是决策活动的“守护者”,即政府投资决策的监督主体,其由各级国家权力机关、行政机关、普通公民、专家及咨询机构、社会组织、媒体等构成。政府投资监督权的有效实施,是政府投资决策科学化、民主化、法治化的基础前提和有力保障。

(一)决策核心主体

我国公共管理的核心主体是中国共产党各级党委、各级人大、各级政府、各级政协构成的“四大班子”。中国共产党的执政地位是宪法赋予的,各级党委是维护、增

---

① 参见石正义、罗大明、郑红奎:《行政决策体制及其参与主体的研究探析》,载《软科学》2007 年第 1 期。

② 参见应松年、薛刚凌:《论行政权》,载《政法论坛》2001 年第 4 期。

进、分配公共利益的核心决策中心。在政府投资决策过程中,各级党委根据政府机关的建议确立大方向,主导决策过程。全国人民代表大会是国家最高权力机关,对政府投资重大事项具有审批权,对涉及政府投资资金预算报告具有审议权,人大权力的行使更多体现在决策监督方面而非决策参与方面。笔者将各级人大的职能及作用放到监督制度中进行阐述。基于我国政治运行的实际情况,各级政协的职能更多是政治协商、参政议政,政府投资决策的形式特征因而呈现出"党定政策、政府决策、人大监督"3 种状态。其中,政府投资决策的实质决定权集中在执行政府投资职能的政府机关。

根据当前我国政府投资的实践情况,行使政府投资决策权的决策机构主要是负责管理投资事务的部门,包括投资主管部门、财政部门、各行业主管部门。

投资主管部门是政府发展改革部门。根据第十一届全国人民代表大会第一次会议批准的国务院机构设置和部门职责以及地方人大批准的地方政府机构设置和部门职责,结合《国务院关于机构设置的通知》(国发〔2008〕11 号)的要求,投资主管部门主要负责拟定并组织实施各类综合性、专业性中长期规划和年度计划,提出国民经济发展、优化经济结构的目标和政策;提出全社会固定资产投资总规模,规划重大建设项目和生产力布局;安排中央或地方财政性建设资金,按国务院或本级政府规定权限审批、核准、审核重大建设项目、重大外资项目、境外资源开发类重大投资项目和大额用汇投资项目;指导和监督国外贷款建设资金的使用,指导和监督政策性贷款的使用方向,引导民间投资,研究提出利用外资和境外投资的战略、规划、总量平衡和结构优化的目标和政策;组织和管理重大项目稽察特派员工作。①

财政部门是公共财政的法定管理部门,负责管理并监督政府财政的经济发展支出以及政府投资项目的财政拨款,其中,政府投资是公共财政支出的重要组成部分。根据《国务院办公厅关于印发财政部主要职责内设机构和人员编制规定的通知》(国办发〔2008〕65 号),财政部履行职责中涉及政府投资内容的主要包括组织制定国库管理制度、国库集中收付制度、负责办理和监督中央财政的经济发展支出、中央政府性投资项目的财政拨款,参与拟定中央建设投资的有关政策等。根据当前资金管理制度,财政部主要通过预算的方式对用于固定资产投资的财政性资金进行分

---

① 《宏观经济管理》编辑部:《国家发展和改革委员会主要职责及内设机构》,载《宏观经济管理》2003 年第 7 期。

配、管理、监督。财政部门在政府投资决策过程中,主要是从预算资金管理的角度行使投资决策权。

行业主管部门,是指除投资主管部门和财政主管部门外,具有政府投资建设管理职能的其他行政部门,主要包括建设、交通、水利、国土、国资、环保、质检、安全、科技、教育、文化、卫生、体育、农业、林业等部门。这些部门覆盖面广、专业性强,其职责主要针对本部门实施的政府投资项目进行管理和监督,也包括对本地区政府投资项目按行业规定、标准形式审批许可权进行管理和监督。在具体的项目审批中,行业主管部门的意见往往构成投资主管部门的重要决策参考。此外,行业主管部门对政府投资项目的资金安排亦有较大的自主权,如专项建设资金的使用,行业主管部门可在财政总盘子中划出一块固定金额用以安排专项投资项目。

根据我国现行行政体制的运行状况,除了上述 3 类部门,各级政府也拥有一些重大投资决策权限。具体来说,政府常务会议、政府全体会议、非制度化的领导办公会及碰头会也会承担相当部分的决策权限,特别是某些涉及多部门合作、跨地区合作、城乡统筹、影响深远的重大项目。

需要说明的是,根据我国的预算管理制度,政府投资决策形成的政府投资预算作为年度财政预算的重要组成部分,需要通过同级人大审议通过,才能正式生效。尤其是一些重大政府投资项目,政府还需要报请人大审批。但是,由于我国特殊的国情,政府投资决策权实质上是由政府执行,人大及其常委会更多是发挥对政府投资决策行为的监督作用。

(二)决策参与主体

政府投资决策过程受到多种外部因素影响,不仅与决策主体的综合素质、价值偏好有关,还与决策当时所在的政治、经济、文化等大环境有关。随着我国投资体制改革的深化,公民权利意识逐步增强,政府投资项目决策方式不再由单一主体决定,逐步打破了决策行为高度集中化模式,引入了多个主体参与决策,推动了决策的科学化、民主化和法治化。政府投资决策参与主体主要是专家及咨询机构、以地方融资平台为代表的市场主体、普通公众。

专家及专业咨询机构参与政府投资决策的方式主要是通过提供咨询服务。当前社会发展日新月异,社会分工更加细化,社会治理面临很多新的挑战和困难。专家咨询团队以“智库”“外脑”的方式,为核心决策者提供专业咨询意见,大大提高决策的科学性、合理性、可持续性。专家作为某个领域的权威人士,对国家宏观经济形势、区域行业发展规划、项目资源配置状况及相关信息有着深刻的理解，能够运用科学的手段和方法对项目可行性、不可行性进行论证，使项目决策具有前瞻性。在市场经济高速发展情况下，规划设计、项目评估、项目监理等各种专业咨询机构，进一步提高了政府投资决策的水平及项目建设质量。因此，专家和专业咨询机构是政府投资项目决策过程中不可缺少的参与主体。

地方融资平台参与政府投资决策的方式，主要是通过提供项目投资资金及进行项目建设。地方融资平台是地方政府以注入财政性资金、国有资产、土地收益及赋予特许经营权等方式组建的政府性投资公司，在实践中，代替地方政府行使投融资职能，承担地方政府投资项目的筹资、融资和建设任务。地方融资平台是地方政府融资模式中的核心角色，通过地方政府信贷背书，获得国家开发银行及国有商业银行大额授信支持，建立银行与政府的金融合作关系。此外，在该融资模式中，国家开发银行还协助地方政府完善信用建设，为融资平台提供具有资本金性质的软贷款。地方融资平台在地方政府和政策性银行、商业银行之间搭建了融资桥梁，在地方政府投资、筹资及项目建设方面起到了很大的作用。

公众参与政府投资决策的方式，主要是通过对项目的规划、研讨、论证等环节的参与实现。这里的公众一般是与项目有利害关系的自然人、企事业单位和其他社会团体等组织主体，通常不以单个自然人的形式出现。政府投资项目决策领域引入公众参与是决策主体多元化、公众需求多层次化、行政决策民主化趋势下的必然措施，也是决策过程中制衡协调利益集团的一种对策，平衡了过弱的公众影响力和过强的行政权力，为公众提供一个参政议政的途径。一方面，公众掌握了大量建设项目所在地的详细信息，有利于政府部门全面了解情况，作出更为科学合理的决策；另一方面，公众参与也有利于投资项目从立项到落地过程中各方面的沟通协调，维护社会稳定和谐。

（三）决策监督主体

政府投资项目，尤其是重大投资项目的实施关系国民经济和社会的整体发展，对产业结构的调整、城乡发展的统筹、区域经济的平衡有着重大而深远的影响，项目的实施更是涉及多个主体的利益，与公众息息相关，兹事体大。因此，不仅需要对政府投资决策行为进行规范，还需要对其进行监督。各级国家权力机关、政府机关、普通公民、社会组织、社会团体及媒体依据一系列制度安排，通过权力监督、行政监督、社会监督等多种方式形成监督体系，对政府投资决策行为形成全方位、多角度、全过程的监督。(如图3-9)其中,行政机关、权力机关、公众和媒体是政府投资决策监督的主体。以监督主体发挥监督功能的依据和路径为标准,可以将监督主体划分为3个类型:行政监督主体、权力监督主体、社会监督主体。

行政监督主体主要是由各级政府投资主管部门、财政部门、审计部门、行业主管部门构成的,以宪法和法律赋予上述各级行政部门的行政监督职能为依据推进监督工作,监督是其法定职责的一部分。各行政监督主体的自我约束各有侧重,其中,投资主管部门侧重于对投资审批事项进行监督,财政部门侧重于对投资资金的使用情况进行监督,审计部门侧重于对投资项目的预算执行情况及项目决算情况实行监督审计,行业主管部门侧重于对业务主管范围内的投资情况进行监督。

权力监督主体主要是由各级人大及其常委会和各级国家监察委员会构成,以宪法和法律赋予的权力监督职能为依据推进监督工作,对政府投资决策行为进行权力约束。基于国家一切权力属于人民的原则,各级人大及其常委会对政府投资决策行为依法进行监督,有权就政府投资决策过程中的重大事项询问和质询,就特定问题进行调查等。国家监察委员会全面整合政府行政监察部门、预防腐败部门以及人民检察院的反贪污、反渎职、预防职务犯罪等部门的力量,依法对国家公职人员的履职情况、廉政情况、道德操守情况进行监督检查,重点问责履职不力、失职失责的领导干部。国家监察委员会与中国共产党纪律检查机关合署办公,实行"一套人马、两块牌子",通过纪检监察的方式对各级领导干部,尤其是党员干部进行全方位、多层次覆盖监督。

社会监督主体主要是由普通公众、专家及咨询机构、社会团体组织、媒体等构成,其主体构成多元化,监督渠道多样化。根据宪法和法律赋予的权利,普通公众可以就政府投资决策行为提出批评、建议,对其中可能涉及的违法失职行为提出申诉、控告或者检举。专家及咨询机构以其专业性优势对决策行为的科学性和民主性进行监督。社会团体组织作为公共利益或某部分公众利益的代表,依据法律赋予的合法权利,监督和优化政府投资决策行为,对其不足提出建议。

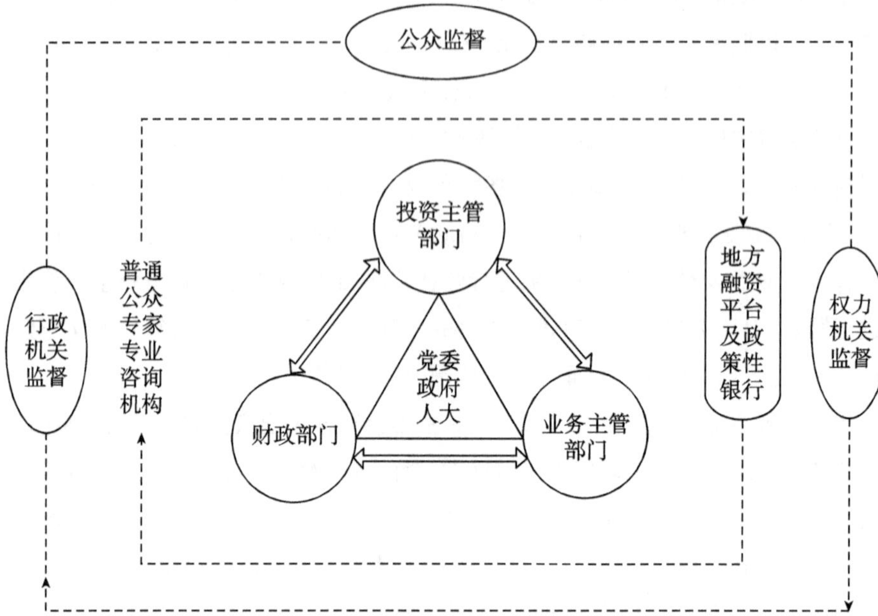

图3-9　政府投资决策主体关系

二、政府投资决策法律制度的整体框架

(一)政府投资决策核心法律制度

政府投资决策核心制度是紧密围绕政府投资行政决策权行使形成的制度体系,其主要内容包括政府投资决策权的纵向运行制度、横向运行制度以及政府投资决策集体决策制度,是政府投资决策形成的关键环节,决定和影响投资项目能否立项以及能否得到预算资金的支持。政府投资决策核心制度是政府投资决策核心主体在决策过程中相互影响、相互制约、相互作用的结果,主要涉及中央、地方政府关于投资事权、支出责任、投资财权、投资财力的划分和匹配情况,以及各级政府平行职能部门之间关于投资决策权的分配情况。在政府投资决策核心制度中,关键的是项目审批权和资金管理权的行使。

前文关于政府投资项目确定的部分描述了政府投资决策工作的基本流程,可以看出项目的确定基本为正式的制度和程序所调整。但是,在具体的决策运行中,由于核心决策主体之间权利、义务、权力、职责的边界模糊,相互推诿、扯皮的情况时有发生。这些问题仍然源于政府投资核心决策机制尚不够完善,应着眼于理顺各核心决策主体之间的权责关系、运行机制，建立和健全相关制度。具体而言，就是使其分工明确、权力运转科学合理，各司其职，充分发挥其应有的作用。

（二）政府投资决策参与法律制度

政府投资决策参与制度是政府投资决策形成的重要环节，从广义上讲，参与制度涵盖了决策体系中涉及的所有主体；从狭义上讲，主要是公众、专家及专业咨询机构以及以地方融资平台为代表的市场主体。政府投资决策参与机制是政治系统以外的社会系统与经济系统合力对政府投资决策的影响机制，其参与主体通过发挥间接影响作用于项目的选择，本书主要探讨的是狭义的参与主体。

在政府投资决策参与制度中，充分发挥专家及专业咨询机构的作用，在决策中引入更多理性、科学的意见，利用专家及专业咨询机构超然第三者的位置审视项目是否成立均有积极的意义。强化对地方融资平台的管理和规制，利用市场规律及项目建设规律，听取承建方的意见，也是推动立项科学化的重要路径，同时，通过有效监管杜绝地方政府通过地方融资平台违法变相举债，规范投资资金的筹集和使用，进而降低金融和财政系统性风险。而吸纳和引入公众参与更是推动政府投资决策科学化、民主化的重要路径。通过有效的制度安排，吸引公众参与社会管理，降低“搭便车”行为，为投资决策中可能出现的公众利益与私人利益、长远利益与短期利益、整体利益与局部利益相冲突的情况提供一个理性对话、协商、调和的平台。

然而，在政府投资决策参与制度的运行中，上述主体的作用尚未得到有效的体现，需要政府设计和提供更有效的制度供给，克服参与主体权利虚化的情况，避免用行政指令替代市场规律。

（三）政府投资决策监督法律制度

政府投资决策监督制度，主要包括政府投资监督主体依据宪法、法律、法规、规章及制度性文件对政府投资决策权的行使进行监督，对政府投资决策行为涉及的各个环节进行督查。监督制度贯穿于整个政府投资决策过程，通过一系列内部和外部监督体制的运行，保障政府投资决策目标的实现。政府投资监督制度的运行受多方面因素的影响，概括来说主要是 4 个方面：监督主体、监督客体、制度本身的完善程度以及监督的社会环境。

对政府投资决策行为的监督，可以分为行政监督、权力监督和社会监督。监督制度的核心是整合行政机关内部的监督力量，实化权力机关监督权的行使，充分释放公众的知情权和监督权,强化媒体的舆论监督效力。在监督制度中,建立和完善政府投资决策责任制度尤为重要,“问责一个,警醒一片”,权力的行使、职责的承担应当在责任制度的约束下进行。

(四)三大制度的有机统一

政府投资决策核心制度在运行过程中反映的是核心决策主体的意志,是政府履行职能的一种形式,体现了政府对社会整体利益、公众利益诉求、公众利益偏好的判断和整合过程。在决策过程中,通过制度调整政府多元决策者之间的关系,从机构设置、权义结构配置以及权力行使的科学性、民主性和法定性等多个角度确保中央、地方各级政府以及同级政府各职能部门切实发挥其应有的作用,推进各项工作有条不紊地进行。

政府投资决策参与制度在运行过程中构筑了社会主体表达其利益诉求及偏好的制度渠道。一方面,这种制度体现了决策过程的民主化,提高了政府投资决策的科学性以及公众对项目本身的认可度;另一方面,公众对投资决策的参与,献言献策,为政府提供更具体的信息和更充分的论证,也使决策的科学性得以提升。同时,政府投资决策参与制度通过吸纳社会主体参与决策过程,也从另一个角度约束了核心决策主体可能出现的恣意行为,保障了政府投资决策权的依法行使。

政府投资决策监督制度在运行过程中,对政府决策权的使用予以监督,一方面通过行政机关监督权和权力机关监督权的行使,制约权力的不当使用;另一方面,通过凝聚社会力量,调动公众参政、议政的权利,制约权力的不当使用。政府投资决策监督制度,是投资决策民主化、科学化、法治化的制度保障。

三大制度并不是孤立的、静止的、单向的运转形态,而是相互融合、相互影响、相互支撑的有机联系体系(如图3-10所示)。以政府投资核心决策制度为中心,启动了政府投资决策行为,政府投资参与制度和政府投资监督制度有着各自作用的对象。三大制度涵盖了政府投资决策科学化、民主化、法治化要求,统一于政府投资决策法律制度的整体框架中,以不同的侧重点和作用机理,共同致力于提高政府投资决策的合理性和规范性,确保政府投资的有效性。

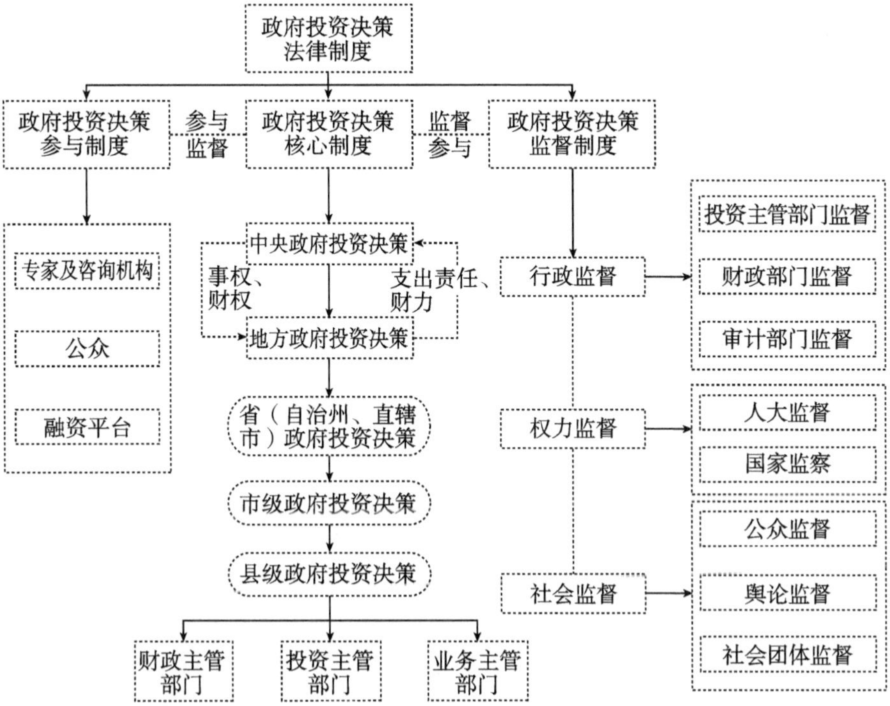

图3－10　政府投资决策三大制度相互关系

第四章　政府投资决策核心法律制度

本章重点论述政府投资决策核心制度的运行情况，针对运行过程中出现的问题，结合实践经验，探讨我国政府投资决策核心制度的完善路径。威廉·韦德（H. W. R. Wade）曾指出："权力的配置以及对权力的限制构成了行政法中的主题。"[①]核心决策主体权责明确、层次清晰是政府实现其宏观经济调控、经济管理、公共产品和服务供给职能的前提和基础，也是经济法治的内在要求。权力是政府的灵魂，权力的配置总是与一定的行政组织机构联系在一起的，承载权力的组织机构是实现权力的骨架。厘清上下级行政组织机构和平级行政组织机构的权力、职责、权利、义务分配体系，有利于"权义法定"这一基本要求的实现，有利于法治政府的建设。从中央、地方政府决策权配置以及同级政府职能部门决策权配置情况出发，进一步规范项目审批权和资金分配权的行使，尝试探索完善中央、地方政府间投资事权和支出责任划分制度、投资发展规划制度、项目审批制度、资金管理制度、重大政府投资集体决策制度等路径。

---

① H. W. R. Wade, *Administrative Law*, Oxford University Press, p. 4 – 5 (1988).

第一节　政府投资决策核心法律制度的现状

目前,我国政府投资决策核心制度运行总体呈现出“纵横交错”“条块结合”的状态,其中以横向行政机构和地域性块状为主。在我国行政架构中,国务院在政府投资项目决策运行制度上构建了纵向(中央—地方)、横向(部门—部门)的运行机制,从层级上和功能上对各级行政主管机构提出了不同要求。以下就政府投资决策权在纵横两个维度的分配及运行状态进行分析。

一、纵向制度运行:中央、地方政府投资决策权的分配

(一)中央、地方政府投资决策权分配的概述

政府投资由多级政府分工合作完成,中央与地方、地方及地方各级政府之间分工是否恰当,决定着政府投资决策是否科学和民主,也决定着政府最终提供的公共产品及服务是否高效。对于一个大国,通过适宜的制度来配置权力、规制权力,是切实履行提供公共产品和服务职责的基础,也是政府治理的基础。政府间关于投资决策权的纵向分配实质上是各级政府间投资事权和投资财权的划分问题。投资事权的划分,是政府投资职责在不同层级政府之间的分工;投资财权的划分,主要是用于投资的政府财力在不同层级政府之间的分配。

“事权、支出责任、财权、财力”这 4 个核心要素构成了中央、地方投资决策权的主要内容,也是政府间财政关系的主要内容。政府间投资分工问题实质上是政府间投资事权、支出责任、投资财权、投资财力的组合分配。投资事权,是指政府通过投资向辖区内公众提供公共产品和服务的职能,可分解为决策、执行、监督几个环节;支出责任,是指政府运用财政资金履行提供公共服务和产品职能所要承担的财政支出义务;投资财权是政府为实现提供公共产品和服务筹集和获得财政资金的能力,以及财力的取得、占有、支配及使用;投资财力,则是指政府投资在实际中能够支配的财政资金,源于本级政府税收、上级政府财政转移支付、非税收入及各种政府债务等。① 从纵向制度运行的角度看,中央、地方政府间投资决策权的合理配置取决于投资事权、支出责任、投资财权和投资财力在不同政府层级间的科学划分和协调运行。

---

① 参见刘立峰:《政府投资学》,科学出版社 2018 年版,第 61 页。

在我国各级政府间财政关系的调整过程中,围绕事权、财权的划分在不同阶段出现过多种不同的表述,体现了国家决策者对厘清中央、地方财政关系、推动财政体制改革中思路和重点的变化。中央、地方政府投资决策权是其中的一个部分,可以将其放入中央、地方财政关系变动中来考察,在这个过程中,反映了中央关于各级政府投资决策权调整的思路和逻辑,逐步明确了权力配置的内在关系、要求及调整方向。

第一,事权与支出责任相适应。事权和支出责任的清晰划分和合理匹配是理顺政府间财政关系的逻辑起点,也是国家财政体制有效运转的基础,其"市场经济—公共需要—政府职能—财政支出—财政收入"的逻辑关系反映了中国公共财政框架的理性回归。[①] 现代财政制度的核心在于"支"而不是"收",应树立"以支定收"的财政观念。建立事权和支出责任相适应的制度,就是将提供公共产品、公共服务的不同责任要素在各级政府间进行明确划分,努力实现"谁请客谁买单"。承载政府事权和支出责任的基础是各级政府财政的实际支付能力,在合理划分事权和支出责任的时候应重点关注这个因素。政府投资是政府的财政性支出,在多级政府体系下,政府投资事权划分就是这些公共产品分别由哪一级政府来投资,政府投资支出责任划分本质上是明确公共产品供给的资金来源。明确投资事权与支出责任划分就是明确中央和地方政府在公共投资领域"干什么事""钱从何处来"的具体规则。

从理论上讲,政府事权与支出责任划分的对应结构主要有以下几种情况(如表4-1所示),省级政府与市(县)政府的投资事权与支出责任划分的对应结构与下述情况类同。

表4-1 中央、地方政府事权及支出责任结构

政府级别	事权	支出责任
中央本级政府	中央事权,由中央政府足额负担支出以承担投资事权	中央政府承担支出责任
中央政府和地方政府	中央和地方共同事权,由各级政府共同出资保证以承担事权	中央和地方政府共同承担支出责任

① 参见李大庆:《财税体制改革的法律框架与法治化路径——从事权与支出责任的关系切入》,载《地方财政研究》2017年第4期。

续表

政府级别	事权	支出责任
地方本级政府	地方事权，由地方本级政府足额负担支出以承担事权	地方政府承担支出责任
地方政府	中央政府的事权交由地方政府办理，中央政府决策、地方政府执行	中央政府承担支出责任

第二，财权、财力与事权相匹配。财权和财力的合理配置，其前提是清晰的事权划分。从财权划分的角度看，需要充分考虑各级政府相应的事权范围，在合理清晰的范围内保障各级政府为辖区公众提供有效的公共产品和服务的可能性和可行性。从财力划分的角度看，应当在政府间事权与财权划分的基础上，对财力进行分配，实现财力与事权相匹配、相统一。“财权与事权相匹配”的基本前提是赋予各级政府税权、预算权和公债权，允许各级政府将筹集的财政资金用于支撑本级事权，通过制度保障各级政府的财力，除了法律明确的必须分担的公共事务，原则上不发生财政的向下转移支付。[①] 我国作为一个中央集权与地方分权相结合的单一制国家，在财权上适度集权是合理的，区域发展不平衡、城乡差距过大、收入分配不公、社会保障不足等矛盾需要中央政府以适当集中财权为基础整体统筹解决。[②] 因此，在财权、财力与事权相匹配的过程中，更应注意财力与事权的匹配。

实现财权、财力和事权相匹配，首先，需要关注分税制中的财权配置问题。合理的财权配置，是各级政府有效履行事权、承担政府职能的制度保障。在复合税制中税种分配上，中央政府及地方各级政府分别应征收哪些税种，以及一定时期共享税的认定和处理等，都是财权的配置问题。其次，需要关注财力与事权的匹配问题。财权与事权的合理配置，并不必然得出财力与事权合理匹配的结果。在实践中，相同税基情况下，发达地区和落后地区财力状态相差甚远，有必要建立科学合理的转移支付制度，以平衡地区财力的差异，提高落后地区财力与事权的匹配度。最后，需要注意地方政府债务的控制问题。《预算法》(2014 年)赋予地方政府有限的举债权力，这是推动地方政府财力与事权相匹配的一项重大制度创新：在充分评估、合理控制、安全消化地方政府存量债务的前提下，完善地方政府举债制度，适当发展规范的

① 参见马海涛：《政府间事权与财力、财权划分的研究》，载《理论视野》2009 年第 10 期。
② 同上。

地方政府债券,缓解地方政府投资财力的制约。

(二)中央、地方政府间投资决策权分配的情况

由于政府投资建设项目具有地理位置固定的特点,一般而言,各国的普遍做法是按照行政地域范围划分管理决策权限。我国实行多级财政体制,各级政府实行各级财政预算和管理,不同层级政府间存在一个职责分工问题,包括事权划分、支出责任划分等,保证其行政辖区内提供有效的公共产品和服务,保证全国基本公共服务均等。

1. 投资事权和支出责任的划分

关于中央、地方政府间投资事权和支出责任的划分,我国主要依据宪法、法律、法规、规章和规范性文件进行。《宪法》第3条规定,“中央和地方的国家机构职权的划分,遵循在中央的统一领导下,充分发挥地方的主动性、积极性的原则”,确立了中央和地方的投资事权划分总体上遵循“中央统一领导、地方分级管理”的原则,在事实上形成了中央统一领导、地方分级管理、剩余权力归中央的财税体制安排。在基本法层面,一直缺乏统一、明确和具体的划分,更多是方向性和原则性规定。陆续出台的单项法律,更多的是对财政支出的方向、总量作了部分要求,而对政府间筹资责任、支出管理和监督责任很少涉及。与此同时,在党的十四大之后,党和政府力图协调财税体制与社会主义市场经济体制相适应,为了更好地发挥市场和政府在公共产品和服务供给上的不同作用,进行了不断的改革和探索。这也决定了在当前和今后的一段时间,党和国家综合性政策很大程度决定了政府间财政关系的调整及财税制度的改革。政策先行、法律法规跟进、政策与法互动,是调整政府间投资事权和支出责任的主要态势(如表4-2所示)。

表4-2 党的政策与财政体制规范性文件的互动框架①

党政策性文件	主要内容	国家规范性文件	主要内容
党的十四届三中全会决定(1993年)	分税制	《国务院关于实行分税制财政管理体制的决定》(1994年); 《国务院批转财政部关于完善省以下财政管理体制有关问题意见的通知》(2002年)	事权与财权相结合; 分税制

① 参见岳红举、王雪蕊:《中央与地方政府间事权与支出责任划分的制度化路径》,载《财经科学》2019年第2期。

续表

党政策性文件	主要内容	国家规范性文件	主要内容
党的十六届三中全会决定(2003 年)	公共财政体制	《中共中央、国务院关于促进农民增加收入若干政策的意见》(2003 年); 《财政部关于进一步推进乡财县管工作的通知》(2006 年)	农村税费改革; 乡财县管
党的十七大报告(2007 年)	财力与事权相匹配;完善省以下财政体制	《关于推进省直接管理县财政改革的意见》(2009 年)	省直管县
党的十八大报告(2012 年); 党的十八届三中全会决定(2013 年)	财力与事权相匹配、公共财政体系;治理现代化、现代财政制度、两个积极性	《预算法》(2014 年)	分税制税制、财政转移支付
《深化财税体制改革总体方案》(2014 年); 党的十八届四中全会决定(2014 年)	现代预算制度、税收制度改革、中央和地方政府间财政关系;事权规范化、法律化	《国务院关于推进中央与地方财政事权和支出责任划分改革的指导意见》(2016 年)	研究起草《政府间财政关系法》
党的十九大报告(2017 年); 党的十九届三中全会决定(2018 年)	中央和地方财政关系、省级以下自主权;两个积极性	《国务院关于印发"十三五"推进基本公共服务均等化规划的通知》(2017 年); 《基本公共服务领域中央与地方共同财政事权和支出责任划分改革方案》(2018 年); 《医疗卫生领域中央与地方财政事权和支出责任划分改革方案》(2019 年); 《科技领域中央与地方财政事权和支出责任划分改革方案》(2019 年); 《实施更大规模减税降费后调整中央与地方收入划分改革推进方案》(2019 年)	基本公共服务均等化;基本公共服务领域划分;分领域推进

《国务院关于实行分税制财政管理体制的决定》(国发〔1993〕85 号)是划分中央、地方政府间事权的基础性文件,对政府间事权和支出的划分作了一些原则性的

规定。《国务院关于投资体制改革的决定》(国发〔2004〕20号)对中央、地方政府关于投资事权作了概括式的划分,提出:"合理划分中央政府与地方政府的投资事权。中央政府投资除本级政权等建设外,主要安排跨地区、跨流域以及对经济和社会发展全局有重大影响的项目。"在此基础上,形成了中央—省(自治区、直辖市)—市(州)—县(县级市)四级政府投资体制,其中乡镇一级没有投资主管部门,其项目纳入县级政府的政府投资管理中。2018年2月,国务院出台《基本公共服务领域中央与地方共同财政事权和支出责任划分改革方案》(国发〔2018〕49号),细化了国务院《关于推进中央与地方财政事权和支出责任划分改革的指导意见》(国发〔2016〕6号),进一步明确了中央和地方的共同财政事权范围,制定9项基本公共服务保障的国家基础标准,规范中央与地方共同财政事权及支出责任的分担方式,调整完善分级分档的转移支付制度,推动省以下支出责任划分改革。

从国家统计局和财政部披露的数据可以看到,公共财政支出各类项目中,中央和地方支出责任划分呈现如下状态:第一,没有中央财政全额承担的项目,即使是国防和外交两类典型的全国性公共服务,也仍有一定支出是由地方承担的。第二,地方政府也几乎没有全额承担的项目,即使像城乡社区事务这样的典型地方性公共服务,也仍有一定支出责任是由中央承担的。第三,中央支出比例超过50%的项目只有6项,在50%以下的项目则高达17项。第四,地方支出比例超过90%的项目达到12项,在90%以下的项目只有11项。第五,在教育、医疗卫生、社会保障和就业、城乡社区等基本民生领域,中央直接承担的支出责任较少(如表4-3所示)。总体来看,地方承揽的支出责任较多。中央政府和地方政府投资项目情况涵盖在财政支出项目情况中,其占比情况与上述情况相同。

表4-3 我国主要财政支出项目中央和地方占比情况(2018年)①

项目	总额支出(亿元)	中央(亿元)	地方(亿元)	中央占比(%)	地方占比(%)
一般公共服务	18,374.69	1503.68	16,871.01	8	92
外交支出	586.36	583.37	2.99	99	1
国防支出	11,280.46	11,069.7	210.76	98	2

① 资料来源:根据《中国统计年鉴2019年》整理计算得出相关数据。

续表

项目	总额支出（亿元）	中央（亿元）	地方（亿元）	中央占比（%）	地方占比（%）
公共安全支出	13,781.48	2041.51	11,739.97	15	85
教育支出	32,169.47	1731.23	30,438.24	5	95
科学技术支出	8326.65	3120.27	5206.38	37	63
文化体育与传媒支出	3537.86	281.13	3256.73	8	92
社会保障和就业支出	27,012.09	1184.55	25,827.54	4	96
医疗卫生等支出	15,623.55	210.65	15,412.9	1	99
节能环保支出	6297.61	427.56	5870.05	7	93
城乡社区支出	22,124.13	86.38	22,037.75	0	100
农林水支出	21,085.59	592.3	20,493.29	3	97
交通运输支出	11,282.76	1313.71	9969.05	12	88
资源勘探信息等支出	5076.42	381.52	4694.9	8	92
商业服务业等支出	1606.96	73.28	1533.68	5	95
金融支出	1379.62	845.59	534.03	61	39
援助其他地区支出	442.16	—	442.16	0	100
国土海洋气象等支出	2273.58	353.67	1919.91	16	84
住房保障支出	6806.37	506.45	6299.92	7	93
粮油物资储备支出	2060.75	1375.64	685.11	67	33
债务付息支出	7402.72	4161.65	3241.07	56	44
债务发行费用支出	60.21	37.23	22.98	62	38
其他支出	2312.64	826.74	1485.9	36	64
合计	220,904.13	32,707.81	188,196.3	15	85

2.财力与事权的匹配

在中央、地方政府投资事权和支出责任划分后，还应关注投资财力与投资事权的匹配情况。投资财权是政府财权的重要组成部分，与之呈正相关联系。一般情况下，投资财力与投资财权的变动基本一致，但是，当上级政府向下级政府转移财政支付时，容易出现上级政府的财力小于其财权，而下级政府的财力大于其财权的情况，在实践中,更准确反映与事权匹配的是财力而非财权。[①] 能够用于政府投资建设性资金主要是以下几种:财政拨款、国债、地方债、政府性基金、土地收益和政府收费,在我国,最常见的是财政拨款的方式,而财政款项主要源自税收。1994 年,我国推行了分税制改革,通过中央税、地方税、共享税划分了中央和地方政府的收入权限,经过此后的不断调整,形成了以所得税和流转税为主体的税制体系,强化了中央的宏观调控能力,财权层层上移,财力不断上收。2012 年,地方主体的税种之营业税试点改征增值税,2016 年"营改增"工作在全国推广。五大税种除消费税全部变为共享税。2018 年,中央启动新一轮税收征管体制改革,国税地税合并,统一征税标准和税收稽察标准,增加直接税的增收,减少间接税的增收。从目前的分税制体制看,增值税的 75%、消费税的 100% 全部上交中央,而极个别税源零散、征收难度较大的税种则是地方政府的固定收入。近年来,中西部地区可支配财力占比一直较低,基本维持在 45% 左右,地方自主性较差。[②] 随着中央财力的进一步扩大,地方财力的进一步收敛,中央政府和地方政府均通过一系列政策对财力状态进行了均衡和弥补。为了平衡区域经济发展,弥补地方政府财力的不足,中央政府除了返还部分税收,还通过一般转移支付、专项转移支付等方式支持地方发展。地方政府为了应对事权和财权倒挂的情况,积极扩大非税收入基础以匹配相应支出责任,其中,非税收入中既包括列入一般公共预算的资金部分,也包括以土地出让金为主的政府性基金。

3. 中央事权的逐步加强与地方政府预算约束趋紧

有两个改革趋势值得注意:一是随着我国财税体制改革的加深,政府间财政关系得到进一步调整,中央投资事权逐步加强;二是随着市场与政府关系的进一步厘清,财税制度和土地制度的改革是地方政府预算约束逐步趋紧。

一方面,在党的十八届三中全会之后,我国启动了新一轮财税体制改革,给予财政回归本源的定位,明确指出,要适度加强中央事权和支出责任,适度减轻地方事权,适度加强地方财力。随后的《关于推进中央与地方财政事权和支出责任划分改革的指导意见》(国发〔2016〕6 号)、《基本公共服务领域中央与地方共同财政事权和支出责任划分改革方案》(国发〔2018〕49 号)也进一步明确体现适度加强中央财政事权和支出责任,适度加强中央在共同财政事权上的支出责任的改革思路。在党的

---

① 参见贾康:《健全中央和地方财力与事权相匹配的体制》,载《中国财政》2008 年第 13 期。

② 参见财政部干教中心课题组:《政府间财政关系:以事权和支出责任相匹配为目标》,载《中国财经报》2014 年 12 月 25 日,第 9 版。

十九大报告中，习近平总书记更是明确指出，要加快建立现代财政制度，建立权责清晰、财力协调、区域均衡的中央和地方财政关系。从结果导向上看，我国近期一直致力于建立科学的现代财政制度，推动事权、支出责任与财力的匹配和平衡，这也深度影响着各级政府投资事权、支出责任、投资财权、投资财力的匹配和平衡状态。从改革的实际情况看，党的十九大以后，中央投资事权逐步加强，事权重心开始向中央转移。这种趋势有利于缓解基层财政困境，推动基本公共服务均等化，筑牢民生底线。

另一方面，随着财税体制改革深入，对地方政府投资行为的约束更加严格，其中，土地制度改革和地方融资管控的加强使地方政府预算约束进一步趋紧。地方政府为了应对投资事权与投资财权倒挂的情况，很大程度上依赖以"土地财政"为基础的地方融资模式。地方政府在自身财力不足以支撑相应公共产品和服务供给的情况下，将公益性、准公益性项目与土地资源捆绑运作，通过对土地进行征收、平整、招拍挂等方式，获取土地收益，为城市建设提供了资金保障。地方政府通过这种模式实现了大量的基础设施建设，同时，也积累了大量的政府债务，而地方融资平台的兴起和扩张更是推高了地方政府显性或隐性的债务规模。截至 2015 年 12 月，地方债务约为 15.8 万亿元，全国地方政府债务率达 86%。[①] 随着《预算法》(2014 年)的颁布，国家对地方政府性债务加大严格管控力度，相应的债务审计及甄别处理意见相继出台，地方政府全部收支纳入预算管理，财政收入须优先偿还存量政府性债务。同时，国务院出台了《关于加强地方政府性债务管理的意见》，明确提出要剥离融资平台的政府融资职能，而集体建设用地、宅基地平等入市改革也在很大程度上削弱了地方政府在土地环节获取资金的能力。

(三) 中央、地方政府间投资决策权运行中存在的问题

我国政府投资决策权纵向分配主要是在现行的财税体制下运行。现行的财税体制是在 1994 年分税制改革的基础上，在当时提出的"财权与事权相匹配"的原则指导下形成的。随着新一轮财政体制和税收征管体制改革的启动，国税地税合并，中央和地方之间税收分成关系面临重大调整，这也对中央和地方之间事权和财权的重新划分提出了新的要求。现行财税体制更多是从财政收入层级匹配的角度划分政府间财权和事权关系，而没有从事权和支出范围的角度对各级政府的关系予以明

---

① 参见中国财政科学研究院、中国财政学会投融资研究专业委员会、深圳金砖城市先导基金管理有限公司编著：《中国：政府投融资发展报告(2017)》，经济科学出版社 2017 年版，第 50 页。

确界定。中央与地方政府、地方各级政府之间的事权和支出责任划分有待深入进行。

第一,中央和地方政府投资权边界划分有待进一步明晰。一是事权和支出责任划分缺乏法律规范。我国有关法律规范对各级政府的投资事权划分只作了一般性的规定,对经济发展中新形成的投资事权未能适时作出清晰界定或调整,实践中也多以规范性文件的形式处理政府间关系,缺乏必要的法律权威和严肃性。这容易导致投资事权频繁上收下放,一些领域的投资事权安排存在一定的偶然性和随意性,体制的可预见性和稳定性不足。二是事权重叠交叉和职责同构。在我国政府间的事权划分中,除对外事务、国防建设等极少数事项属于中央事权外,各级政府的投资职责并无明显区别,地方政府的事权几乎全都是中央政府事权的延伸或细化,多级政府共同管理的事项过多,中央和地方职责重复与同构现象严重。这导致由谁具体负责公共服务的提供,以及由谁为这些责任提供资金的分工仍然模糊,容易导致公共服务不足和效率低下。三是部分投资事权划分不合理。政府投资职能存在"越位""错位""缺位"的情况。投资职能"越位",表现为政府包揽过多的职责,涉及本应由市场起基本配置作用的领域,挤占了企业的空间,与民争利。投资职能"错位",表现为政府对应当投资的领域没有充分发挥宏观调控的职能,该由中央政府负责的项目下移到地方政府;由地方政府负责的项目,权责重叠交叉,经费使用效率不高。投资职能"缺位",表现在地方政府或部门逐渐成为独立的利益体,当投资有利于本地区或本部门时,努力挤入投资总盘子;反之,则极力推脱,以致本该由政府投资提供的公共服务供给不足或供给质量不高。

第二,投资事权与财力匹配有待进一步平衡。分税制改革之后,中央政府控制了大部分财政收入,资金较多,与之匹配的支出责任较少,本应由中央承担的责任层层下沉,分解到地方。一方面,应该由中央负责的事关国家整体性的、综合性的公共产品和服务供给,中央没有完全承担起来,而是下沉到地方,由地方分担了部分事务。为了弥补地方财力的不足,中央由通过设立大量专项转移支付项目的方式加以平衡,一定程度上造成资金分配上的不均衡。另一方面,适宜地方承担的事务没有完全下放,中央往往有意识地介入,这既不利于地方因地制宜发挥主动性,也导致中央部门陷入大量的具体事务,造成中央部门通过资金安排不适当地干预地方事权。地方政府财力有限却匹配大量事责,承担了大部分本行政区域的公共产品服务和供给的职责,供给不足且效率低下。与此同时,省级以下政府财力和事权配置也不够均衡，较高层级的政府集中了过多的主体税源和税收分成，而各项事业发展的投资责任下沉至基层政府，基层政府捉襟见肘，收支缺口巨大，甚至“无米下锅”，只能高度依赖政府转移支付。地方政府为获得投资资金还通过融资平台、PPP 模式变相举债，可能形成系统性金融风险和财政风险。此外，区域之间的投资不均衡也比较明显。事权履行的过度下沉，导致地方政府承担的事权责任与其收入和支出能力不对称，制约了市场统一和基本公共服务均等化的进度。

第三，转移支付制度有待进一步完善。转移支付体系缺乏总体设计和统一规范，许多项目的设立紧跟政府短期政策导向，目标不够明确，分类不够科学，实际操作主观性和随意性较大。支付结构不够合理，一般转移支付整体占比较低，仅为总支付的 50% 左右，地方政府可以自主支配、统筹安排的财力较少。转移支付以分税制改革为基础，“马太效应”明显，税收基数大的地方获得返还比例高，越富越有，真正需要财政支撑的落后地方税收返还额却较低。专项转移支付项目过多，几乎覆盖了所有预算支出项目，投向分散，重点模糊。在项目管理中甚至出现“大项套小项”，化整为零、变相增设，使有限的资金更加分散，实际资金量与所需资金量差距较大，其用途的严格限制也约束了地方政府的有效配置。资金管理多头并进，难以统筹合理安排，在实际操作中，出现了分散、浪费和低效益现象。

二、横向制度运行：平行部门之间决策权的分配

（一）政府投资决策权横向分配的情况

政府投资决策权的横向分配主要是指投资决策权在同一层级政府不同机关之间的配置，由多个主体参与、众多环节组成，包括行政领导、相关职能部门、行业主管部门等。政府主要领导、分管领导是投资项目最高决策人，通过政府全体会议、政府常务会等形式决定重大政府投资项目是否立项、何时落地及确定总体方案。相关政府职能部门主要涉及投资主管部门和财政部门，投资主管部门主要负责项目审批，财政部门则负责资金分配。行业主管部门就各自主管领域提出项目建议。以某直辖市参与政府投资相关职能部门（部分）职责分工情况为例，可以看出，这是一个综合的、复杂的、多部门统筹协调达成的决策过程（如表 4－4 所示）。

表 4－4 某直辖市参与政府投资相关职能部门(部分)职责整理情况

决策主体	职能部门	职责	参与阶段	决策权调整趋势
投资主管部门	市发改委	编制年度投资计划,组织有关部门审批政府投资项目	前期	立项审批范围进一步收缩,在政府投资核准目录下严格执行审核制和备案制,主要承担宏观调控、规划制定等职能
财政部门	市财政局	资金分配及划拨	全程	扩大财政资金的监管职能,向前后延伸,在新预算法下,通过复式预算严格控制财政资金流向和使用效益
行业主管部门	市审计局	资金使用情况的审计	后期	加强审计功能,向先后延伸,由事后审计调整为事前、事中、事后审计;加强审计深度和专业化,由对政府负责调整为对人大负责
	市住房和城市建设委员会	负责建筑业的行业管理及建筑业项目审批	中期	缩小审批权,将部分审批权转移到建筑行业协会或改为备案制,进一步释放建筑企业的投资自主权
	市规划和自然资源局	负责国有土地使用权的出让、管理;负责整体规划及专项规划;负责建设工程选址定点检查	前期	加强城市土地供应的计划权和土地利用规划权;加强项目立项参与权,建设用地审批权,城市重点建设项目专项规划编制组织权,复议裁定权等
	市生态环境局	对工程的环节影响进行评估	前期	提升环境保护评价的重要性和影响力,前期立项一票否决制
	市水利局	编制水利工作的方针政策、发展战略和中长期规划,对水利工程进行审批	全程	提升专业程度,缩小审批权范围
	市交通委员会	涉及市内铁路、公路、桥梁隧道、内河航运航电枢纽等交通项目的核准审批	全程	提升规划布局专业程度

政府投资是使用预算安排的资金进行固定资产投资活动,包括新建、扩建、改建、技术改造等,最终通过政府投资项目的具体形式表现出来。其中,政府投资决策权在横向分配过程中,主要包括发展规划权、项目审批权和资金分配权 3 个方面。在确定具体政府投资项目的过程中,首先是通过发展规划布局政府投资的方向、范围,确定政府在一定时期的投资总盘子,通过年度投资计划基本确定本年度需要投资的项目;其次是通过项目审批,选择和确定具体的政府投资项目,即立项;最后是对已经确定立项的项目配置预算资金。这 3 个环节是相辅相成、紧密联系、相互作用的。可以说,没有明确的发展规划、详细的年度计划,没有具体项目的立项审批工作,就无法匹配具体的资金,政府投资计划的落实就无从说起;没有相应预算资金的有效配置,政府投资具体项目也缺乏财力支持,其建设和营运便为空中楼阁。只有当三者完整有效地结合起来,政府投资决策才能落地。在调研过程中,相关人士也表达了这一观点:"从根本上说,政府投资决策过程是政府投资规划顶层设计向具体年度计划落实的过程,这个过程不单单是投资主管部门审批项目、确定是否立项的过程,更是项目资金使用配置的过程。比如保障性住房项目,很多是在地方政府立项,到国家发改委申请资金,在国家发改委批复认可后,相应的项目才能得到中央财政的支撑。"因此,政府投资决策权从横向层面看,大致分为发展规划权、项目审批权、资金分配权 3 个部分。

1. 发展规划权

发展规划是政府投资决策的起点。在发展规划方面,按照法定权限和程序制定国民经济和社会发展中长期规划、各类专项中长期规划,不仅是各级政府的重要权力,更是各级政府的重要职责。《政府投资条例》(2019 年)第 8 条规定:"县级以上人民政府应当根据国民经济和社会发展规划、中期财政规划和国家宏观调控政策,结合财政收支状况,统筹安排使用政府投资资金的项目,规范使用各类政府投资资金。"具体项目的立项和建设应当在通盘考虑的基础上,在顶层规划和各项专业规划的统帅下进行。以预算资金支持的重点项目,更应当在全局可行性研究和综合绩效的审慎平衡下进行,进而提高财政资金的整体效益,避免成为零散的棋子,浪费公共资源。① 发展规划是政府投资决策的依据,也是项目执行的源头。《国务院关于加强国民经济和社会发展规划编制工作的若干意见》(国发〔2005〕33 号)提出了"三级

---

① 参见贾康:《政府投资应顶层规划》,载《新理财(政府理财)》2009 年第 5 期。

三类”规划管理体系，规划制定的核心是调整和规范中央政府与地方政府、同级政府间综合部门与专门部门之间编制规划的职责关系。[①] 从“十一五”开始，“五年计划”更名为“五年规划”，更加注重政府的宏观调控职能，尊重市场的基本规律，由“计划”转变为“规划”，加强投资的统筹安排和导向作用，通过提高规划的科学性进而提高政府投资的有效性。

在实践中，发展规划可以从纵向维度划分为3级，从横向维度划分为5类。[②] 纵向维度的3级是指国家层级、省（自治区、直辖市）层级、市县层级的规划3级，根据制定主体层级的差异，具有不同的效力范围和功能属性。横向维度的5类是指：一是以国民经济和社会发展为主的总体规划，一般是五年规划；二是以国土空间开发为基础的主体功能区规划；三是以跨区域为特点的区域规划，在国家区域发展战略下，针对某一区域的特定问题在特定方面的规划，一般是以跨区域综合性规划为主；四是各种专项规划，一般是以某特定领域为基础进行规划，如各职能部门编制的行业规划、专项规划、重点专项规划和项目规划；五是年度计划，是年度国民经济和社会发展中长期规划在年度中的体现，促使各类规划具体落实和完成。需要说明的是，综合性规划主要集中在发改系统，专业性规划集中在各职能部门系统，土地利用规划集中在国土系统，而城乡规划集中在城镇建设系统（如表4－5所示）。

---

① 根据《国务院关于加强国民经济和社会发展规划编制工作的若干意见》（国发〔2005〕33号）规定，国民经济和社会发展规划是国家加强和改善宏观调控的重要手段，也是政府履行经济调节、市场监管、社会管理和公共服务职责的重要依据。国民经济和社会发展规划按行政层级分为国家级规划、省（区、市）级规划、市县级规划；按对象和功能类别分为总体规划、专项规划、区域规划。国家总体规划和省（区、市）级、市县级总体规划分别由同级人民政府组织编制，并由同级人民政府发展改革部门会同有关部门负责起草；专项规划由各级人民政府有关部门组织编制；跨省（区、市）的区域规划，由国务院发展改革部门组织国务院有关部门和区域内省（区、市）人民政府有关部门编制。

② 参见胡鞍钢、唐啸、鄢一龙：《中国发展规划体系：发展现状与改革创新》，载《新疆师范大学学报（哲学社会科学版）》2017年第3期。

表 4 - 5 中国发展规划体系各类规划功能及定位①

规划名称	功能定位	编制主体	衔接关系	主要内容
总体规划(国民经济和社会发展总体规划)	国民经济和社会发展战略性、纲领性、综合性规划	本级人民政府组织编制,发展规划主管部门会同有关部门负责起草	下级总体规划服从上级总体规划;其他规划服从同层级总体规划	国民经济和社会发展的指导思想;国民经济和社会发展的主要预期性指标和资源节约、环境保护、民生改善等约束性指标;国民经济和社会发展各领域的重大任务、重大改革和重大项目;空间开发秩序、重大生产力布局和区域发展导向;政策保障和实施机制
主体功能区规划	国土空间开发的战略性、基础性、约束性规划,实施主体功能区制度的纲领性文件	本级发展规划主管部门组织编制,主要是中央层面,也有部分省份启动了此类规划	主体功能区规划应当服从于本级总体规划;下级主体功能区规划应当服从于上一级主体功能区规划;其他规划服从本级主体功能区规划	对国土空间资源环境承载能力、现有开发强度、开发潜力等进行技术分析和综合评价;国土空间开发的指导思想、开发原则和战略布局;各类功能区的位置、范围和数量;各类功能区的主体功能定位、发展方向、开发时间、管制原则等;政策保障和实施机制

① 参见胡鞍钢、唐啸、鄢一龙:《中国发展规划体系:发展现状与改革创新》,载《新疆师范大学学报(哲学社会科学版)》2017 年第 3 期。

续表

规划名称	功能定位	编制主体	衔接关系	主要内容
区域规划	按照国家区域发展总体战略，以特定区域经济社会发展为对象编制的规划	国家级区域规划由国务院发展规划主管部门会同国务院有关部门和有关省政府组织编制；省级和市县级区域规划由本级人民政府发展规划主管部门会同有关部门和区域内下一级人民政府组织编制	区域规划应当服从于上级和本级总体规划和主体功能区规划，必要时与上级专项规划进行衔接	区域资源环境承载能力的综合分析评价；区域经济社会发展的指导思想和主要目标；区域发展的战略定位；区域布局的总体框架和空间开发的基本原则；区域经济社会发展的重点任务，包括与任务相对应的区域城镇体系与城乡协调发展的建设布局、区域重大基础设施建设与布局、区域生态建设与环境保护、公共服务和社会事业等
专项规划	以国民经济和社会发展的特定领域为对象编制的规划，各级人民政府及其有关部门引导特定领域发展，及布局、审批、核准重大项目，安排政府投资和财政支出预算，制定相关政策的重要依据	本级人民政府有关部门在其职责范围内组织编制	专项规划应当服从于本级总体规划和主体功能区规划；必要时应当将专项规划与本级和上级专项规划进行衔接	规划领域现状和趋势分析；规划领域的发展指导思想、基本原则和主要目标；规划领域的重点任务，包括与任务相应的空间布局方案、重大项目的建设内容和要求、政府投资的方向和时序安排等；规划实施保障措施

续表

规划名称	功能定位	编制主体	衔接关系	主要内容
年度计划	年度计划是对年度国民经济和社会发展所作的安排,中长期发展规划在年度中的体现,有宏观调控导向,资源配置和综合平衡的作用,主要功能是促使各类规划的具体落实和完成	本级人民政府组织编制,各级人民政府发展主管部门会同有关部门负责起草	服从本级总体规划、主体功能区规划和其他有关规划	上一年度计划执行情况与本年度计划安排报告、国民经济和社会发展综合计划,及配套的专项计划

2. 项目审批权

项目审批权是国家相关职能部门依法履行政府投资综合管理职责,对项目建设单位提出的具体的政府投资项目予以审批,并最终作出是否予以立项的行政行为。它是政府投资决策权在横向制度运行中最核心的权力之一。《政府投资条例》(2019年)第7条中明确规定:"国务院投资主管部门依照本条例和国务院的规定,履行政府投资综合管理职责。国务院其他有关部门依照本条例和国务院规定的职责分工,履行相应的政府投资管理职责。县级以上地方人民政府投资主管部门和其他有关部门依照本条例和本级人民政府规定的职责分工,履行相应的政府投资管理职责。"我国投资主管部门主要是发展改革部门,其统筹经济社会发展改革全面和履行宏观经济调控职能的角色是实践普遍认可的。一般来说,政府投资项目审批权主要由发展改革部门行使,其他有关部门配合行使。由于政府投资项目意义重大,关乎国家安全和公共利益,涉及市场与政府关系的平衡,对资源配置、总量控制、经济结构调整等方面有着深远的影响,因此,在政府投资项目制度安排中,项目审批制度的保留是很有必要的。针对政府采用不同方式投资的项目,《政府投资条例》(2019年)明确了不同的管理方式,其中,对政府采取直接投资方式、资本金注入方式投资的项目,投资主管部门或其他有关部门应按法定权限和法定程序对项目单位提交的申请材料进行审批。在实践中,对于投资补助、贷款贴息的政府投资项目,投资主管部门或其他有关部门需要审批资金申请报告(如表4－6所示)。

表4－6 投资项目审核基本要素

<table>
<tr><th>投资项目类型</th><th>资金投入方式</th><th>项目申请文件</th><th>行政许可方式</th></tr>
<tr><td rowspan="4">政府投资项目</td><td>直接投资</td><td rowspan="2">项目建议书、可行性研究报告、初步设计</td><td rowspan="4">审批
[《中央预算内直接投资项目管理办法》《中央预算内投资补助和贴息项目管理办法》《中央预算内投资资本金注入项目管理办法》(征求意见稿)]</td></tr>
<tr><td>资本金注入</td></tr>
<tr><td>投资补助</td><td rowspan="2">资金申请报告</td></tr>
<tr><td>贷款贴息</td></tr>
<tr><td rowspan="2">企业投资项目</td><td rowspan="2">企业自筹资金</td><td>项目申请报告</td><td>核准</td></tr>
<tr><td>项目备案手续</td><td>备案</td></tr>
</table>

在项目审批过程中,多个职能部门形成立项管理联动机制,如规划、国土、环保、建设、交通、水利、统计等职能部门,其中,规划管理部门、国土资源管理部门、环境保护管理部门是立项审批体系中不可或缺的重要配套管理部门。实行审批制的政府投资项目,其项目单位应根据项目审批部门同意的项目建议书分别在城乡规划管理部门完成规划选址审批工作,在国土资源管理部门完成用地预算审批工作,在环境保护管理部门完成环评审批工作。在此基础上,形成可行性研究报告,建设单位会同规划选址、用地预审和环评审批等文件向投资主管部门等项目审批部门提交立项申请。① 以环境保护部门为例,明确了政府投资项目(有关海洋工程和军事设施建设项目除外)实行环保分级审批制度,对环保部门分级审批权限作了统一规定②(如表4－7所示)。

---

① 《国务院办公厅关于加强和规范新开工项目管理的通知》(国办发〔2007〕64号),载中央政府门户网站,http://www.gov.cn/zwgk/2007－11/21/content_811378.htm。

② 《环境保护部直接审批环境影响评价文件的建设项目目录(2009年本)》、《环境保护部委托省级环境保护部门审批环境影响评价文件的建设项目目录(2009年本)》、《建设项目环境影响评价文件分级审批规定》(环境保护部令第5号)。

表 4－7　环境保护部、省级及省级以下环境保护部门的分级审批权限

<table>
<tr><th>各级环保部门</th><th>审批范围</th><th>备注</th></tr>
<tr><td>环境保护部</td><td>1. 核设施、绝密工程等特殊性质的建设项目；
2. 跨省、自治区、直辖市行政区域的建设项目；
3. 由国务院审批或核准的建设项目，由国务院授权有关部门审批或核准的建设项目，由国务院有关部门备案的对环境可能造成重大影响的特殊性质的建设项目</td><td></td></tr>
<tr><td rowspan="2">省级环境保护部门</td><td>1. 环保目录二中由环保部委托审批的项目；
2. 有色金属冶炼及矿山开发、钢铁加工、电石、铁合金、焦炭、垃圾焚烧及发电、制浆等对环境可能造成重大影响的建设项目</td><td rowspan="3">建设项目可能造成跨行政区域的不良环境影响，有关环境保护部门对该项目的环境影响评价结论有争议的，由共同的上一级环境保护部门审批</td></tr>
<tr><td>1. 环保目录二中由环保部委托审批的项目；
2. 有色金属冶炼及矿山开发、钢铁加工、电石、铁合金、焦炭、垃圾焚烧及发电、制浆等对环境可能造成重大影响的建设项目</td></tr>
<tr><td>省级或地级环境保护部门</td><td>化工、造纸、电镀、印染、酿造、味精、柠檬酸、酶制剂、酵母等污染较重的建设项目</td></tr>
</table>

近年来，我国出台了一系列规范审批权行使的政策，简政放权，进一步退出市场能起决定性作用的领域，释放市场投资主体的活力。为了深化落实《中共中央、国务院关于深化投融资体制改革的意见》，国务院出台了《政府核准的投资项目目录》（2016 年）就国务院、国务院投资主管部门、地方政府、地方政府投资主管部门之间如何划分具体项目的审核权限做了进一步明确，取消和下放了部分项目审批权及核准权。会同 2013 年、2014 年的两次修订，中央政府层面核准的企业投资项目削减比例累计达到原总量的 90% 左右。对于市场竞争充分、企业自我调节能力较强、可以用经济和法律手段有效调节的项目，将核准改为备案。对于地方和企业高度关注的火电站、热电站、抽水蓄能电站、新建港区、通用机场、扩建军民合用机场、扩建一次炼油、抽水蓄能电站、新建港区、通用机电、电网工程、飞机制造等项目，《政府核准的投资项目目录》（2016 年）均下放至省级政府或省级以下地方政府核准。同时，对境外投资核准也大幅取消，“除少数有特殊规定的项目之外，境外投资项目一律取消核准”。此外，还推动企业投资项目网上并联核准制度的落地，加快建设信息共享、覆

盖全国的投资项目在线审批监管平台，建立纵横联动协管体系，实现中央与地方纵向贯通、同级有关部门横向联通。各省、自治区、直辖市在此基础上出台了细化意见，如《重庆市政府核准的投资项目目录（2017 年）》《广东省政府核准的投资项目目录（2017 年）》等，进一步明确了本行政区域投资项目审核权限的划分标准。

同时，国家还通过市场准入负面清单管理制度，明晰市场与政府的界限，“法无禁止即可为”，进一步简政放权。2015 年 5 月，国务院公布《2015 年推进简政放权放管结合转变政府职能工作方案》，开展编制各级政府职能部门权力清单和责任清单工作，全面清理和取消“非行政许可审批”类别，继续下放行政审批事项，严格审批流程，约束自由裁量权，进一步规范行政审批行为。通过制定市场准入负面清单，将清单内容与行政审批事项一一对应，即负面清单内的行政审批措施必须包含在行政审批事项中，不能随意构造和新设，而行政审批事项中涉及市场准入的也必须体现在负面清单中。① 对于不合理、不合法的事项，纳入下一步行政审批事项取消范畴。

投资审批权主要归口投资主管部门行使，但是也有例外，主要是以下几种情况：一是国家发改委依据《政府核准的投资项目目录》（2016 年）只针对使用中央财政性资金的重大投资项目进行审批，一般项目按资金来源，使用中央财政性资金的由各相关业务主管部委审批，使用地方财政性资金的由地方政府审批。二是涉及工业、通信业和信息化类的政府投资项目（包括改造项目）由工业信息化主管部门审批。根据国家的有关职责划分，工信部负责审批、核准国家规划内和年度计划规模内工业、通信业、信息化固定资产投资项目。与之相对，各省、自治区、直辖市也成立了工业信息化主管部门，负责本行政区域的工业、通信业、信息化政府投资项目审批工作。三是地方重大项目由投资主管部门初审后报主要分管领导和主要领导，通过政府常务办公会或全体会议确定初步方案，报同级政府审批，发布决定前向同级党委请示报告，某些特别重大的项目还需政府提交同级人大审议通过。

3. 资金分配权

《政府投资条例》（2019 年）明确了政府投资资金来源，包括一般公共预算、政府性基金预算与国有资本经营预算安排的资金，还涵盖了国家主权外债资金以及政府

---

① 参见郭冠男、谢海燕：《制定和实施负面清单制度必须理清的重大关系》，载《中国行政管理》2015 年第 10 期。

通过发债（包括一般债和专项债）筹集的资金。《政府投资条例》（2019 年）关于政府投资资金来源的规定与修订后的《预算法》（2014 年）所要求的“全口径预算”保持一致，将所有类型的财政资金收支都纳入统一的投资资金管理体系，只要使用了财政预算资金用于固定资产投资，不论列入哪类具体预算或哪个预算科目中，不论投资建设资金是自上级财政预算还是本级财政预算，都适用于条例的相关规定。《政府投资条例》（2019 年）还明确了政府投资资金的使用，应当与经济社会发展水平和财政收支状况相适应，且资金受政府财政预算约束，政府及其有关部门不得违法违规举借债务筹措政府投资资金。

从实践中看，各级政府预算内的投资建设资金，其来源主要包括预算内投资、专项建设税费（如车购税、城市建设维护税等）、预算内专项资金（如文化产业发展专项资金、城市管网及污水处理补助资金）、预算内专项建设基金（如铁路建设基金、民航发展基金等）以及国有土地出让收入等，分别纳入一般公共预算或政府性基金预算中。[①] 除此以外，政府预算体系中还有国有资本经营预算和社会保险基金预算。国有资本经营预算如果收支存在盈余，可以向一般公共预算调入资金，作相应的补充。受我国人口老龄化趋势影响，人口红利持续下降，从中长期看，社会保险基金预算面临入不敷出的压力，因而，在政府投资资金调度方面几乎不可能在这项预算下面安排资本性支出。可以看出，《预算法》（2014 年）推动以“四本预算”为基础的“全口径预算”，是规范政府投资资金来源的重要前提。

《预算法》（2014 年）制定了一系列旨在规范政府收支的法律规则，基本形成了以预算实现规范治理的制度格局，对政府投资决策权的行使，尤其是资金管理权的行使有着重要的意义，主要表现在以下两个方面：

一方面，提升财政预算的全面性。《预算法》（2014 年）明确规定“政府全部的收入和支出都应当纳入预算”，在立法层面正式建立“全口径预算”。[②]《预算法》（2014 年）第 36 条规定，“各级政府、各部门、各单位应当依照本法规定，将所有政府收入部列入预算，不得隐瞒、少列”，为实现全面预算提供了法律依据；第 13 条规定，“经人民代表大会批准的预算，非经法定程序，不得调整。各级政府、各部门、各单位的支

---

① 参见吴亚平：《〈政府投资条例〉从十个方面推动政府投资法治化》，载《上海证券报》2019 年 8 月 23 日，第 8 版。

② 参见陈治：《国家治理转型中的预算制度变革——兼评新修订的〈中华人民共和国预算法〉》，载《法制与社会发展》2015 年第 2 期。

出必须以经批准的预算为依据,未列入预算的不支出”,确立了“先预算,后支出”的基本预算原则。《预算法》(2014 年)对具有特定收入来源和支出用途的政府性基金、国有资本、社会保险基金实行与一般公共预算一体化预算审批与监督的制度要求,使得大量的“预算外资金”纳入财政预算约束的范围内,并在此基础上清理了一大批用以核算预算外资金的财政专户。这种制度策略极大地强化了预算的全面性。可以说,《预算法》(2014 年)在法律层面保障了政府投资的资金来源,扩大了各级政府在投资决策中可调度的资金面,让大量体外循环资金放到台面上,置于法律的监管下。

另一方面,形成公开透明的预算运行机制。《预算法》(2014 年)第 14 条对预算公开的内容、时间及主体做了明确的规定,尤其是在预算内容披露方面首次将财务报表(预决算报告)之外更为详尽的预算信息列为公开披露的对象,在信息传递的完整性、传递过程的及时性、信息给予方与接收方的反馈渠道等方面,进行了很好的修正和调整。这些都将推动政府在投资决策过程中周密而审慎地论证待立项目的资金使用情况,全盘考虑个体项目与整体项目的资金平衡情况,以形成透明、公开的项目预算披露报告。

但是,由于政府间财政关系及全口径预算制度建设尚在探索中,不能完全解决预算内容的完整性问题,部分游走在预算外的资金尚未列入政府预算系统。一是体量较大、数量较多的自收自支单位其财政收入未能纳入预算;二是政府性基金未能涵盖所有的专项政府性收费及各种政府性基金的负债、盈利和资本增值等要素;三是国有资本经营预算不能涵盖所有的国有企业及反映国有资本的存量和增量;四是“四本预算”之间的衔接统筹有待加强,执行中可能因为认定标准和归类标准的不统一,影响预算的完整性。

在政府投资资金的分配方面,名义上,投资主管部门是资金分配权的主要行使单位,实际上,财政部门和业务主管单位也掌握着相当部分的资金分配权。主要资金集中于中央及省市级财政部门,相关业务主管部门也掌握着大量助农、扶贫、技术改革、水利工程等多种专项基金为主的财政性资金,资金分配权分散,涉及的领域广泛而复杂(如表 4 – 8 所示)。

表 4－8　政府投资资金分配权情况

项目层级	管理部门	资金来源	管理方式
中央重大项目	国务院(国家发改委)	中央预算内资金	重大专项,领导批示,政治优先
	各业务主管部门即政府性基金使用部门	政府性基金	领导批示,专项部署,实行总量控制和标准控制
中央一般项目	国家发改委	预算内由国家发改委统筹安排的资金	编制预算,落实到项目
	国家财政部	预算内除国家发改委统筹安排部分以外的资金	编制预算,落实到项目
	各业务主管部门	预算内拨付给业务主管部门使用额度	各业务主管单位在预算额度内安排资金
	各基金使用部门	政府性基金	总量控制、先收后支、先批后用、专款专用,投资主管部门立项、财政部门编制预算,使用单位自主使用
地方项目	投资主管部门	预算内由投资主管部门统筹安排资金及政府性基金	编制投资计划,落实项目
	财政部门	投资主管部门统筹范围外预算内资金	编制预算计划,落实项目
	基金使用部门	预算内非投资主管部门统筹安排政府性基金	投资主管部门立项,财政部门编制预算计划,基金使用部门自主使用
	各业务主管部门(自筹单位)	政府资金中单位自筹部分	自收自支,先收后支
	各业务主管单位(申请单位)	上级投资补助或专项转移支付	专款专用

以我国西部某省政府投资项目资金配置的情况为例:第一,在一般公共预算支出中在“基建支出”科目下列支的基建支出,主要由省发改委投资处和省财政厅经建处各负责一部分,两个部门会就立项和资金匹配等事项进行沟通,提请省政府分管

领导相机抉择。这部分基建支出需要按照预算要求在年度预算支出落实到项目。第二，在一般公共预算支出中还存在不列入“基建支出”科目下的基建支出，如省财政厅管理的省专项支出，通常由经建处和各个业务处室共同管理，年初预算总盘子只定总数不定具体项目；又如，事务费中出现的基建支出，这类支出由省财政厅各业务处室负责，年初预算也只定总数不定具体项目。第三，政府性基金预算支出中形成的基建支出，相当部分是由各业务主管单位自行负责。尽管在形式上，资金归入省财政厅的总盘子管理，立项需要投资主管部门批准，但事实上，由于政府性基金来源和用途的特殊性，此类基金预算相对独立，无论省发改委还是省财政厅对立项及资金管理的控制和审核都趋于一种形式上的管理，其使用权基本在相关业务主管部门，决定权在省政府分管领导。第四，自筹经费中形成的基建支出基本上是预算外运作。自筹单位对自筹资金使用的独立性非常强，无论是省发改委还是省财政厅，都无法对此类资金进行集中的控制与管理。第五，基于特殊重大要求设立的专项资金，如扶贫专项资金、抗疫专项资金等也会形成基建支出，但一般不纳入基建支出科目进行统计。

可以看出，在政府投资项目的资金分配上，呈现出较为分散的情况。相关业务部门的自主权较大，对项目资金的支配权也较大，缺乏具有约束力和整体统筹力的中长期投资计划，资金的安排和使用上与年度计划衔接也有待进一步提高。

(二)政府投资决策权横向运行中存在的不足

在政府投资决策权的横向配置上，在发展规划、项目审批、资金分配及相互衔接方面存在一些不足：

第一，发展规划的科学性有待提高。发展规划在政府投资决策中发挥了重要作用，是确定政府投资项目及安排投资资金的前提，但是仍然存在诸多问题。一是各类规划定位不够准确。同类规划上行下效、内容简单重复；同级规划相互独立，缺少衔接。各类规划隶属关系不够清晰。总体规划和其他类型规划之间的关系，长时间的专项规划与短时间的整体规划之间的关系，不同层级的专项规划之间的关系，不同层级之间的不同类型规划之间的关系等均需要厘清。二是部分规划缺乏可操作性。规划一旦制定目标，很少根据实际情况作动态调整，往往比较原则和宏观，缺乏与年度政府工作目标对接的具体任务和具体目标。除部分硬性约束指标外，各类规划目标的完成情况在政府年度工作报告中缺乏具体体现。因此，很难在这个基础上制定出科学合理的次年度财政预算计划、引导投资项目的资金分配。三是部分规划之间衔接不足。不同类型的规划分属不同的职能系统，编制主体的多元化可能导致部分规划之间的衔接不足，内容上出现重复、矛盾或冲突，有待进一步理顺。

第二，投资决策权宜进一步统一。一是项目审批权不够统一。政府投资项目审批权一般集中在投资主管部门，但是，也有部分非重大项目的审批权分布在行业主管部门。重大项目的评价标准主要是投资规模和建设规模，这可能推动某些行业主管部门通过缩小投资概算、拆分项目等办法绕过投资主管部门监管，使投资项目小型化，从而加剧资金分配分散化。二是资金分配权不够统一。政府投资资金的来源主要是一般公共预算资金和政府性基金。一般公共预算资金用于政府投资，往往由投资主管部门和财政部门各自管理一部分。投资主管部门管理的资金，也会拿出一部分以“切块”的形式划给各行业主管部门，由各部门充分酝酿汇总后再次平衡分配。财政部门管理的资金也会分散到不同业务处室管理，如省级一般公共预算资金中归财政部门统筹的基建支出，财政部门相关业务处室可能从事业经费科目、基建科目、非基建科目等不同科目进行分别列支。政府性基金用于政府投资的，投资主管部门也有一部分分配权，但是，基于大部分政府性基金“专款专用”的原则，主要归口基金使用部门分配资金。此外，为了平衡地方政府的财力不足，上级政府或上级主管部门往往通过财政转移支付制度向下提供大量资金。这类资金一般由项目单位或主管部门向上级申请，以“上级补助支出”的形式出现，申请单位有绝对的控制权，投资主管部门和财政部门对其进行形式上的管理。三是项目审批权和资金分配权与年度投资计划中衔接不够。年度投资计划是立项的前提和基础，体现了政府投资的政策倾向，承载了国家经济宏观调控的目标。在正式制度上，进入政府投资计划总盘子的项目，才能进入立项及资金配给的环节。但是，我国目前的投资计划还不能覆盖所有政府投资活动，与各类规划对接，做到全口径政府投资计划，这种情况也加大了政府投资决策权的分散化。实践中，投资主管部门制定投资计划往往只能统筹安排部分项目，对使用投资主管部门统筹资金以外的项目以及使用部分政府性基金的项目一般不能作出安排或只作形式上的安排。当投资主管部门、财政部门、业务主管部门和项目申请部门出现沟通不足、统筹不足的情况，可能会出现年度计划安排的项目无法落实资金、没有列入计划的项目却有资金支持的情况。

第三，部门决策逐利现象宜强化监管。一是个别投资主管部门作为项目审批权的主要行使者，可能出于对自身部门利益的考虑，对行政审批清单数量“明减暗增”、负面清单数量“明增暗减”，下放权力的过程中“放小留大”，将一些非核心的“小权力”下放;“放虚留实”,将实权或者能谋求利益的权力抓在手上;“左手转右手”,将部分审批权下放到内设单位或部门。二是个别财政部门作为项目资金分配权的主要参与部门,可能出于自身部门利益的考虑,增大可调剂资金、转移支付资金的调控权,在项目资金配置上形成设租空间。三是个别各业务部门通过掌握部分项目审批权和资金安排权,可能导致巩固本部门利益的行为,甚至构建保护本部门利益的壁垒。个别业务部门可能利用信息及管理优势,积极游说主管领导通过“批条子”“打招呼”等方式争取项目立项和资金安排。另外,全口径预算实施过程中,尚未涵盖自收自支单位、所有的专项政府性收费以及各种政府性基金的负债、盈利和资本增值等要素,且相互之间的衔接不够,用于政府投资的资金来源有待进一步规范。在实践中,业务主管部门对自筹资金、某些政府性基金往往专款专用,既不占用投资主管部门基建资金总盘子,也不占用财政部门一般公共预算资金总盘子,具有相当大的自主权。投资主管部门或财政部门统筹这部分资金的难度非常大,往往只能实现形式上的监管。

三、重大政府投资集体决策制度的现状

重大政府投资决策,是政府及相关部门在整体规划、统筹安排、综合评估的基础上,对具有较大社会影响、涉及广泛公众利益或社会利益、投入资金巨大的项目作出是否立项的决定。重大政府投资决策一旦形成,不同于普通的政府投资决策,往往具有重大性和影响性,决策正确与否往往决定着相关工作的成败,错误的后果很难逆转,产生的损失也很难挽回。因此,重大政府投资的决策除了需要遵循一般性政府投资项目立项的法定实体和程序要求外,还需要遵循国家在制度层面设定更加严格的专门要求。为了更好地规范政府投资决策权的行使,从中央到地方各级政府都作了大量的尝试和努力,形成了重大政府投资集体决策制度。

(一)重大政府投资集体决策制度的现状

1.重大政府投资集体决策制度的实践

针对重大政府投资决策,实行集体决策制度具有非常重要的意义,可以全面地推动政府投资决策的科学化、民主化、法治化。集体决策制度旨在改变“权力过于集中”的情况,避免决策中只有一种声音,通过集体讨论、集体审议、群策群力、集体决定的形式提高决策质量。我国的集体决策制度是在政府投资决策管理工作实践中逐步形成的,其依据散见在各类法规、规章和制度性文件中,如 2008 年,国务院出台

的《国务院关于加强市县政府依法行政的决定》(国发〔2008〕17号)第10条要求要坚持重大行政决策集体决策制度,“市县政府及其部门重大行政决策应当在深入调查研究、广泛听取意见和充分论证的基础上,经政府及其部门负责人集体讨论决定,杜绝擅权专断、滥用权力”。2013年3月20日,国务院出台的《国务院工作规则》(国发〔2013〕16号)第22条要求,“国民经济和社会发展计划及国家预算,重大规划,宏观调控和改革开放的重大政策措施,国家和社会管理重要事务、法律议案和行政法规等,由国务院全体会议或国务院常务会议讨论和决定”。2019年4月,国务院出台了《重大行政决策程序暂行条例》,对重大行政决策的事项范围、形成和调整程序、责任追究等方面作出了明确规定。① 这些制度性的建设是党和国家在新形势下进一步推进依法治国的重大举措,有利于转变政府职能,建设法治政府,规范行政行为,提高决策的质量和效益,促进政府投资的科学化和民主化。

实践中的重大政府投资决定,往往经过主管部门酝酿,分管领导、主要领导同意,提交同级政府全体会议、政府常务办公会等会议确定初步方案,报同级政府审批,某些特别重大的项目还需政府提交同级人大审议通过。需要特别说明的是,重大政府投资决策出台前必须按照《中国共产党重大事项请示报告条例》《重大行政决策程序暂行条例》的要求向同级党委请示报告,在党的领导下开展相关工作。

重大政府投资集体决策制度包括了几个方面的内容:一是对重大政府投资项目的界定。所谓重大项目,往往具有全局性、长远性、综合性和基础性等特点,既关乎社会整体利益、公众利益、公民权益,也关乎本地区乃至国家的整体经济社会发展。对政府投资项目“重大”含义的理解和判断,往往决定了决策的具体事项、参与者范围和人数、决策和调整的程序等。二是决策过程中充分吸纳专业意见。重大政府投资决策往往涉及对项目本身的专业判断,有的还涉及多个专业领域、多个学科交叉,需要由专业人才和专业机构提供专业支撑。三是决策的合法性审查。重大政府投资项目的决策权限、决策内容、决策程序都应当符合法律的规定,不得有违法性决定。《重大行政决策程序暂行条例》对此作了明确的要求,对合法性审查作了禁止性规定,如未经合法性审查的决策草案不得提交决策机关讨论,不得以征求意见等形式替代合法性审查等。四是风险评估工作。重大政府投资决策往往涉及多个主体间的利益调整,需要经过谨慎的风险评估,尽可能地降低对生态环境、社会稳定等方

---

① 参见刘序明:《守护好重大行政决策的程序生命线》,载《中国党政干部论坛》2019年第6期。

面的不利影响,综合考量经济、维稳、环境的风险,进而作出“落得了地、扎得下根”的投资决策。

2. 重大政府投资集体决策制度与行政首长负责制的关系

行政首长负责制,是各级政府及所属部门的行政首长对本级政府或本部门的工作负全责的制度。行政首长负责制是以追求效率为核心设计的制度,这与行政工作需要快速回应、有效联动、整合资源、解决问题的要求密切相关,现代国家的行政管理大多实行行政首长负责制。我国《宪法》第 86 条规定:“国务院实行总理负责制。各部、各委员会实行部长、主任负责制。”第 105 条规定:“地方各级人民政府实行省长、市长、县长、区长、乡长、镇长负责制。”然而,行政首长负责制并不意味着行政首长可以独断专行或者滥用职权。重大行政决策需要通过集体讨论决定,例如,根据《国务院组织法》的规定,国务院工作中的重大问题,须由国务院常务会议或者国务院全体会议讨论决定。行政首长负责制是与集体决策制度相辅相成的,是民主集中制的一种形式,与集体领导相结合。正如习近平总书记于 2018 年 12 月在中央政治局民主生活会上指出的那样,民主集中制既充分发扬了民主,又激发了创造力,统一了全党的思想和行动,有效防止和克服议而不决、决而不行的分散主义。可以说,行政首长负责制与集体决策制度的结合,是在民主基础上的集中,实质上是平衡“效益与民主”的关系。

行政首长负责制在政府投资决策过程中具有很大的优势,可以迅速集中事权,通过清晰的权责归属,快速作出是否立项的判断,避免因决策悬而未决产生高昂的时间成本。然而,片面强调行政首长的个人权威,强化首长的最终决策权,容易催生“一把手”的恣意妄为,发生决策错误或失误,甚至滋生腐败和权力“寻租”。因此,为了平衡“效率与民主”的关系,在制度设计上需要对行政首长负责制予以规范。如前文所述,在实践中,国家不断出台新的政策法规,规范行政决策权的使用,建立了重大事项集体决策制度。例如,《重大行政决策程序暂行条例》中,明确规定了坚持行政首长负责制的前提是必须经过集体讨论决议,行政首长须在集体意见的基础上作出决策,避免“框定方向、先定调子”,作最后发言。如果出现行政首长决策和多数参会人员不一致的情况,行政首长应在会议中作出说明,并将整个过程和决定如实记录。同时,行政首长应自觉接受同级党委的领导和监督,在决策正式出台前严格按照有关要求向同级党委请示报告。在重大政府投资决策领域,集体决策制度和行政首长制度互为补充,形成了较好的平衡,有利于防止个人权力的滥用,推动重大政府投资决策的科学化、民主化、法治化。

（二）重大政府投资集体决策制度的不足

实践中，重大政府投资集体决策制度较好地平衡了行政首长负责制，贯彻了重大事项报告制，有力地推动了投资决策的科学化、民主化、法治化，提高了投资决策的质量。但是，在实践中也显现了一些不足，集体决策制度有时流于形式，从某种程度上讲，集体决策制度以“集体名义”完成了一些重大政府投资的集体讨论、集体审议、集体决定的程序，但是，在这种程序下并没有达到集体决策的实质性意义。这种情况表现为以下几个方面：

1. 启动标准有待进一步明确

重大政府投资集体决策制度的启动机制是重要内容，具体包含界定哪种政府投资项目、通过什么样的程序纳入集体决定范畴，集体决定又需要经过什么样的程序审议并最终作出决定。《政府投资条例》（2019 年）对此没有作出明确的规定，启动的依据大都散见于各种规范性文件中，启动的标准存在模糊性。关于政府投资项目重大性的判断，给予主管部门较大的自由裁量权，如何界定项目是否属于“重大”范畴，也往往决定了决策程序的核心内容，如参会人数、决策范围、议事主题等。是否启动集体决议、适用集体决策制度，往往成为某些领导干部权力使用的自留地。在调研中，我国某省发改委投资处的同志讲述了实践中的启动情况：“重大政府投资项目在上会讨论前，一般需事先经过一个流程，通常是主管处室通过项目建议、调查论证，得出初步结论后提交分管领导或主要领导，分管领导或主要领导同意后，才提起上会进行集体审议，否则，不会上会。”换言之，提请上会审议的政府投资项目实际上已经得到主要领导和分管领导的认同，上会审议更多是一种形式上的审议。

2. 集体决策应避免形式化

重大政府投资项目在集体决定的过程中，可能出现形式大于实质的情况。在实践中，有一种约定成俗的规矩，在分工负责的行政领导机制下，分管领导往往各管一摊，对各自管理的领域负责，在这种体制下，不同领域的分管领导一般不会对其他分管领导主管的事宜提出异议。在绝大多数情况下，只有行政首长才有可能提出否决性意见。如前文所述，能够提起上会集体决议的项目，往往经过会下长时间的酝酿、磨合，通常都是达成共识的，所以，集体决议更多是从程序认可的角度给予相关决策一个确认。

3. 避免以集体决策之名规避个人责任

对于需要提请集体决议的政府投资项目,分管领导和主要领导具有很大的选择权和否定权。在这个前置筛选的过程中,一些需要提请集体决议的项目可能绕开相关程序,“大事化小、小事化了”;另一些不需要提请集体决议的项目可能通过相关程序披上“集体讨论、集体审议、集体决策”的合法外衣,从而减轻决策者的责任。此外,基于当前较为严格的过程性问责机制,部分官员为了规避责任,将大部分精力放到满足程序性要求的各种形式中,甚至可能在程序事项上“做到位”乃至“做过头”,如提交各种不必要的材料,在程序上各种“留痕”,加大填制表格、陈述文件、确认签字等工作量,却并不真正致力于提升实效。如果一旦出现问题,便可以通过一系列程序性材料证明,相关工作已经落实得非常到位,进而推卸、转移、减轻责任,或者将责任主体模糊化。

第二节　政府投资决策核心法律制度的完善

政府投资决策核心法律制度的完善,应当从纵向权力分配制度和横向权力分配制度两个方面入手。从纵向权力分配制度来看,主要是进一步理顺中央、地方政府间关于投资事权和支出责任的关系,推动投资财权和投资财力与之匹配,其中较为重要的是解决中央与地方政府投资事权和投资财权倒挂的问题。从横向权力分配制度来看,主要是进一步优化投资规划权、项目审批权、资金管理权的行使。与此同时,还应当完善具有我国特色的重大政府投资集体决策制度。

一、纵向权力分配制度的完善

(一)合理划分投资事权和支出责任

投资事权和支出责任的划分本质上是处理市场与政府的关系,通过制度治理对政府和市场关系进行平衡,实现政府间财政关系的科学化和规范化。中央、地方政府间投资事权与支出责任划分重点是处理中央、地方政府间事权、支出责任与财力的匹配问题,最终实现的是三者的长期动态均衡。只有从法理上明确中央和地方事权与支出责任划分,预算财政资金的分配和使用才能更有效、更合理、更规范。

投资事权及支出责任的划分,应当符合实践中形成的一些基本标准。一是受益标准。根据公共产品的受益范围确定各级政府的投资事权,涉及全国性收益的公共产品和服务由中央政府提供,同理,涉及地方性收益的公共产品和服务由地方政府提供。二是行动标准。以提供公共产品和服务涉及的领域为标准,需要以国家为基础统一行动的,由中央政府承担支出责任;需要以地方为基础分别行动的,由地方政府承担支出责任。三是技术标准。政府提供公共产品和服务时,需要高技术支撑且支出资金规模庞大的,由中央政府承担支出责任,反之,由地方政府承担支付责任。[①] 四是效率标准。根据不同层级政府提供公共产品和服务的效率高低来确定应由哪一级政府来提供,这里的效率主要是指政府提供的服务能够最快最好地满足公众的需求和偏好。[②] 五是外部性标准。外部性较小且地方性强的公共产品和服务适合地方政府提供,外部性大的公共产品和服务则适合中央政府提供。[③] 此外,还应考虑均衡标准,在涉及平衡地区差异、优化产业布局等方面的公共产品及服务供给的支出责任应倾向于中央政府或上级政府承担。

我国政府在推动中央、地方政府投资事权和支出责任清晰化、合理化方面做了大量工作。2016 年 8 月 24 日,国务院公布《关于推进中央与地方财政事权和支出责任划分改革的指导意见》,对政府间事权与支出责任作了首个顶层设计和制度安排,明确了时间表和路线图,划分框架日渐清晰。《关于推进中央与地方财政事权和支出责任划分改革的指导意见》明确提出,"适度加强中央财政事权、保障地方履行财政事权、减少并规范中央与地方共同财政事权,建立财政事权划分动态调整机制",旨在合理地划分中央—地方政府间提供公共产品和服务的职责,并在此基础上形成清晰的财政事权和支出责任划分体系。政府投资是公共财政的建设性(资本性)支出,也有一个事权和支出责任合理分工的问题,需要根据《关于推进中央与地方财政事权和支出责任划分改革的指导意见》的要求及时作出相应调整,充分落实政府间公共产品及服务的供给责任,提高供给效率,保证财政预算资金配置的合理和规范。总的来说,主要包括以下几个方面内容:

一是推进中央、地方政府间投资事权划分的合理化。强化中央政府的投资事权主要集中在提供面向全国性的公共产品和服务,尤其是在涉及保障国家安全、维护统一市场、促进要素流动、协调区域发展、实现城乡统筹等方面。与此同时,赋予地

---

① 英国经济学家巴斯特布尔(C. F. Bastable)提出了事权与支出责任划分的受益原则、行动原则、技术原则。

② 美国经济学家塞利格曼(Seligman)提出了事权与支出责任划分的效率原则。

③ 美国财政学家费舍尔(Ronald D. Fisher)提出了事权与支出责任划分的外溢性原则。

方政府更多的自主权,强化地方政府的投资事权集中在提供与本辖区密切相关的公共产品和服务上,充分发挥地方政府与当地居民联系紧密、熟悉基层情况的优势,更好地回应本地居民的诉求与偏好。

二是减少中央、地方政府间投资事权重叠交叉的情况。针对中央—地方政府间投资事权较多重叠和交叉的情况,尽可能根据公共产品和服务供给规律,如收益范围、供给效率、整体效益、影响程度等,将财政事权合理、清晰、细化地分解为各级政府应承担的投资职责,并明确构成要素、实施环节、权义框架等内容,逐步减少并规范中央与地方政府的共同投资事权。例如,在公共卫生、公共教育、基础科研等领域,明确规定不同层级的政府应当承担怎样的投资事权,避免由职责权限的不清造成相互间争利推诿。

三是促进投资事权与支出责任的合理匹配。在中央、地方政府间投资事权清晰划分的前提下,合理匹配与之相适应的支出责任。中央承担的投资事权应由中央承担支出责任;地方承担的投资事权应由地方承担支出责任;共同承担的投资事权,应明确各自承担的支出责任比例。对于中央应负责的事权下沉至地方承担的部分,中央应负担相应的支出责任。为实现基本公共服务均等化、区域经济协调、城乡统筹发展、产业升级优化、技术创新等国家性战略及宏观调控目标时,中央应充分考虑各地实际情况,通过专项补助等形式对地方承担相应支出责任予以支持。

四是着力解决事权和支出责任下沉问题。针对实践中大量出现的“上级政府请客、下级政府买单”的做法,从制度建设上解决事权和支出责任下沉问题。对于上级政府通过行政命令强制下级政府完成投资事权,应在制度上对下级政府的经费使用予以保障,明确规定上级政府应对产生的投资成本作出对等的补偿。尤其注意避免中央政府、省级政府将投资事权和支出责任向下级政府推卸的现象。同时,对于中央政府或省级政府要求地方政府按中央标准或省级标准提供公共产品和服务的情况,也应当要求中央政府或省级政府提供超出标准部分的额外资金补偿。

(二)推动投资财力与投资事权相匹配

推动投资财力与投资事权相匹配,重点是解决地方政府“无米下锅”的困境,使地方政府能够有足够的财力支撑相应的投资决策,实现立项与资金管理的匹配。推动政府间投资财力与投资事权相匹配主要有两个途径:一是调整事权范围,即在收入分配格局确定的情况下,调整地方投资事权。上文已经讨论了适当上收事权,让中央政府承担更多公共产品和服务的投资职责。二是调整收入。即在中央、地方政府间投资事权划分清晰、地方政府投资事权范围稳定的前提下，中央通过对地方本级财政收入分配的调节（如税收调节）和收入再分配的调节（如转移支付调节）等方式实现地方政府财力与财权的匹配。

1. 完善地方税收体系

政府投资决策过程中有两个问题非常核心，一是项目的筛选，即选择具体项目作为建设项目；二是项目的资金分配，即选择恰当的项目，还需要就项目的建设内容匹配足够的资金。因此，能否立项、政府的财力状况是决策中需要考虑的关键因素。投资财力和投资事权相背离的情况，在地方政府层面较为普遍。尽可能缓解地方财政困难，赋予地方政府更大的实际投资能力，有助于推动投资决策的科学化。增加地方政府财政收入，在制度层面解决投资事权和投资财权、投资财力匹配的问题，需要进一步完善地方税收体系。目前，我国税制有 20 多个税种，在税种选择权、税率调整权、收费权等方面的划分，均属于财权制度层面的配置问题。从总体上看，中央应统率履行宏观调控职能、维护市场稳定及贯彻产业政策的功能性税种。地方政府为提供区域性公共产品和服务，履行辖区投资功能，应掌握流动性弱、具有信息优势和征管优势的税种。

具体说来，可以从两个方面推动地方税收体系的完善。一是赋予地方一定的税收立法权。在保证中央宏观调控能力的前提下，中央集中中央税、中央与地方共享税、普遍性地方税的立法权，适当赋予地方政府具有地方特色的地方税立法权，并严格限制为省级地方人大及其常委会掌握。二是选择和培育地方主体税种。根据不同税种对不同地方财政收入的影响因素，因地制宜、因时制宜地设计地方主体税种。例如，在东部经济发达地区，可考虑在地方主体税种中引入房产税，而在西部经济较落后地区，可充分挖掘丰富的自然资源优势，在地方主体税种中引入资源税，由此扩展地方财政优势。①

2. 完善财政转移支付制度

财政转移支付制度，是对中央、地方政府间投资事权与支出责任不匹配、投资事权与投资财力非均衡的平衡调剂制度，是各级政府间财力再次分配的重要方式。通过中央政府向地方政府纵向财政转移，一定程度上缓解地方政府投资财力局促的情

---

① 参见廖明月：《全面“营改增”背景下差异性地方税体系的构建》，载《现代经济探讨》2017 年第 1 期。

况,也通过专项财政转移等方式强化中央政府对宏观经济的调控能力,保持投资决策的整体效益、规模和方向。针对实践中存在的一些问题,应当从以下几个方面进一步规范财政转移支付制度。

一是优化转移支付结构。首先,以一般性转移支付为主,扩大一般性转移支付的规模。财政一般性转移支付应重点向西部经济欠发达地区及基层政府倾斜,保障当地政府拥有足够的财力以履行投资事权和承担支出责任,提供辖区域内基本公共产品和服务。其次,简化转移支付结构,推动政府间基本公共服务均等化,增强地方政府对转移支付资金的自主支配能力。允许地方政府根据地方经济发展实际情况自主安排和使用一般性转移支付资金,不要求地方政府予以资金配套,不限定资金的具体用途。最后,严格控制专项转移支付标准,适度减少专项转移支付项目,降低专项转移支付规模。对于地方政府应当承担的投资事权和支出责任,上级政府不再通过专项转移支付的方式予以支持。

二是明确转移支付分配标准。确定科学的转移支付标准,是改革现行转移支付制度的关键。充分吸纳"因素法"的优点,以客观因素作为选取的因素,如人口数量、人口密度、城市化程度、GDP 总量、人均 GDP 等因素,实现转移支付资金拨付的公式化分配。用"因素法"替代"基数法",更加科学客观地反映各地财政收入状态、实际财力和支出需要。增强政府间转移支付的科学性,提高可预见性,推动财政转移支付行为更加透明和公正,达到既能推动地方政府间财力的均衡和公共服务均等化的目标,又能避免地方政府对中央财政转移支付的过度依赖。①

三是完善转移支付法律体系。制定和完善用以调整和规范财政转移关系的专门法律,明确财政转移支付制度的基本目标、基本原则、拨付及调整标准、拨付程序、法律责任及监督等重要内容。通过设定客观科学的评价指标体系,尽可能减少人为因素的不合理影响,将财政转移支付过程纳入法治化轨道。建议在财政部设立专门机构负责转移支付工作,同时,在人大财经委中设立专门机构审查和监督财政转移支付工作。②

3. 促进省(自治区、直辖市)以下投资财权与投资事权匹配

省级政府要对本省(自治区、直辖市)辖区范围内横向的各地市县政府和纵向的

---

① 参见李楠楠:《从权责背离到权责一致:事权与支出责任划分的法治路径》,载《哈尔滨工业大学学报(社会科学版)》2018 年第 5 期。

② 参见宋槿篱、李玮:《对我国财政转移支付立法的几点建议》,载《法学杂志》2005 年第 3 期。

各级政府之间的财力平衡负责，着眼于全省范围内横向、纵向实现财力与事权相匹配，着实缓解下级政府，尤其是基层政府的财力困难。[①] 一是进一步下放部分财权。目前的分税制财政管理体制并没有为地方政府提供独立的骨干税种，以支撑本级财权，应进一步下放财权，省级政府可以不参与其他小税种的分成，建立真正意义上的分税制，提高县本级财政保障能力。二是强化省级政府基本公共服务均等化责任。采取因素法、系数法，综合考虑地域面积、户籍常住人口数量、农业转移人口市民数量、整体 GDP、人均 GDP、人均可用财力等参数，加大对辖区内贫困地区转移支付力度，努力缩小地区间财力差异。三是明确各级政府分担投资资金的比例。按照现行法律法规，省、市、县支出责任内容基本相同，但实际操作层面，应各有侧重，按照“谁决策，谁出钱”，让事权和支出责任相匹配。

（三）完善中央、地方政府投资事权法律体系

建立和完善中央、地方政府间投资事权法律体系，是提升政府现代化治理水平、推动政府管理由行政主导向法治主导转变的重要前提，也是合理划分政府间投资事权的基础。

一是加快制定“财政基本法”。“财政基本法”是指规定财税法的基本制度，包括指导整个财税活动的基本准则、规范和程序，能够全方位地指导财政收支活动、财政监管活动等各个环节的法律。需要特别说明的是，这里的“基本法”不同于“香港特别行政区基本法”等意义上的“基本法”，是一种学理上的描述和概括，不是实在法层面的具体名称；这里的“基本法”主要是强调其法律规范内容的基本性以及在政府财税法律体系地位中的基本性。“财政基本法”中，可以通过系统整理中央、地方政府间财政关系，进一步细化和明确中央、地方政府间事权与财权的划分规定。[②]

二是尽快制定“财政收支划分法”。目前，我国用以调整政府间财政收支关系的形式多为行政规章、规范性文件，立法位阶较低，在执行过程中，政策随意性较大，不确定性因素较多。在财政利益的分配上，中央政府享有绝对优势，但是，在财政利益的分配标准和分配程序等方面又缺乏相应的制度依据。这种情况下，地方政府的财政自主权受到相当程度的限制，其财力无法保障有效公共产品和服务的供给。为了摆脱投资财力不足的困境，地方政府的非规范性财政行为愈演愈烈，如通过地方融

① 参见刘尚希：《未来应建立财力和事权相匹配的财政体制》，载《21 世纪经济报道》2012 年 10 月 9 日，第 5 版。

② 参见刘剑文：《理财治国视阈下财税改革的法治路径》，载《现代法学》2015 年第 3 期。

资平台间接举债,推高地方政府负债率,形成潜在的系统性金融和财政风险。这已成为中国财政领域的一大顽疾。因此,在通过制定"财政基本法"的基础上,有必要将各级政府间事权和财权的规定作进一步细化和明确,通过"财政收支划分法"等具体明确各级政府的财政收入范围和支出责任。

二、横向权力分配制度的完善

(一)规范投资发展规划体系

1. 明晰不同类型规划的定位和功能

层次清晰、方向明确、内容科学的发展规划体系,是政府投资作出高质量决策的前提。我国目前的规划类型较多、数量庞大,且编制主体多头并进,各类各级规划的定位、功能尚待进一步厘清,相互之间的衔接需要进一步加强。针对这些问题,应当突出国民经济和社会发展总体规划的龙头地位,同时,加强主体功能区规划在国土空间规划领域的总控性定位。一方面,突出国民经济和社会发展总体规划的龙头地位是将各级各类主体功能区规划、区域规划、专项规划、年度计划及具体的改革方案和政策纳入总体规划的统筹之下,体现和落实总体规划战略性、纲领性的目标,避免相互冲突。另一方面,加强主体功能区规划在国土空间规划领域的总控性定位是强化主体功能区规划在国土空间开发和布局上的战略性、基础性地位,统率空间类专项规划、区域规划、土地利用总体规划、城乡规划的编制,避免相互之间的重叠和冲突。同级的其他规划是国民经济和社会发展总体规划和主体功能区规划的细化和延伸。

2. 落实规划实施机制

规划应当落地,成为政府投资决策中的重要指导;规划出决策,而不是"墙上挂挂"。在规划执行的过程中,一方面,要完善监督管理制度。明确编制机关的责任,及时制定、分解、落实政府的职责和公众任务。建立科学合理的考核指标体系,确保政府在制定政策、审批项目、配置资金的过程中,不得违反各类规划的约束性规定。另一方面,要保持规划的动态适应性。完善规划评估总结机制,因时制宜、因地制宜,明确规划中期评估、修订、总结及规划后期的评价等程序,及时根据客观形势的变化动态调整发展规划内容,推动规划更加合理化,进而推动决策的动态科学化。

3. 完善发展规划与年度计划的衔接制度

在发展规划与年度计划衔接过程中,注重完善发展规划在年度目标中的量化和实化。在年度计划的落实中，以发展规划为依据，编制可测量、可分解、可落实的目标，并推动这些目标一一落地。通过两者间的有效衔接，对政府投资所需的各种要素进行有效的配置，提高供给的质量和效益，释放制度红利，确保相关决策的合理性和科学性，从而保持重大经济政策和重大建设项目之间的连续性，落实国家宏观经济调控目标，完成发展规划和年度计划的任务，从而保证规划期内经济社会发展总体目标的实现。

（二）合理划分各级政府的投资决策权限

1. 上收部分投资决策权

一方面，提高较高层级规划的权威性和严肃性。涉及对国民经济和社会发展有重大影响的、决定政府投资总体方向和整体投资规模的政府投资中长期总体规划、专项规划，应由国家投资主管部门会同财政管理部门、行业主管部门共同研究提出，报国务院审核后提请全国人民代表大会审批。可考虑设立部际经济协调委员会及中央地方统一意见联席会，对政府投资重大项目进行审核，再报人大。另一方面，提高对经济和社会发展影响特别重大项目及国家产业政策禁止类投资项目决策的权威性和严肃性。这类政府投资项目审批权目前由国务院和国家投资主管部门行使，可以探索逐步上收到全国人民代表大会，由全国人大及其常委会行使。地方政府项目可以参照上述办法执行。

2. 赋予省级地方政府更大的政府投资决策权

省级政府掌握的信息更加完整、更加贴近实际，所以，应赋予省级政府更大的政府投资决策权。对于相当部分的中央政府预算拨款和国债资金，应按照基本公共服务均等化的要求，切块到省级政府，由省级投资主管部门、省级人大决定投资的具体去向。这种做法有利于避免较低层级的投资，如县级的法院、检察院、派出所的投资，也由中央部委审批带来的弊端，同时，也有利于省级政府根据本区域经济社会发展的现实需要，决定优先资助和扶持的方向及对象，从而提高政府投资的有效性和准确性，也减少上下沟通跑项目带来的中间损耗和资金浪费。

3. 合理划分各级政府的项目审批权

可按照投资资金来源和国家产业政策，合理划分国务院、国家投资主管部门、国家相关业务主管部门及地方政府之间的审批决策权限。对需要国家投资或者即使不需要国家投资但属于国家产业政策限制发展的限制类投资项目，由国家投资主管部门审批决策，重大项目由国家投资主管部门审核后报国务院审批；对不需要国家投资并属于国家产业政策鼓励发展的政府投资项目,则由地方政府自行审批决策。调整原有主要依据投资规模限额划分项目审批权的模式,通盘考虑投资来源和产业政策,可以有效矫正原有模式的弊端,更具可操作性,同时,也有利于通过具体项目决策落实国家产业政策和宏观调控要求。

(三)建立资金集中分配制度

我国中央政府的投资资金分配和使用分散在众多管理部门,即便在综合管理部门的国家发改委和财政部,内部各司局之间也有自己的势力范围,相互之间难以形成有效合力,容易造成部门间的相互扯皮的情况,有限的财政资金难以发挥综合效益。各级地方政府的情况与中央政府类似。因此,需要建立资金集中分配制度。

首先,应将目前分散于国家发改委、财政部及各行业主管部门分别管理和分配使用的财政性资金,包括一般公共预算内资金、政府性基金、国有资本主权外债、专项建设资金,以及其他用于经济建设活动的政府财政性基金,集中由国家投资主管部门统一管理,按照政府投资计划确定的投向,集中进行资金分配决策和统筹使用。

其次,要逐步改变传统经济时期分配国家预算内资金的做法,以均等化、统筹协调和可持续发展为原则,根据各公共部门的发展现状、趋势、目标等方面的内容,按照经济和社会发展紧迫及急需程度对公共投资项目排序和汇总,确定当年最需要投资的公共领域和项目及地区配置的先后顺序。

最后,应允许地方政府根据实际需要和轻重缓急,将本级财政资金及上级转移支付资金打捆使用,用于项目的整体推进和综合效益提高。

三、重大政府投资集体决策制度的完善

重大政府投资及决定制度,是政府投资决策中的一项重要制度,也是具有我国特色的一项重要制度。发展和完善这一制度,能够充分发挥集体讨论、集体审议、集体决策的优势,有效地平衡和制约行政首长负责制,落实民主集中制。这一制度可以从以下几个方面进行完善:

(一)优化集体决策制度的启动机制

1.明确重大政府投资的标准

重大政府投资一般涉及重大公共利益、公众权益和公民权利,往往会对全国或区域的经济、社会、环境重大影响。对何谓“重大政府投资”需要明确化、具体化。重

大政府投资落脚到“重大建设项目”上，但是，目前学术界和实务界均未对重大建设项目作出明确的概念界定。在政策执行过程中，经过多方面的征询意见，各地区和各部门普遍认为，不宜单纯地采用固定投资额等指标进行量化，而应当根据分属不同行业、不同类别的项目实际情况，从经济发展、民生改善、整体效益等多方面衡量，再由各省级政府、国务院有关部门根据宏观调控目标、区域及行业特点、年度工作重点进一步明确相应地区和相应领域的重大建设项目范围。[①] 重大政府投资项目认定标准应当从投资资金体量、综合效益评价、风险评估等多个方面结合年度投资计划进行细化，分层分级确定相应的决策范围、参与人数、决策程序，对于明确界定为重大政府投资项目的，应当严格执行《重大行政决策程序暂行条例》。要杜绝某些领导利用手中职权，将政府投资项目的决策权作为自留地，将重大政府投资项目分解为多个普通项目，绕开集体决策制度。同时，也要杜绝某些领导为了规避个人决策责任，将不需要提交集体决定的项目整合打包披上“集体通过”的合法外套，增加决策成本，模糊相关责任。

2. 完善集体决策制度启动的前置程序

重大政府投资项目，应当通过严谨的调查研究、广泛的征求意见、审慎的咨询论证等前置程序，在条件较为完善、具备相应条件、获得各方认可的基础上提起集体讨论、集体审议和集体决定。这包括两个方面的内容：一是集体决策制度启动的外部基础，即公众对项目的接受度和认可度。承办部门应当通过书面征询意见、举办座谈会、召开听证会、组织专家论证会等多种形式，广泛、深入地听取公众意见，对公众有争议、存疑或不理解的部分给予及时的回应和解释，避免一些重大项目因当地群众不了解、不理解、不支持而引发群众性事件，导致项目无法落地或落地后无法进行的情况。二是集体决策制度启动的内部基础，即政府相关管理部门对投资项目的认可度。重大投资项目的立项和实施方案往往涉及多个部门，需要各个环节层层审核，通力合作、形成共识。因此，承办部门应该在提出审议之前就相关项目广泛征求相关部门的意见。需要指出的是，不论外部基础还是内部基础，如果是存在较大分歧又必须提请集体决定的投资事宜，承办部门都应当将各方意见整理成文，完整、真实、全面地展现在与会人员面前，以便各方充分表达意见，争议点能够得到充分的解

① 参见《国家发展改革委有关负责人就推进重大建设项目批准和实施领域政府信息公开答记者问》，载国务院官网，http://www.gov.cn/xinwen/2017-12/27/content_5250743.htm。

释、认识、辨析,进而形成科学、民主的共识。

(二)完善集体决策制度的程序规则

1. 决策前程序规则的完善

针对不同的决定议程,需要召开的会议类型、会议议题、会议范围均不同。重大政府投资的集体决定,需要通过较高规格的会议予以确定,一般来说,需要提交政府全体会议、政府常务会议、政府行政办公会讨论通过。参与人员除了行政首长、主管领导、分管领导,还应包括相关部门负责人,对专业性和技术性较强的决策事项,决策承办单位应当组织专家、专业咨询机构参与论证,提供必要支撑和保障。在参会人数方面,也应达到一定比例,至少有半数以上应出席人员实际出席,必要时,可以规定2/3以上的应出席人员实际出席。当与会人员出席数达不到规定的,应当暂缓审议决策事项。

2. 决策中程序规则的完善

投资主管部门应当严格遵守《重大行政决策程序暂行条例》的要求,对待议事项进行深入调研、全面摸底、充分协商,在此基础上拟定决策草案。提交决策草案前,投资主管部门应当充分听取公众意见、吸收专家意见,全面梳理与决策事项相关的法律、法规、规章和政策,确保决策草案的合法性,同时,对风险进行充分评估。当分歧较大时,投资主管部门应提出两个或两个以上的决策草案,完整、全面、真实地向与会人员展示决策的争议点,说明各方面意见,并提出主管部门的意见、理由和依据。会上,应营造宽松、民主的氛围让与会人员应充分发表意见,行政首长应当在听取集体意见的基础上作出决策。当行政首长决策与多数意见不一致时,应当作出专门的说明,并如实记录,尽可能地避免决策权的滥用和决策的恣意。

3. 决策后程序规则的完善

重大政府投资集体决定披露前,应严格按照《中国共产党重大事项请示报告条例》《重大行政决策程序暂行条例》等要求向同级党委报告,需要提请同级人大及其常委会报告的,应按要求报告,同时,接受上级行政机关的监督。决定作出后,投资主管部门应通过本级人民政府公报、政府网站、期刊报纸等多种渠道及时向公众披露,必要的时候,还需要通过新闻发布会、对话访谈等形式进行公开宣讲。需要说明的是,投资主管部门应就决策过程中,公众普遍关心的问题或专业性较强的问题重点说明如何吸纳公众意见、专家及专业咨询机构论证意见的,这也是政府投资决策中民主化要求的重要内容。投资主管部门应建立重大政府投资决策过程记录和材料归档制度。

(三)健全集体决策制度的问责机制

1. 保障决策的权威性

重大政府投资事项按法定程序进行决策并颁布后,应当充分保障其权威性和严肃性,不得随意改变。通过建立和完善重大政府投资集体决策制度的反馈机制、决策后评估机制,规定依法作出的重大投资决定未经法定程序不得随意变更或终止,需要相关调整的时候,也需要严格履行法定程序,一旦违反相关规定,应当严肃问责。这样有助于维护决策的权威性,避免出现项目执行过程中“新官不理旧账”“朝令夕改”的情况。

2. 完善终身问责制和责任倒查机制

应完善重大行政决策终身责任追求制度及责任倒查机制的建设,增强“有权必有责、有责要担当、失责必追究”的意识,遏制部分官员急功近利、推卸责任等现象,即使退休、调动、辞职,也要进行责任倒查。在执行集体决策制度的同时,强化行政首长负责制,强调领导决策的担当意识、责任意识,避免通过披上“集体决策”的外衣规避个人责任。

此外,还应当把握责任追究的“度”。所谓过犹不及,避免因过度强化程序性追责导致相关部门将大量精力用于程序性资料的准备中。在问责中,应综合评估,根据不同的情况、不同的职权范围形成科学合理的问责,起到“问责一个,警醒一片”的效果。问责机制的核心是强化责任意识,其出发点是提高决策的科学性和民主性,最终落脚点是推动工作的真抓实干。

第五章　政府投资决策参与法律制度

政府投资决策参与法律制度构筑了社会主体对其需求和意志予以表达的制度渠道，主要由以专家及咨询机构为主体的专业化参与制度、以普通公众为主体的民主化参与制度和以地方融资平台为主体的市场化参与制度组成。本章重点论述我国现行政府投资参与法律制度的现状及不足，借鉴实践经验，尝试提出相关具体制度的完善建议，包括专家及咨询机构参与制度、投资决策信息公开制度、投资决策听证制度、地方政府债务及融资平台规制等内容。

第一节　政府投资决策参与法律制度的现状

“参与”是一种理念，逐步发展形成一种思想体系；也是一种手段和方法，如参与规划、参与讨论等。政府投资决策中的“参与”既是一种贯穿于决策中的理念，也是决策具体操作中的方法和手段。尽管政府投资决策参与主体众多，不同主体在决策过程中扮演不同角色，有着不同的利益诉求，但是，其本质上都是对核心决策权的一种分离，增加了影响决策过程和结果的博弈因素。基于参与主体的多元化，本章以各参与主体的功能性导向为基础，作了如下划分。

一、专家参与制度：专家及咨询机构的参与

（一）专家及咨询机构参与政府投资决策的现状

政府投资决策过程中，专家及咨询机构是重要的参与主体，在保持中立身份的同时，以专业知识和技术为支撑向政府投资决策提供咨询、论证和其他知识支持，专业性和独立性是其主要特征。

1. 决策观念的调整：科学和理性的强化

专家及咨询机构是公众参与的一种特殊情况，以其超然的第三者地位和较强的专业知识能力对行政决策形成牵制，抑制行政自由裁量权的过度发挥，“克服利害关系人参与可能会出现的‘利益牵引’或‘出卖公益’等问题”。[①] 随着政府投资决策中，对平衡“理性”与“正当性”的要求愈来愈高，专家及咨询机构的参与愈加重要。在决策过程中，更加重视技术支撑和专业知识支撑，而在传统的程序设计中往往无法体现这样的诉求。将专家和咨询机构纳入政府投资决策过程，充分发挥“智囊团”“思想库”“外脑”的作用，可以有效地推动决策的科学化。

因此，在政府投资决策过程中，专家及咨询机构的参与制度是“专家理性模式”在决策领域的延伸和强化。“专家理性模式”最初是指韦伯的科层制理论，即科层制内的行政官员在专业化训练背景下兼具专业性和行政性，这种知识具有“目标—工具理性”的价值取向。不过在长期的行政工作中，他们可能丧失“独立性”，作出更有利于本部门的决策，同时，在一些高难度技术决策领域中，也容易囿于自身知识局限难以作出权威性判断，从而影响“专家理性模式”的效果。因而，需要建立更加中立和理性的专家及专业咨询机构。建立专家及咨询机构参与机制十分必要且各方面期待非常高，希望通过专家及咨询机构的有效参与，推动政府投资决策的科学化和民主化，同时，推动政府职能积极转变。

2014 年，党的十八届四中全会明确规定专家论证为重大行政决策的法定程序。与之相应，各地方政府相继出台的地方性法规中将专家参与重大行政决策论证明确为法定程序。在政府投资决策过程中，专家参与是决策程序中必要环节，立项申请资料中必须包含通过专家及专业咨询机构论证的可行性研究报告。根据《重大行政决策程序暂行条例》的要求，涉及重大政府投资项目的决策，必须经过专家论证环

---

① 张昭：《政府投资项目决策中公众参与问题研究》，载《中国经贸导刊》2016 年第 9 期。

节，在选择专家及专业咨询机构方面，还应保持其专业性、代表性和中立性，不得与决策事项有直接利害关系。在实践中，专家及咨询机构参与政府投资决策的方式主要是通过对项目的可行性论证、环境评估、风险评估、绩效评估以及其他的专项论证等提供专业性意见和建议，其形式有举办专家座谈会、论证会，成立专家咨询委员会或针对特定问题的研究课题组等。

2. 专家及咨询机构参与的实践意义

从实践情况看，政府投资越重视项目前期咨询公众，其决策失误率就越低。在咨询论证过程中，专家及咨询机构在推动政府投资决策科学化、民主化，促进决策的正当性等方面发挥了重要的作用。

一是提升项目的科学性。专家和咨询机构对国家经济政策、宏观调控目标、城乡统筹目标、区域经济平衡目标以及与项目相关的各类信息的掌握和理解的深度和广度都优于普通公众。对政府投资项目可以通过多种科学方法和专业手段进行全方位的论证，如项目所需的资金、技术、人力等生成要素、项目可能产生的社会效益和经济效益、项目可能面临的社会风险等，在此基础上，提出理性、合理的建议，提升项目决策的科学性。

二是扩大决策的民主性。专家及咨询机构的参与，拓宽了政府投资项目决策的主体范围，使政治精英听到更多不同的意见，一定程度影响了决策的方向和结果，某种层面上，也是对政治精英权力的一种约束。例如，在重大政府投资决策过程中，当专家在项目论证上出现有较大分歧的时候，行政首长往往会搁置争议，要求各方面进行新一轮深入调研，在掌握准确情况、各方面充分沟通的基础上再进行集体决议。

三是促进决策的公正性。专家及咨询机构利用其相对独立和超然的地位，提供较为客观和公正的论证和建议，容易对客观问题作出正确的分析和判断，进而平衡和协调决策过程中持有不同意见的决策主体。此外，专家和咨询机构还是公众诉求的一个反映渠道，可以向核心决策者传递公众的声音，最终形成一个为各方面都能接受的决策。以广西国际工程咨询公司为例，根据相关资料显示，1992～1996年，该公司参与评估了262个政府投资项目，其中优化194个项目的建设方案，占总评估咨询项目数74%；评估中，对99个项目核增投资共20.2亿元，对59个项目核减投资共26.9亿元，对7个项目投否决票或缓建间接否决票，在政府投资决策过程中挥了较大作用。①

四是推动决策的平衡性。政府投资项目的选择,尤其是重大项目的选择,往往是各方主体激烈博弈的结果,是政府在平衡各方利益诉求的基础上作出的,需要妥善回应社会公众的合理诉求。在政府投资决策过程中,专家及咨询机构可以借助其超然和独立的地位,在政府、利益集团、公众之间进行沟通和交流,起到平衡和调节的作用。专家是政府在决策过程中的辅助者,也是普通公众的一员,这种双重身份,为政府与公众之间搭建了一座天然的桥梁,可以通过多种渠道向公众传递投资决策的目的。“专家的倡导功能还可以制衡利益集团的过分垄断,使政府决策的内涵不致产生偏失与倾斜,形成权威性价值分配。”②专家及咨询机构的参与,将政府投资决策的“科学性”、“民主性”以及“正当性”有机地结合起来。

近年来,我国在这个方面作了大量的尝试,其中,比较有代表性的如广州公咨委制度的实践和完善(如下文材料所示),在实现重大公共行政决策过程中,尤其是与公众切身利益息息相关的重大政府项目投资决策,推动政府、专家、公众三方的良性沟通,在制度框架下解决争议和冲突,提升了决策的科学化和民主化,扩大了项目的公众接受基础。

广州公咨委制度的实践③

广州在综合治理白云区同德围工程中积累了大量经验,在此基础上产生了广州公咨委。广州公咨委围绕城市建设项目产生的多元化社会矛盾开展了一系列治理活动,在缓解城建项目中的政社矛盾方面取得了显著的成果。根据广州市法制办的统计,广州共成立了5个市级、4个区级、2个街道(社区)级公众意见咨询委员会,分别就重大城建项目、地区综合整治、城市废弃物处理、水环境整治等方面的公共议题进行评议。广州公咨委中形成了委员近200人的规模,其中,影响较大的是5个市级公咨委,即同德围公咨委、城市废弃物处理公咨委、东濠涌公咨委、重大城建项目公咨委及

① 参见韦庆珍:《充分发挥工程咨询在项目决策和建设中的作用》,载《计划与市场探索》1998年第4期。

② 徐文新:《专家、利益集团与公众参与》,载《法律科学》2012年第3期。

③ 广州公咨委:《“草根”发声参与城市管理》,载搜狐网,http://news.sohu.com/20150106/n407563200.shtml。

金沙洲公咨委。[①] 根据广州公咨委的相关制度规定,公咨委人员构成应当按专业人士代表占1/3,利益相关方代表占1/3,市民代表、人大代表和政协委员共占1/3的比例构成。在专业性较强的领域,政府非常重视专家的意见。例如,为了更好地保障公咨委的专业性,在城市废弃物处理公咨委中,有11位专家学者代表;在重大城建项目公咨委中,针对七大专业领域分别招募1名委员。在决策过程中,专家与政府、公众的意见并不总是一致,专家以其"理性化""科学化"对专业领域的知识进行宣讲和说明。这也是专家和公众相互审视、相互说明、相互理解的过程,最终结果是推动了决策的科学化、民主化,提升了决策的公正性。

(二)专家及咨询机构参与政府投资决策的问题

尽管专家及咨询机构在政府投资决策过程中提供了全新的视角,起到了愈加重要的作用,但是,在实践中仍然面临很多问题。由于专家及咨询机构自身专业知识的局限性,以及自身利益与相关集团利益的交叉而丧失独立性,进而引起公信力危机。很多时候,专家及咨询机构成为政府法治建设的"过场秀",成为政府投资决策符合法定程序"背书"的工具。具体来说,在政府投资决策过程中,专家及专业咨询机构参与机制主要表现出以下不足:

第一,专家及咨询机构参与独立性不足。专家及咨询机构参与政府投资决策的方式主要是内部参与和外部参与两种。内部参与的专家和咨询机构是体制的一部分,通常以政府公务员编制或政府机关事业单位编制进行管理,在实践中,往往是领导定下主要思路,提出要求和方向,再由相关部门进行论证。不言自明,内部参与的情况下,专家和咨询机构难免缺乏独立性和公正性。外部参与的专家及咨询机构往往是政府通过签订经济合同聘请的,其实质关系为甲方和乙方。目前,我国投资咨询机构的改革仍需深化,工程咨询等投资咨询机构仍未实现与相应的政府行业管理部门完全脱钩,尚未真正成为独立的市场经营主体。专家及咨询机构提供的可行性研究报告、技术鉴定、专业论证等,有时沦为"定制专家意见",其公允性、独立性不足,某种情况下成为偏袒政府和企业的工具。

---

① 参见谢霞飞:《共治视角下的广州市公众意见咨询委员会——实践、局限及其优化路径》,载《岭南学刊》2018年第6期。

第二,专家及咨询机构参与有时流于形式。政府在选择专家和咨询机构时,一般是在相对固定的范围内找一些与自身立场相近和意见相同的,对相关领域持不同意见的专家及咨询机构往往排除在外。“专家组”的形成也有较大的随意性,一般根据不同项目的要求临时搭台形成。从程序上看,没有执行回避原则,专家及咨询机构全力配合政府完成民主决策程序,为决策正当性“背书”。

第三,专家及咨询机构参与避免垄断性。政府投资项目所需的专家通过专家委员会、专项委托、学术论坛、课题研究等多种方式建立了长期合作关系,形成一定的范围和圈子,彼此依赖、相互支持。由于咨询机制改革的不到位,几个有限的工程咨询机构成为提供咨询服务的主体,如国务院和国家发改委需要决策的重大政府投资项目,在实践中多是以经济合同的形式委托中国国际工程咨询公司提供项目评估咨询和决策服务,市场垄断的情况较为严重。此外,专家和咨询机构往往隶属不同的区域、行业部门,为了维系自身地位,也会排斥其他参与者,这也加深垄断的形成。

第四,专家及咨询机构参与制度有待完善。在专家及咨询机构的遴选制度上,缺乏对参与程度和参与范围的清晰界定,几乎所有的规范性文件都赋予了行政机关不受限制的自由裁量权,各级政府执行时随意性很大,这让专家及咨询机构的独立性无法保证。在专家及咨询机构参与的问责制度设计上,目前基本没有明确的法律要求,无法抑制专家对知识的滥用,也缺乏相应的监督制度,在当前社会利益格局复杂的情况下,极易形成专家被利益集团俘获的情况。在专家及咨询机构参与决策的信息支持制度上,建设较为滞后,可以获取的信息有限,导致专家们对很多事情无法作出正确的判断。

二、民主参与制度:公众的参与

(一)公众参与政府投资决策的现状

随着我国市场经济的快速发展和政治实践的逐步认同,公众参与政府投资决策是现代民主政治的一种要求,也是推动政府决策科学化和合理化的一种诉求。政府投资决策牵扯多方利益,其投资规模、方向、结构关系到国家或地区的宏观经济布局,具有高度的政治敏感性和复杂的专业属性。对公民参与政府投资决策,在专业性要求和民主性要求的平衡上,亦有较大的难度。公众参与的适度性取决于两个方面的因素:一是公众参与政府投资决策的主体范畴,二是公众影响决策的途径或方式。

1. 公众参与的主体

我国大部分行政程序的相关规定并没有把广泛意义上的公众列入主体范畴,在实践中,公众的内涵与外延也是极为复杂的。"如果决策者忽视某个有组织团体的利益而去征询其他更广泛的公众意见,那么,他们就可能冒该团体反对的危险,甚至可能危害到最终决策的执行。但是,如果决策者忽视尚未组织化的其他公众的利益,其面对的决策风险可能会更大。因为,如果到时这些公众最终意识到自己在某项问题上的利益,那么,这项决策的执行就可能会戛然而止。"①过于广泛和复杂的公众构成,可能使决策者陷入两难境地。在政府投资决策过程中,公众参与的主体范围已经从最开始仅限于利益相关人,扩展到"利益集团、研究人员、学者、咨询顾问、媒体、政党和其他与选举有关的角色,以及大批民众"。② 结合我国的实际情况,鉴于上文已对专家及咨询机构这一特殊公众参与群体作了探讨,这里的公众参与主体范围侧重在利益相关的公众和社会团体这两类公众群体。

利益相关的公众,是指因为政府投资项目的落地可能产生实际增益或损益的个人和群体,在现实生活中,更多是指可能产生损益的情况。我国利益相关的公众尚没有形成比较成熟的利益集团。利益相关的公众与政府决策的磋商空间比较有限,尚未形成足以影响政府投资决策、代表某一行业或阶层的固定性组织。行业协会、商会等社团法人是参与公共决策的社会公共组织,是政府和社会的桥梁,参与政府投资决策也是其职责之一。社团法人在我国起步较晚,虽然在环境保护、城市规划、民生慈善等方面有了较大发展,但是仍待进一步培育。

2. 公众参与的方式

当前,公众参与政府投资决策的方式主要有以下几种:

一是公众评论。公众通过书面或口头的方式对行政机关或媒体披露的政府投资待定事项进行评论而表达自身意见。在网络时代,这种形式成本较低,参与的人数众多,表达内容多样化,传播速度快。但是,也存在公众容易被舆论操纵,对需要议政的事项理解流于表面的缺点,其意见往往不具有太大的实际指导意义。同时,这种形式也容易产生政府缺乏回应、回避正面矛盾等问题。公众评论的方式更适合公益性强而专业性较弱的政府投资项目,特别是有重大影响、事关全局的公益性项目,政府相关部门应充分听取公众的意见。

---

① [美]约翰·克莱顿·托马斯:《公共决策中的公民参与》,孙柏瑛译,中国人民大学出版社2005年版,第39页。

② [美]约翰·W.金登:《议程、备选方案与公共政策》,丁煌、方兴译,中国人民大学出版社2004年版,第57页。

二是公开听证。行政机关组织具有代表性的公民参与决策听证会,通过对待政府投资决策事项的陈述、交流、协商、质询、抗辩等方式最终形成统一的结论。听证会的优势在于可以激发各方利益体充分表达自身意愿,揭示利弊得失,形成科学有效的决策。公开听证是一种公众深度参与决策的形式,通过听证会搭建了一个便于决策参与者与决策主导者交流、沟通的平台,有利于公共利益的平衡和表达,有助于决策结果被各方所接受。然而,在实践中也存在行政机关挑选利益一致的公民代表、听证程序不够规范等问题,导致听证会不能真实反映公众的决策偏好,使听证会成为"走过场"的程序。此外,听证会的广泛举办也可能增加行政决策成本和浪费公共资源。因此,公开听证的形式比较适合限定在与公众切身利益紧密相关的、具有较大社会影响的政府投资项目决策领域内。

三是政府咨询。这种方式是指在政府投资项目的前期咨询论证中,政府有关职能部门广泛征询和收集各方意见和建议,包括听取项目所在地的人大政协代表、专家学者、社区代表、居委会代表、居民代表、工青妇委员会代表等各方面关于项目立项、建设、运营的看法。政府咨询一般是采取与相关社会团体代表直接沟通的方式,进而了解社会各类公众对投资项目的意见,有时也通过这些机构和代表向所在地政府部门提交提案的方式参与决策。政府咨询的方式一定程度上增强了各方主体参政议政的能力,但是,政府对参与人员的选择、参与方式和流程的设定、参与结果的把握均有较强的控制力。这种方式也可能导致选择的参与主体范围较小、与政府利益趋于一致,参与的过程不公开、不透明,降低政府咨询的公信度和合理性。因此,政府咨询更适合专业性较强的政府投资项目决策。

四是公众调查。这种方式是指政府对拟建设的投资项目有直接利害关系、地域接近或受项目影响更大范围的公众进行大量的问卷调查和访谈,通过这种方式进一步摸底和了解公众对项目决策的看法、态度及建议,广泛征询公众意见。公众调查的方式可以囊括较多的公众,捕捉较为广泛的民意,但是公众在参与的深度上较欠缺,与政府沟通的互动度也不足,更多的是政府单方面了解情况,至于结果如何、是否采纳,参与公众无从得知。因而,公众调查更适合公益性强、覆盖面广且专业性弱的政府投资项目决策。

此外,由于我国公众参与的机制和途径尚在建设完善阶段,利益相关的公众参与政府决策往往呈现出一种无序甚至是无效的参与。当公众的意见不能得到有效表达、利益不能得到充分体现、政府不能对需求予以充分回应,公众往往会质疑政府在投资决策过程中是否真正考虑公共利益和公众偏好。如果长期得不到有效解决就会通过一些非制度性方式影响政府决策,发展为群体上访、越级上访甚至群体性暴力事件,降低政府的公信力,应通过制度化建设努力疏通和引导。政府投资决策各阶段公民参与环节如表5-1。

表5-1　制度化情形下政府投资决策各阶段公民参与环节①

规划阶段		主要规定
编制阶段	草案编制	编制城乡规划应当广泛征求意见
		组织专家进行技术论证
		城市中各行业及有关单位应提供编制城市规划所需要资料
		原则性地规定规划方案要听取公众意见
		有关部门审查
		采取听证会等形式,听取利益相关者的意见
	草案意见征询	规定了举办论证会、听证会或其他方式征求专家和公众意见
		规定了城乡规划草案予以公告不少于30天
		规定了草案展示的具体时间
		规定草案展示的时间和地点应在本市主要新闻媒体和市人民政府网站上公布
		规定了可以提出意见和建议的形式
		规定了对市民意见的回应机制
确定阶段		确定城市规划委员会
实施阶段	公布	限定了公布的时间
		规定了公布的载体
	实施	定期组织相关部门和专家对规划实施情况进行评估,并采取论证会、听证会或其他方式征求公众意见
	修改	修改申请及拟修改内容向社会公示,听取利害关系人的意见
		规定了举办听证会、论证会、座谈会、公示等多种方式
		规定了公布时间
所有阶段		有权对城乡规划工作提出意见和建议(制定和实施)

① 杨宇:《公共投资建设项目决策中的公共参与机制研究》,载《国家社科基金一般项目文库》2013年。

（二）公众参与政府投资决策存在不足

1. 公众参与决策的能力有待提高

政府投资决策过程是一个高度专业化、综合性的过程，对大多数公众而言，由于自身文化水平、公共议政能力、信息获取能力的限制，无法就项目决策目标、项目本身、决策过程提出建设性的意见。国内缺乏对普通公众参与政府投资项目决策专业性操作能力的培训机构，也缺乏参与相关决策监督的专项资金。这使公众参与的实际效果大打折扣，难以提出具有建设性和可操作性的意见，政府也不敢轻易地吸纳普通公众参与政府投资建设项目决策。大部分公民只有在项目与自身利益密切相关的时候才有参与的意识，而少数公民即使发现项目利益与自身利益相冲突，也不愿选择合法化、规范化、程序化的表达方式。

2. 公众参与法律制度尚不健全

我国现行的法律制度体系中，关于公众参与政府投资决策的法律规范方面几乎是空白的。涉及公众评论、公开听证、专家论证的规定大多散见于各种法律、法规、规章及其他规范性文件中，且多涉及拆迁、用地、环保、规划等方面。① 制度层面对公众参与政府投资决策的设计还停留在概念层面，对公众评论、公开听证等方式的规定非常模糊，缺少对公民参与权利、义务、责任的明确要求，缺少政府对公众回应的具体要求。例如，在公众参与机制的启动环节，公众的权利义务、参与方式、程序性要求以及技术规范等多方面都缺乏明确的规定。又如，公众参与机制的执法和救济方面，对行政相对方行使执法权缺少明确的规定和限制，对公众参与决策权利的损害也缺乏明确的救济渠道。另外，针对哪些类型的政府投资项目需要公众参与以及公众参与介入时机、公众参与方式、公众参与组织与实施程序等具体问题，法律法规都缺少明确的规定且缺少可操作性的措施。正是因为制度建设的欠缺，在政府投资决策环节的公众参与表现出较大的随意性和主观性，公众参与的有效性难以得到保障。

3. 政府投资项目决策信息公开的有效性不足

政府投资项目决策信息公开是公众参与决策的前提和基础，也是公众知情权得以实现的重要方式。近年来，尽管我国政府投资项目决策信息公开程度和法治化水

---

① 在我国的现行法律制度体系中，只有《环境影响评价法》《城乡规划法》《环境影响评价公众参与办法》《环境保护行政许可听证暂行办法》等少数法律法规和部门规章中有关于公众参与政府投资项目决策的相关规定，且多为关联性规定，并无专门说明。

平有了提高,但实践中仍然有一些限制。2008 年 5 月,我国出台了《政府信息公开条例》,原则性地规定了政府公开披露重大投资建设项目的批准和实施情况,国家发展改革委制定的《中央政府投资项目公示试点办法》也仅仅停留在部委内部文件的位阶上。关于政府投资项目决策的依据、程序、内容的规定大多散见于各种法规及规范性文件,缺失系统性、权威性和可操作性,这也决定了信息公开的有限性。这种情况下,公众无法了解和获悉政府投资的具体规模、资金分配等信息,公众参与和监督就难以真正实现。

三、市场参与制度:融资平台的参与

(一)融资平台参与政府投资决策的现状

如前文所述,由于中央—地方政府间投资事权和支出责任划分的模糊,投资事权和投资财权的倒挂,地方政府大多数情况下没有足够的财力可以履行提供公共服务和产品的职责。为此,地方政府创建了一套适合经济发展及城市化需要的融资模式,以地方融资平台为核心进行融资,通过这种方法,拓展了地方财力,支撑了相关投资决策。

所谓融资平台,是指地方政府以土地划拨、优质资产注入、国企股权转让等方式出资设立的政府性投资公司,其资产规模和财务状况达到融资标准,承担部分政府性融资功能。地方融资平台主要是以地方财政对其注资、补贴、偿债基金等方式提供担保的方式,甚至由地方政府提供隐性担保的方式,通过发行企业债券或向银行贷款等方式融入资金,并重点投向城市基础设施、公用事业等公益性或准公益性项目。① 融资平台的载体多是城市建设投资公司、资产投资管理公司、基础设施投资公司等,尽管名称多种多样,却具有共同的特征:一是政府拥有绝对控股权,融资平台的基本职能是融入政府投资项目所需的建设资金;二是融资担保方一般为地方政府,通过地方财政直接或间接地承担债务;三是所筹资金主要用于公共产品和服务的供给,如地方基础设施建设等。② 融资平台是一种特殊的市场化参与主体,在地方政府投资项目筹备资金的过程中起到了非常重要的作用,一定程度上左右和影响了投资决策的结果。

---

① 参见刘立峰:《地方政府融资平台的规范发展与风险控制》,载《宏观经济管理》2013 年第 45 期。
② 参见刘立峰:《政府投资学》,科学出版社 2018 年版,第 187 页。

1. 融资平台产生的现实必然性

其一,城镇化和工业化催生巨大资金缺口。我国正在以每年1%的增幅加速推动城镇化进程,努力形成大中小城市协调发展的格局,带来巨大的基础设施建设需求。同时,国家的产业结构也处于升级换挡时期,推动工业化向后期过渡,促进以劳动密集型为主的产业转型为以科技含量为主的产业,扶持5G、人工智能、工业互联网、物联网等为代表的信息数字化新型基础建设。对地方政府而言,要支撑相应的投资决策,实现本地区的城市化和工业化进程,满足各类基础设施的供给需求,就必须寻找稳定、高效的融资方式,撬动社会资本,填补资金缺口。在这种现实背景下,地方融资平台应运而生,成为支撑地方政府投资的重要力量,影响地方政府投资决策的形成。

其二,财税体制的限制使地方政府财力支撑不足。如前文分析中央—地方政府间关于投资决策权分配部分所论述的那样,我国现行的财税体制对地方政府投资事权、支出责任、投资财权和投资财力的划分不够清晰、匹配不够科学,投资事权和投资财力倒挂现象严重。中央政府或省级政府将过多的支出责任下沉到下级政府,造成地方政府,尤其是基层政府支出责任远远大于其可支配财力,往往无法完成辖区内公共产品和服务的供给。而《预算法》(1994年)明确规定地方政府不得举债,财政不得列赤字;《贷款通则》(1996年)也明确规定地方政府不能作为银行借款人。地方政府无法融资也不能借款,在法律上无法获得相应的融资权限。在这一需求中,地方融资平台成为恰当而及时的选择。

其三,土地制度和土地财政为融资平台提供了资金基础。在我国的土地征用制度中,政府处于独家垄断地位,通过极低的价格获取大量廉价土地资产;而在土地出让制度中,政府同样处于独家垄断地位,通过对城市经营性用地实行整理后招拍挂等方式,不断提高城市土地价格,将级差地租留下。地方政府从土地征收到土地出让,从中获取了大量的土地差价收入,这些收入构成地方财政的主要收入,也成为地方政府投资的主要资金来源。与此同时,土地资产的抵押功能不断增强,成为融资平台融资过程中的重要担保。政府稳定的收益和不断增强的土地资产融资功能,成为融资平台生存和发展的基础,也推动了"政企银合作"模式不断深化。

2. 融资平台的基本融资模式

地方政府开创的以融资平台为核心的融资模式,包括3个重要因素:一是土地财政。地方政府在现行的土地制度下获取大量土地收益,会同财政性资金、国有资产等共同注入地方融资平台，使其成为融资的基础和保障。二是融资平台。融资平台在地方政府以财政预算担保的前提下，代替地方政府行使融资职能，经同级人大同意，向银行申请贷款，承担地方政府投资项目的融资和建设功能。三是银行系统。政策性银行（如国家开发银行等）和商业性银行（如工商银行、建设银行等）在地方政府以预算财政为担保的背书下，向地方政府大额授信，发放打捆贷款，协助地方政府完善信用体系，为融资平台投资项目提供具有资本金性质的软贷款，建立银行与政府、融资平台的深度合作关系。可以说，融资平台的基本融资模式是以“土地财政＋融资平台＋国有商业银行打捆贷款”3个要素组合形成的，其中，融资平台为地方政府和银行搭建了桥梁，推动政府、融资平台、银行形成了深入的合作关系[①]（如图5－1所示）。

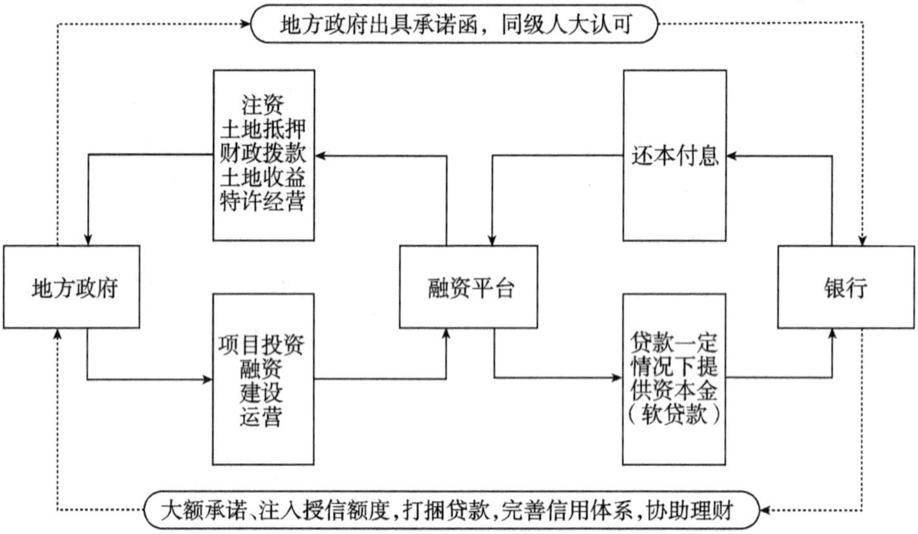

图5－1　地方融资平台基本融资模式

以重庆市为例，为了增强基础设施的建设能力，有效筹集政府投资项目所需资金，支撑政府投资相关决策，成立了八大政府投融资平台（以下简称“八大投”），将政府直接投资转换为政府性投资集团投资，带动社会资本进入，为政府争取了更大的资金量，推动了一批对重庆市有很大影响的项目立项、落地（如表5－2所示）。

① 参见刘立峰：《完善地方政府融资模式的思考》，载《宏观经济管理》2017年第7期。

表 5－2 重庆"八大投"主要建设领域和意义作用

<table>
<tr><th>集团名称</th><th>负责建设领域</th><th>作用</th></tr>
<tr><td>重庆高发司</td><td>高速公路建设</td><td rowspan="8">一是极大减轻了重庆市政府财政支出压力，带动了社会资金，变相增加了财政资金；
二是推动了重庆市基础设施建设，优化了资源配置；
三是成为重庆市政府很好的融资平台，"八大投"发行的企业债券类似于地方政府发市政债券或市政企业债券；
四是调节了社会矛盾，比如投资集团收购烂尾楼进行投入改造带动市场投资等</td></tr>
<tr><td>重庆地产集团</td><td>各种公共设施、文化设施建设</td></tr>
<tr><td>重庆城投公司</td><td>主城路桥建设</td></tr>
<tr><td>重庆开投集团</td><td>全市轨道交通和铁路建设</td></tr>
<tr><td>重庆水务控股</td><td>污水、自来水系统建设</td></tr>
<tr><td>重庆水投集团（后与水务控股整合为水务集团）</td><td>全市农村的水利、水库、水资源的投资建设</td></tr>
<tr><td>重庆高投司（后转变为重庆交旅集团）</td><td>高等级公路建设</td></tr>
<tr><td>重庆建投投资公司（后与燃气集团和煤炭集团整合成为能源投资集团）</td><td>电力、能源基础设施建设</td></tr>
</table>

在重庆市"八大投"融资模式中，重庆市政府推行的土地储备制度起到了很重要的作用。"八大投"被授予土地储备功能，介入土地一级市场，形成了土地储备体系。国有投资公司通过政府赋予的特许经营权对征收后的土地进行平整，形成"熟地"后移交当地土地出让中心挂牌出售，从中获利颇丰，为重庆市政府推动基础设施建设提供了大量资金。重庆市"八大投"融资模式实现了两个循环，即"储地—融资—建设"循环，从储备土地到推动融资再到项目建设，重点是向银行贷款；"储地—整治—出让"，从土地储备到拆迁、开发、平整再到市场出让，重点是偿还银行贷款①（如图 5－2 所示）。当然，重庆"八大投"不单单依靠土地财政注入，②还通过国债③、规费④、存量

① "储地—融资—建设"，立项后先储备土地，以储备地抵押融资，融资到位后再进行项目建设。"储地—整治—出让"，把储备的土地经过规划、整治、开发和基础设施配套后适时分批次出让，用土地增值收益抵扣土地储备成本，并偿还银行贷款。这个过程减轻了集团的资金周转压力，降低了土地储备负债率，弥补了重庆市政府用于基础设施建设等公共财政拨款的缺口。

② 土地财政注入赋予部分投资集团土地储备职能，将土地增值部分作为对投资集团的资本金注入。

③ 国债注入是将分散到区县项目中的国债，按项目性质集中归口注入相应的投资集团，成为投资集团资本金，形成集中信用向银行贷款，突出资金的集聚效应。

④ 规费注入主要包括将路桥费、养路费、部分城维费作为财政专项分别归口注入相应的投资集团。

资产①、税费②等注入,增强企业信用。重庆市地方融资平台代替重庆市政府履行投资建设融资功能,撬动银行、债券、股市、信托、海外等金融市场,引入大量社会资本,放大企业总资本,有力地支撑了重庆市政府对公共产品和服务的供给能力,推动了重庆市基础设施项目的立项和建设。在融资过程中,重庆市政府通过实行"三个平衡"(净资产与负债的平衡③、现金流平衡④、投入与产出平衡⑤)和"三不原则"(财政不直接为投资集团担保⑥、投资集团之间不相互担保⑦、各投资集团的专项资金不交叉使用⑧),防范和降低"八大投"的融资风险。

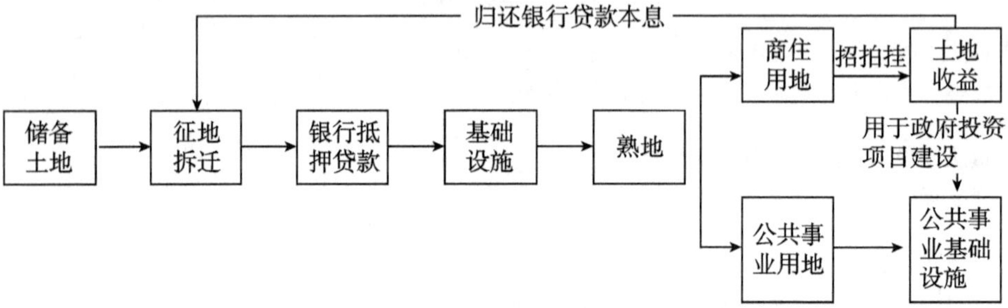

图 5-2 土地财政的循环流程⑨

---

① 存量资产注入将重庆市政府多年来积累的基础设施、公共设施存量资产分别注入相关的投资集团,作为集团资本金。

② 税费注入将集团施工营业税、所得税等税收和一些相关费用返还给相应集团,成为公司集团资本金。

③ 净资产与负债的平衡,是指除在经营中要求集团以现代企业制度为规范,以市场化手段为原则以外,重庆市政府要求投资集团的资产负债率保持在50%~60%,也就是大体上净资产和负债是1:1,保持资本和债务的基本平衡。如果负债率过高,就会有泡沫,就会丧失信用。这是在整体结构上对投资集团稳定健康发展提出的要求。

④ 现金流平衡要求投资集团现金需求和供给的平衡,实现现金流的良性周转,保证企业正常运转。这是在经营过程中对投资集团稳定健康发展提出的要求。

⑤ 投入与产出平衡,是指各投资集团在接受政府部门下达的具体投资建设任务时,也要坚持经济规律、价值规律和市场原则,必须要有相应的资金注入或者通过特定的营利模式回收投资,接受能够胜任的任务,否则,就可能出现巨大的融资困难和信用危机。即使现阶段不能平衡,也要明确今后平衡的方案。

⑥ 财政不直接为八大投融资担保,政府及各有关部门在支持投资集团发展的过程中,政企之间必须保持严格的界限,防止财政债务危机。坚持从根本上增强企业资本实力,提高信用等级,让银行按照市场原则、信贷原则自愿授信。

⑦ "八大投"互相不能担保,避免出现"多米诺骨牌效应"。

⑧ 各投资集团的专项资金不能交叉使用,财政拨付的专项资金虽然放在投资集团,但使用范围受财政掌控,必须专款专用,不准交叉使用、互相挪用。

⑨ 参见刘立峰:《政府投资学》,科学出版社2018年版,第213页。

3. 地方融资平台的实践意义

正是融资平台强大的融资能力,在相当时间内支撑了地方政府的投资事业,在推动城镇化建设、促进产业发展、繁荣社会事业、缩小城乡差距等方面发挥了重要作用。可以说,融资平台一定程度上缓解了地方政府投资财力有限的难题,推动了中央政府和地方政府财政关系的发展;可以说,融资平台的运行情况相当程度上支撑了地方政府投资决策,决定了地方政府投资项目的立项及建设情况。地方融资平台的实践意义分述如下:

一是弥补地方财政缺口,支撑投资决策。通过地方融资平台模式,撬动金融市场,为地方政府筹集巨量资金,有效地弥补了地方财力不足的短板,让地方政府有能力推进和落实投资规划、投资年度计划,并有能力为项目匹配恰当的资金。同时,作为项目建设方,融资平台承担了地方政府绝大多数公益性和准公益性的基础设施投资和建设任务,以项目的建设、运营状况为保障从另一个角度支撑了地方政府投资决策。以天津城投公司为例,仅污水处理一项,该公司通过建设大型污水处理设施就承担了全天津68%的污水处理任务。天津城投公司还承担了天津主要的交通设施建设,如市内地铁建设、津京高铁、津沪高铁等。又如,重庆"八大投"承担了重庆市重大基础设施建设总量的75%,涵盖了市际高速公路、城际轻轨地铁、省际高铁等多方面的建设。①

二是优化要素配置,创新决策思维。融资平台将地方政府拥有的众多要素,如土地、资金等进行整合,通过前文所述的融资模式,实现要素资产化、资产资本化的市场化运作;通过财政杠杆和金融杠杆放大了城市的经济总量,推动了大量基础设施的建设和运营。这种融资模式也体现了地方政府投资决策思维的创新,从依靠预算财政直接投资的单一运作方式转变为通过杠杆作用配置城市要素资源,将公共产品和服务供给的任务交由融资平台管理和运营;通过市场化运作,吸引社会资本,将财政的1元钱放大到50元甚至500元,实现城市要素资源资本化运作。

三是度过经济周期,实现宏观调控目标。在政府投资决策过程中,贯彻和落实中央宏观调控政策,推动经济结构优化、促进产业升级换挡、统筹城乡发展是地方政府应当履行的职责。地方政府通过融资平台以及以融资平台为核心的融资模式,承载了上述要求,保持与中央政府宏观调控目标的一致性,细化和落实了中央政府对

① 参见刘立峰:《政府投资学》,科学出版社2018年版,第199页。

投资方向、投资规模、投资结构等方面的具体要求。这一点尤其体现地方政府在经济危机时期通过融资平台进行反向经济操作,推出大量投资计划,度过经济周期的决策思维上。

(二)地方融资平台参与政府投资决策存在的不足

地方政府融资平台在经济社会的发展中发挥了重要作用,但是,在我国城镇化和工业化进程的高速发展中,其风险也在不断累积,多重隐形担保预期推高了融资平台参与各方的融资冲动,地方政府甚至中央政府因此承担的显性或隐性的债务也不断累积,给政府财政带来巨大压力(如图5-3所示)。如果处理不当,不但影响政府投资的规模、方向及项目建设,还可能引起金融系统性风险及财政系统性风险。概括说来,融资平台的问题主要是以下几个方面:

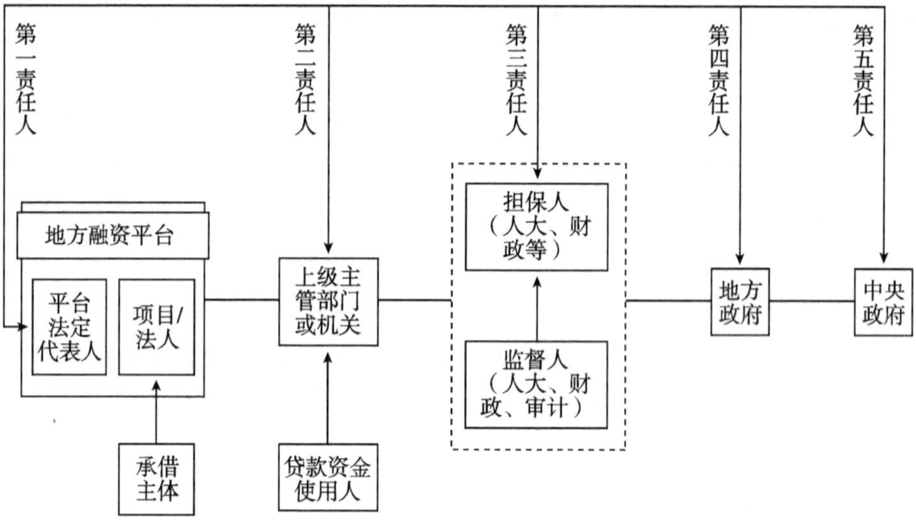

图5-3 地方融资平台的或有债务人

一是公益性职能过多,对土地财政的依赖性大。融资平台承担了大量公益性或准公益性项目的投资责任,如城市交通建设、市政设施建设、城乡水利设施建设、文化教育建设、体育保健建设等,很多项目无法在短期实现盈利,回笼资金,弥补投资成本和亏损。大多数平台公司还没建立完善的还款约束机制和还款保障机制,难以形成平衡的债务融资体系。运作模式上,尚未形成像发达市场经济国家更多依赖可再生财源模式,我国地方政府更多依赖不可再生财源模式,其中,严重依赖一次性的土地出让收入作为还款担保。经过一段时间的高强度投入,回流的现金流很少,融资平台造血功能逐步消失,负债不断累积。

二是行政干预要适度，市场化属性有待加强。融资平台是地方政府以财政资金注入、赋予特许经营权等方式扶持的投资企业，代替地方政府行使融资、筹资功能，其产生与地方政府有着密切的联系。融资平台实质上的决策者和管理者往往是地方政府官员而非公司总经理，融资平台更多是地方政府投资政策的执行者，在决策阶段影响力有限。在很多时候，融资平台多数董事会成员和经理层成员具有行政官员的双重身份，在项目是否立项阶段，贯彻地方政府的行政意图往往压倒企业作为独立法人的市场化收益平衡考量。这种双重角色制约了公司治理结构的完善，也制约了企业长期营利能力。

三是企业过度负债，推高地方财政风险。为了更好支撑地方政府投资决策，实现投资目标，融资平台采用了多种方式举债、多头举债且举债程序不透明。商业银行无法掌握准确的信息，以评估地方政府的偿债能力。同时，地方政府也搞不清为本辖区不同层级的融资平台提供担保的情况及融资平台实际负债的情况，无法确定地区债务总量。再加上《预算法》(2014 年)修订前，地方政府无举债资格，对地方政府间接举债的约束规定更是付之阙如，地方政府为融资提供担保前很少顾及财政债务结构和实际偿还能力，也无法将债务纳入财政年度预算以安排相应偿债资金。一旦进入偿债高峰期且各种债务重叠，很可能引发系统的财政风险和金融风险。

四是融资行为有待规范，运营应加强监管。为落实地方政府投资决策目标，近年来，融资平台采取了许多违规的做法。例如，在监管部门明示不得以 BT 方式举借政府性债务的情况下，在融资额度无法完成投资目标时，融资平台仍然变着方式、绕着弯子采用 BT 模式变相融资以弥补资金缺口。少数地方政府违规向融资公司提供担保，或在融资平台向信托、基金公司等借款时提供担保，为其保驾护航。

第二节　政府投资决策参与法律制度的完善

一、专家及咨询机构参与政府投资决策的制度建议

在推进国家治理体系和治理能力现代化进程中，专家及咨询机构作为政府投资决策的“智库”“思想库”“外脑”得到党和政府的高度重视。习近平总书记将“智库”建设提升到国家战略的高度。党的十八大报告指出，健全决策机制和程序应充分发挥思想库(智库)作用；党的十八届三中全会在《中共中央关于全面深化改革若干重大问题的决定》中明确提出：“加强中国特色新型智库建设，建立健全决策咨询制

度。”中央全面深化改革领导小组通过了《关于加强中国特色新型智库建设的意见》,对“智库”建设提出了总体要求。因而,完善专家及咨询机构参与政府投资决策的制度建设,应在上述理论的指导下进行。

(一)加强专家及咨询机构参与政府投资决策的立法建设

通过立法建立基本制度是专家及咨询机构参与政府投资决策的前提和保障。我国应加快制定相关法律、法规、规章及规范性文件,保障专家及咨询机构的独立性、超然性和知情权,建立和健全有关政府投资决策专家及咨询机构的法律体系。在制度建设中,明确专家咨询权行使的边界和专家及咨询机构选择的标准,将实践中形成的有效路径和方法制度化;健全与专家及咨询机构参与决策密切相关的配套制度,如对话制度、政务公开制度、听证制度、决策论证制度等,使专业化参与机制能够在相关制度支持下良性运行。

(二)加强专家及咨询机构参与政府投资决策的具体制度建设

一是建立专家及咨询机构的遴选机制。由于政府投资项目的复杂性,需要慎重遴选专家及咨询机构,综合考虑其专业性、复合型,实现多学科、多领域筛选,防止认识上的偏颇。二是健全回避机制。建立利益相关方回避或者利益相关方都有代表的机制,并接受公众监督。专家及咨询机构应回避与项目决策有利益相关的咨询工作。与项目有直接利益关系的群体,可通过专家代表提出诉求,利用专业知识的相互制约保持决策结果的平衡。三是健全专家及咨询机构的监督机制。披露咨询过程及相应文书信息,抑制场下交易或利益结盟的情况。咨询中,及时回应和吸收公众诉求。四是健全专家及咨询机构的淘汰机制。对优秀的咨询论证予以奖励和推广,对劣质的咨询方案予以惩罚,从专家库中予以淘汰。五是建立专家及咨询机构的责任追究制度。明晰政府和专家各自的责任,避免专家及咨询机构的“无责论证”和转嫁决策责任,减少咨询的恣意性及机会主义行为。

(三)规范专家及咨询机构参与政府投资决策的程序建设

专家结构的平衡和咨询过程的公开,是专家及咨询机构保持其“中立性”“独立性”的核心机制。保证专家结构平衡性主要是通过遴选程序的公开化实现,通过知识和利益的双重角度设计规则。明确专家论证启动程序、遴选程序、委托程序及责任追究程序。对一般性政府投资项目,行使监督职权的相关部门可选择专家及咨询机构进行论证;对重大政府投资项目,则须由中央政府相关监督部门选择专家及咨询机构。在咨询过程中,及时披露相关信息,如政府投资决策项目涉及的文件、报告、记录、备忘录等，及时公布每个阶段的咨询成果。同时，拓宽政府向专家和咨询机构提供信息的宽度和深度，让整个咨询活动都公开透明。通过程序的公开，抑制政府对专家及咨询机构的牵制力量。在程序设计中，保障专家的话语权，强化决策机构对咨询意见的回应性，限制政府在决策过程中的自由裁量权，避免决策的随意性。

（四）打破专家及咨询机构参与政府投资决策的垄断性

建立专家库抽选机制，避免"专家论证"沦为"小圈子论证"，广泛选取各方面专家，意见相同和意见相左的都应该涵盖。进一步推进咨询机构与政府脱钩，增强咨询机构的独立性，使其成为真正的法人实体和市场竞争主体。加快咨询机构的培育工作，鼓励国内甚至国外的咨询机构参与政府投资项目的咨询评估工作，扩大通过全社会公开招投标方式选择的范围和力度。引入市场竞争机制，促使咨询机构树立市场诚信意识和品牌经营理念，提高项目咨询评估的质量和水平。

（五）构建政府、专家、公众三者间良性互动的机制

在参与决策的过程中，公众始终是专家及咨询机构的"对话者"，也是咨询意见形成的基础，"公众判断"是"专家判断"的重要参照系。当两者冲突的时候，专家应检视自身意见的合理性和公正性，政府也应当作相应的检视。如果上述问题不存在，那么专家有向公众说明自身观点的义务，这一过程也是启发民智的过程，有利于公众知识的扩张和理性的提升。专家、公众、政府之间沟通、反思的过程也是"互动式民主决策"的过程，应构建互动机制，使专家和公众的声音有效融合，形成政府投资决策参与制度的基础。

二、公众参与政府投资决策的制度建议

公众参与政府投资决策相关制度的建设应与我国特有的制度环境和基础相结合，在此之上进行具体的法律制度的设计和完善，以保障决策参与功能的有效发挥。本部分主要就政府回应制度、公开听证制度、信息公开制度以及培育公众参与决策的整体氛围方面提出制度建议。

（一）强化政府回应制度

在我国，公众评论参与方式的形式多样，但是参与的有效性却是不足的。这表现在公众意见是否得到采纳，某种程度取决于社会影响的大小。强化政府回应制度的建设显得尤为重要，应通过制度化建设确保政府通过开放、透明的方式与民众对

话，就政府投资项目在决策过程中公众提出的建议、要求、质疑给予回复和反馈。将政府的回应义务法定化为程序义务，能更好地维护政府的权威、公信力，推动公众参与的积极性，促进政府投资决策更加科学化、民主化、法治化。

（二）健全公开听证制度

目前，关于我国听证制度的相关规定散见在《立法法》《行政处罚法》《行政许可法》《价格法》等法律中，尚未就政府投资决策领域作出专门的规定。公开听证制度建设在法律层面缺乏有力的支撑，需要进一步完善，应当涵盖以下几个方面的内容：一是明确听证参与主体。参与主体应当具有普遍的代表性和代表利益的平衡性，至少包括与项目相关的政府部门代表、参与咨询和论证的专家及咨询机构代表、与项目建设和运营有直接利害关系的个人和组织代表等。二是明确听证适用范围。基于公共资源的稀缺性和听证成本较高的前提，建议将需要启用听证程序的项目界定为重大政府投资项目；“重大”的界定取决于投资的规模、整体效益、社会影响、方向。三是完善听证程序。完善听证的启动程序、听证信息公示程序、听证举证程序、听证笔录管理程序、听证结果使用程序，并规定听证救济程序。建议引入《行政许可法》关于听证“案卷排他性”原则，将听证笔录作为政府投资项目决策的唯一依据。[①]

（三）完善信息公开制度

政府投资决策信息公开，是公众参与决策进而实现监督权的前提和基础，也是公众知情权的重要保障。在尊重政府信息公开法律制度共性的基础上，应结合政府投资决策的特殊性，构建和完善信息公开的具体制度，以“公开为原则，不公开为例外”，确保公众及时、充分、准确地获悉相关信息。一是明确信息公开的范围。除了依法应当保密的信息外，政府应当披露投资决策依据、投资具体内容、决策程序等方面的详尽信息，投资主管部门还应当及时发布中长期整体规划、专项规划以及年度政府投资计划等信息。二是扩大信息公开的渠道。通过政府网站公示，开辟“政府投资”专栏、特定媒体专栏，定期向社会发布相关信息，现场直播听证会过程，允许公民查询记录等，改变目前政府投资决策信息混杂、分散的现状。

（四）培育公众参与决策的整体氛围

培育有利于公众参与政府投资决策的整体氛围，营造宽松和民主的环境，从公众参与意识和政府民主意识两个方面进行。一方面，从公众的角度看，应制定和完

---

① 参见张昭：《政府投资项目决策中公众参与问题研究》，载《中国经贸导刊》2016年第9期。

善相关制度，提高公民的参与意识，保障和鼓励公民积极主动地参与到国家的经济社会建设中，增强其对享有的权利、义务的认知。对此，不仅仅要宣传，更需要经济上的保障以及前期的培训教育。努力促进公众参与的制度化建设，避免因具体项目的落地可能侵害相关群体利益时才萌发参与意识，进而通过非理性、非法治、极端的方式提出反对诉求，加剧与政府的对立，影响社会安定团结。另一方面，从政府的角度看，应着重提高政府官员的民主意识，转变政府职能，回归到有效提供公共产品及服务的初衷上，努力实现其公共性。同时，政府应依法组织公众参与政府投资决策过程，将公众吸纳到制度化参与的轨道上，通过理性、法治的方法引导其参与。

三、融资平台参与政府投资决策的制度建议

如前文所述，我国主要财政支出项目 85% 以上集中在地方政府，①地方政府承担了大部分投资事权和支出责任，但与之匹配的投资财权和财力却不足。这种情况深度影响着地方政府投资计划的制订，左右着相关决策的情况。1994 年的《预算法》第 28 条规定，“地方各级政府预算按量入为出、收支平衡的原则编制，不列赤字。除法律和国务院另有规定外，地方政府不得发行地方政府债券”，致使地方政府缺乏债券融资的渠道和途径。② 为缓解地方政府的财政负担、支撑相关投资决策、履行提供公共产品及服务的职责，融资平台作为权宜之计，通过土地、股权等资产为基础抵押申请贷款或发行债券，从公开资本市场为地方政府筹得大量建设资金。

在发展过程中，无论公司规模、业务构成、隶属关系发生了何种变化，地方融资平台的使命始终与支撑地方政府投融资紧密联系在一起。尽管融资平台采用了多种复杂的现代金融工具进行融资，但是，债务融资始终是其核心。这个过程中，以融资平台为核心的融资模式在筹得大量建设资金的同时，也推高了地方财政显性或隐性的债务危机。《预算法》(2014 年修正)实施后，地方政府只对融资平台在此之前形成的存量债务负有偿还义务，对新增债务则没有偿还义务。对融资平台的规范不仅涉及新旧地方债务的管理，也影响地方政府投资决策和项目资金安排。地方融资平台的制度化建设，是从另一个角度推动政府投资决策的科学化、民主化和法治化。

---

① 参见前文表 4-3 我国主要财政支出项目中央和地方占比情况(2018 年)。

② 参见刘煜辉、沈可挺:《中国地方政府公共资本融资:问题、挑战与对策——基于地方政府融资平台债务状况的分析》,载《金融评论》2011 年第 3 期。

地方融资平台的制度化建设要放到党和国家打造新型投融资模式的要求中来实现，从根本上立足于厘清地方政府、企业实体与金融市场三者间的关系，建立与国家治理体系现代化相适应的新型地方政府投融资体制。融资平台作为独立的企业法人，在政府信用的支撑下，其运作方式不同于一般竞争性国企，一方面要按市场规则开展业务；另一方面又承担为地方政府提供公共产品和服务的融资职能，尤其是满足公益性项目的融资要求。为了平衡公益项目的零回报或低回报不能覆盖项目建设营运成本，地方政府通过土地资产注入、地方财政政策性补贴、经营性资产注入、赋予特许经营权等方式弥补融资平台的收益损失。融资平台的融资债务兼具企业债务和政府债务的双重属性，因此，融资平台的制度化建设取决于两个方面：一是地方政府债务融资制度化建设，二是融资平台的制度化建设。

（一）地方政府债务融资制度化建设

地方政府债务融资的制度化建设重点是保障地方政府投融资的可持续性，推动地方政府规范财源、可再生财源比例的提升；通过深化体制改革，建立规范的地方债务市场，促使地方政府成为合格、负责任的市场参与者；促使地方政府从“经营城市型”投资主体向“服务城市型”投资主体转变。[①] 落实上述目标的根本，在于实现地方政府债务管理法治化、投融资决策民主化以及融资方式的市场化。

一是促进地方政府债务管理的法治化。《预算法》（2014 年修正）赋予了地方政府的举债资格，处于谨慎的立场，举债权下放至省级政府，同时收回融资平台的融资权。《预算法》（2014 年修正）第 35 ~ 94 条明确了举债主体、债务资金用途、举债方式、债务规模、偿债资金、监督机制及法律责任。从债务治理的角度，将地方政府债务纳入法治化的模式。《预算法》（2014 年修正）顺应时代的要求，给地方政府化解债务问题提供了新的路径。然而，仅仅靠《预算法》（2014 年修正）实现对地方政府举债的监管是不够的，需要进一步制定和完善相关的配套法律，一方面，通过制定“地方公债法”对地方政府行使举债权可能涉及的问题进行明确、详细的规定；另一方面，通过深化财税体制改革，制定“政府间财政收支法”“财政转移支付法”等相关法律，进一步理顺中央—地方政府间财政关系，保障地方政府举债行为的良性运行。通过制度治理地方政府债务，改变以往上级政府为了保持稳定所施行的临时性政

① 参见国家发改委投资司、国家发改委投资研究所、国家统计局投资统计司编：《2014 中国投资报告》，经济管理出版社 2014 年版，第 45 ~ 51 页。

策,如要求银行展期、给予资金援助等,维护政府信用。市场经济的核心是法治经济,中央—地方政府的治理结构应当与法治经济相匹配。

二是推动地方政府投融资决策的民主化。地方政府投融资应当按《预算法》(2014 年修正)要求全部纳入预算,决策应当民主化、公开化、透明化以提高决策的科学性。按照《政府投资条例》的要求,政府项目投资计划使用的资金除了"四本预算"中所要求的资金,还应包括地方债务资金。地方政府投资计划和预算,尤其是使用政府债务资金的全部投资项目,都应当处入地方人大的审议、决定和监督之下,全面规范"借—用—还"3 个环节。政府应当调整职能定位,从"经营城市"向"服务城市"转变,建立法治型政府,推动投融资过程的公开,改变过去那种依靠融资平台公司神秘化运作资本的模式。新的地方投融资体制应当使政府投资计划及预算全程处于人大的监督之下,让公众知情,健全举债的事前控制机制、事中监督机制、事后违约机制,遏制地方政府盲目举债、低效花钱、拖欠还款等问题。

三是提高地方政府融资方式的市场化。推动地方政府融资市场化的核心是明确地方政府信用和资本预算管理,建立地方政府资产负债表,充分发挥政府信用优势进行低成本融资。从国际经验看,政府债务融资的基本方式是商业信贷、政策性信贷、发行公债和项目融资,而商业信贷、政策性信贷和发行公债均是以一个地方政府的总体信用为基础进行的。① 地方政府应根据投资项目的性质,引入社会资本,减轻融资压力。对于经营性项目,政府的主要任务在于制定规则、减少干预,以市场为基础进行资源配置,充分发挥企业的自主性,由企业完成项目的筹资和建设,不形成政府债务。对于大部分准经营性项目,政府则通过购买服务或投资补贴的方式推动企业实体完成项目筹资和建设,对必须由政府提供担保的项目融资,只形成或有债务。对于小部分准经营性项目和非经营性项目,政府则应当承担主要责任,通过直接投入或政府融资的方式支持立项和建设。这类项目是形成政府债务的主体。不同的投资策略可以让政府债务清晰化和规范化,降低政府的融资压力。②

(二)融资平台的制度化建设

从 2010 年开始,地方政府融资平台债务管理和不规范运作问题凸显,有关管理部门陆续出台了一系列政策措施进行清理和规范(如表 5-3 所示)。地方政府通过

---

① 参见曹桂全:《地方政府投融资体制现状及改革进路》,载《地方财政研究》2014 年第 7 期。

② 同上。

融资平台变相举债的情况得到有效控制，融资平台的管理逐步走向规范化和科学化。

表 5 -3　地方融资平台的政策调整情况

规范性文件名称	规范性文件要求	目的
2010 年 6 月，国务院出台《国务院关于加强地方政府融资平台公司管理有关问题的通知》	1. 要求地方融资平台公司直接借入、拖欠或因提供担保、回购等信用支持形成的债务纳入债务的清理范围，对其进行一次全面清理，并按照分类管理、区别对待的原则，妥善处理债务偿还和在建项目后续融资问题； 2. 明令禁止只承担公益性项目融资任务并且主要依靠财政资金偿还债务的平台公司今后再承担融资任务，这类公司在履行完偿债责任之后不能再保留融资平台的职能； 3. 严格禁止政府部门以财政收入为信用担保进行融资的行为	针对地方融资平台带来的债务问题，切断新债产生的主要渠道
2010 年 11 月，国家发展和改革委员会出台《国家发展改革委办公厅关于进一步规范地方政府投融资平台公司发行债券行为有关问题的通知》	1. 提出继续支持符合企业债券发行条件的地方融资平台公司发行债券融资，提高直接融资的比例，规范地方投资平台的融资担保行为，确保资产的真实有效； 2. 强化对债券募集资金在使用过程中的监管	进一步规范投融资平台公司的债券融资行为，防范投融资平台公司和地方政府债务风险
2011 年，中国银行业监督管理委员会（以下简称银监会）发出《中国银监会关于切实做好 2011 年地方政府融资平台贷款风险监管工作的通知》	1. 继续按照“逐包打开、逐笔核对、重新评估、整改保全”16 字方针，明确以“降旧控新”为目标，严格加强新增平台贷款管理，严格信贷准入条件； 2. 全面推进存量平台贷款整改，对于到期的融资平台贷款本息，一律不得展期和以各种方式借新还旧； 3. 对融资平台贷款的抵押担保进行整改，各银行应严格执行相关规定，对于地方政府及其部门、机构以直接或间接形式提供的原有担保，应重新落实合法的抵押担保	进一步加强地方政府融资平台贷款风险监管

续表

规范性文件名称	规范性文件要求	目的
2012年年初，银监会发布《中国银监会关于加强2012年地方政府融资平台贷款风险监管的指导意见》	1. 要求2012年各银行业金融机构按照“政策不变、深化整改、审慎退出、重在增信”的总体思路，以降旧控新为重点，继续推进地方政府融资平台贷款风险化解工作； 2. 对仍按平台管理类的新增贷款进行重点监管，对退出类贷款的变动情况进行跟踪监测，以实现全年融资平台贷款“降旧控新”的总体目标； 3. 要求各银行要将从“压缩类”平台中减少的贷款额度用于投向“支持类”平台，以在融资平台贷款总量不增的情况下实现贷款结构调整； 4. 对“降旧”提出了5项具体措施，包括及时收贷、收回再贷、据实定贷、引资还贷和只收不贷等	对地方融资平台及地方政府债务进一步降旧控新
2013年4月，银监会发布《中国银监会关于加强2013年地方政府融资平台贷款风险监管的指导意见》	1. 严格控制平台信贷融资增长。规定融资平台新发放贷款必须满足一系列条件，并规定当年平台贷款余额不增长。 2. 缓释存量风险。通过“及时收贷、收回再贷、据实定贷、引资还贷、只收不贷”等方式，逐步缓释存量平台贷款风险。 3. 隔离风险。针对非信贷融资明显发展的情况，要求各银行和各级监管机构建立包括银行贷款、企业债券、中期票据、短期融资融券、信托计划、理财产品等在内的全口径融资平台负债统计制度，各银行审慎持有融资平台债券。 4. 严格退出条件。融资平台退出需满足一定条件，即属于按照商业化原则运作的企业法人、资产负债率在70%以下、各债权银行对融资平台的风险定性均为全覆盖、存量贷款中需要财政偿还的部分已纳入地方财政预算管理并已落实预算资金来源等	对地方融资平台债务降旧控新的同时加大对其风险隔离的力度

续表

规范性文件名称	规范性文件要求	目的
2014年9月,国务院发布《国务院关于加强地方政府性债务管理的意见》(国发43号文)	1. 提出赋予地方政府依法适度举债权限,明确划清政府与企业界限,政府债务只能通过政府及部门举借,不得通过企事业单位等举借。 2. 地方政府举债采取政府债券方式。没有收益的公益性事业发展确需政府举借一般债务的,由地方政府发行一般债券融资,主要以一般公共预算收入偿还。有一定收益的公益性事业发展确需政府举借专项债务的,由地方政府通过发行专项债券融资,以对应的政府性基金或专项收入偿还。 3. 鼓励社会资本通过特许经营等方式,参与城市基础设施等有一定收益的公益性事业投资和运营。投资者按照市场化原则出资,按约定规则独自或与政府共同成立特别目的公司建设和运营合作项目	切断了地方融资平台变相成为地方政府举债的渠道,明确了地方政府的举债权及债务偿还渠道
2017年5月,财政部等六部委发表《关于进一步规范地方政府举债融资行为的通知》(50号文)	1. 重申加强融资平台公司融资管理,推动平台公司尽快转型为市场化运营的国有企业,依法合规开展市场化融资; 2. 地方政府及其所属部门不得干预平台公司日常运营和市场化融资; 3. 地方政府不得将公益性资产、储备土地注入平台公司,不得承诺将储备土地预期出让收入作为平台公司偿债资金来源; 4. 金融机构为融资平台公司等企业提供融资时,不得要求或接受地方政府及其所属部门以担保函、承诺函、安慰函等任何形式提供担保	基本切断了地方融资平台原有的债务融资途径
2017年6月,财政部发布了《关于坚决制止地方以政府购买服务名义违法违规融资的通知》(87号文)	1. 提出严格按照规定范围实施政府购买服务,严格规范政府购买服务预算管理,严禁利用或虚构政府购买服务合同违法违规融资; 2. 通过“负面清单”的方式、限定了政府购买服务的范围,重点将“工程设施建设”类排除在外,严禁将铁路、公路、机场等基础设施建设,土地前期开发,农田水利等建设工程作为政府购买服务项目	很大程度上切断地方政府通过政府购买服务举债融资的渠道,也对融资平台参与政府公益性建设项目产生了较大影响

从上述政策的调整过程可以看出,剥离地方融资平台为地方政府隐形举债的融资功能,加强债务监管,化解存量、严控新量,推动地方融资平台政企分离,建立规范科学的现代企业管理制度是大势所趋。地方融资平台的制度化建设应处理好“堵”和“疏”的关系,通过完善地方债务风险防范及预警机制、健全融资平台系统性监管机制、深化融资平台市场化改革、加强金融机构资金约束机制,推动融资平台更好地支撑政府投资决策,落实投资计划。笔者认为,至少要做好以下 4 方面:

一是完善地方债务风险防范及预警机制。摸清债务家底,统筹组织地方融资平台的存量债务化解,有步骤、有计划地推进部分存量债务置换、展期、续贷,以时间换空间,平滑债务期限结构。对公益性项目负债,通过纳入地方财政预算、变现资产、出让土地等方式筹集资金化解存量债务。建立地方政府债务信息披露制度,在披露地方政府债务余额的同时披露地方融资平台债务、地方国有企业债务等可能存在的隐形债务,接受公众监督。①

二是健全融资平台系统性监管机制。整合不同部门、不同层级的监管机构,形成系统性的监管体系。进一步强化财政部门的预算管理、发改部门的投资管理以及银监部门的信贷管理,达成统一的监管目标、形成监管合效。建立和完善跨层级的监管机制,尽可能避免仅仅由地方政府负责本级融资平台监管。建立融资平台公司债务以及政府中长期支出事项的监测机制和跨部门债务信息共享机制,实现对融资平台公司债务的常态化监管。

三是深化融资平台市场化改革。融资平台的市场化改革重点是形成自负盈亏、自主经营具有自我造血能力的经济实体。融资平台背靠地方政府,拥有大量城市优质土地资源,应通过对土地资源的优化整合,形成新的业务增长点,提高土地资源的再利用率,将资源转化为经营性资产。融资平台应盘活大量债务形成的资产,提高资产的货币化程度,通过股权多元化、引进社会资本,提升自我造血功能。② 融资平台在未来转型中应当跳出单纯依靠举债融资的窠臼,以市场为基础集聚人才、技术、资金等资源,通过多种方式参与政府投资决策和项目建设,如参与 PPP 模式、参与政府购买服务(非限定部分),发起和管理政府引导基金等,推进自身优质经营性资产

---

① 参见韩文丽、谭明鹏:《监管趋严背景下地方政府融资平台债务现状、评判及对策探析》,载《政策研究》2019 年第 1 期。

② 参见张立承:《地方融资平台债务违约风险:从企业显性到政府隐性》,载《财政监督》2019 年第 13 期。

在资本市场融资,实现持续性盈利模式。①

四是加强金融机构资金约束机制。实行《预算法》(2014 年修正)以来,地方政府债务主要由发行一般债券募集资金形成的一般债务以及发行专项债券募集资金形成的专项债务两个部分形成。近年来,地方专项债务上升较快。地方融资平台是承建专项项目建设的重要载体,可能就项目进行再融资,始终在地方政府投资再融资的链条上。由于专项债券的投向主要集中在扶贫攻坚、基础建设、市政卫生、农林水利等重大公益性项目建设方面,债务清偿具有较长周期和较多不确定因素。因此,更要强化公益性建设项目的资金约束力度,强化财政承受能力评估、项目全周期管理、全过程衔接动态平衡。金融机构应对融资平台项目再融资严格评估其财务能力及还款来源,避免交叉型金融风险。

① 参见刘立峰:《政府投资学》,科学出版社 2018 年版,第 203 ~ 204 页。

第六章　政府投资决策监督法律制度

政府投资涉及资金体量大,关系国计民生的方方面面;投资范围广、周期性长,涵盖内容丰富,政府采用的调控手段也多种多样。因此,政府投资的监督要充分调动行政机关内部力量、立法机关和国家监察机关外部力量以及公众、传媒等社会力量进行全方位的监督。通过行政监督,推动决策机关自我约束;通过人大和国监委监督,加强反腐倡廉;通过公众参与社会监督,推动权力行使的公开公正。建立和完善政府投资监督法律制度体系,形成有效的问责机制,实现监督“有法可依”“执法必严”“违法必究”。

第一节　政府投资决策监督法律制度的现状

在对权力的监督方面,世界各国经过了漫长的尝试和探索,形成了丰富的理论和实践,如以权利制约权力、以法律控制权力、以民主监督权力等监督模式。在梳理我国当前政府投资决策监督现状的基础上,本书将其归结为 3 种模式:行政监督、权力监督和社会监督。

一、政府投资决策监督法律制度的现状

(一)行政监督

当前,我国政府投资的行政监督侧重于自我约束,主要是以投资主管部门、财政部门、审计部门、行业主管部门的监督为主。政府投资主管部门侧重于对投资活动进行监督,财政部门侧重于对投资资金的使用情况进行监督,审计部门侧重于对投资项目的预算执行情况及决算进行监督,行业主管部门侧重于对业务主管范围内的投资情况进行监督。这种行政监督机制主要是发挥政府各职能部门的业务优势,利用对本部门投资活动情况比较熟悉的优势进行相应的监督工作。

1. 投资主管部门的监督

政府投资主管部门的监督,主要是指发展改革部门依据现行法律法规及相关制度,履行对政府投资监督职责,包括对政府投资项目的申报、审批、项目预算与资金拨付、工程建设、验收、运行维护全过程展开监督工作。

投资主管部门在决策阶段的监督,主要体现在对项目审批制度和重大项目稽察制度的执行监督上。政府投资项目审批制度包括对项目建议书、项目可行性论证、初步设计、竣工验收等各环节的把控,要求每个阶段都有相应资质的咨询机构和设计部门按照国家规定的要求及内容进行编制,力争做到在项目前期阶段就对建设内容、规模、标准、投资等作出相对准确的测算,一旦审定,不能擅自突破。对特殊原因需要调整的情况,必须按法定程序审查批准方可实施。2000 年,国家发改委出台了《国家重大建设项目稽察办法》,建立了政府投资重大项目稽察制度,成立重大项目稽察办公室,派出稽察特派员监督重大项目投资决定是否符合法律、法规及规章制度要求,其权力的行使是否符合权限、程序要求,稽察财政性建设资金的使用情况,监督项目建设和管理的情况等。

2. 财政部门的监督

财政部门的监督,是指财务部门依据《中华人民共和国预算法》、《中华人民共和国会计法》、《中华人民共和国政府采购法》和《财政违法行为处罚处分条例》等现行的法律、法规和制度,以提高资金使用效率为目的,运用科学的方法、技术和手段,对项目实施全过程经济行为进行监督。

财政部门实施政府投资决策权监督工作主要是从资金管理的角度入手,通过财政投资评审和预算绩效评价两个环节来实现。一是财政投资评审。财政投资

评审主要是财政部门对项目使用预算资金的情况,尤其是专项财政资金的情况进行专门核查、追踪问效的监督行为,重点是对项目预算和决算的执行情况进行评价和审核。二是投资预算绩效评价。政府投资预算绩效评价贯穿整个项目周期,在决策阶段主要是备选项目的经济、社会、财务、生态环境等方面的效益分析及综合评估。通过预算绩效评价,为部门项目支出预算编制以及资金拨付提供参考依据。增强预算绩效评价的约束性和规范性,是提高财政性资金使用效益的重要手段。

3. 审计部门的监督

政府投资审计监督,是指政府审计机关和审计工作人员依据有关法律的规定,对财政预算资金投资项目进行的审计或专项调查活动。通过审计,遏制腐败、提高资金使用效益。审计监督通过对政府投资项目的立项论证、组织实施和验收等过程的审计,评价责任人是否以经济有效的方式将资源用于规定的目标,是一种极其重要的监督方式。审计监督虽然也是行政监督,但有其特性,它是依据相关法律法规独立开展的专门监督,对其他管理监督部门实行再监督,是综合性的财政经济监督,是政府投资监督体系中较高层次的监督。

在政府投资决策阶段,审计监督主要集中在3个方面:一是审查项目决策程序,包括程序的完整性、投资决策结论的有效性、重大项目是否经过集体讨论决定、批复文件内容是否有遗漏等;二是审查可行性研究报告,主要是审查报告的编制单位是否符合相关要求,可行性研究报告编制采用的数据是否真实、客观、全面,是否就不利因素作出深入分析,是否合理确定投资规模,建议投资的方向是否有利于整体效益最大化,报告是否经过相应主管部门评审和审批等;三是审查投资决策文件,根据现行财务制度和价格标准,对项目财务可行性进行分析和评价,充分评估项目的盈利能力、偿债能力、外汇平衡能力等。根据《政府投资项目审计规定》第6条规定,“项目决策程序是否合规,有无因决策失误和重复建设造成重大损失浪费等问题”,是审计工作在政府投资决策阶段重点监督的方面。

(二)权力监督

1. 人大监督

人民代表大会制度是我国的根本政治制度,是党领导人民经过长期艰苦的探索,在民主实践中形成和发展起来的科学制度。人民代表大会制度是马克思主义中国化的理论成果,更是马克思主义与中国社会主义民主实践相结合的产物。坚持党的领导、坚持人民当家作主、坚持依法治国是人民代表大会制度最鲜明的特征。实践证明,人民代表大会制度具有强大的制度优势和凝聚力。人民代表大会制度是历史和实践的选择,是人民的选择,是坚持道路自信、制度自信的根本所在。

人大监督制度是人民代表制度派生制度之一。我国通过宪法和法律赋予各级人民代表大会及其常务委员会监督权,对由其产生的国家机关法律实施情况和工作情况进行检查、调查、督促、处置,监督权主要包括知情权、检查权、审议权、处置权。各级人民代表大会及其常务委员会通过听取和审议政府工作报告、审查和批准计划与预决算、检查法律规范实施情况、询问和质询、特定问题调查等多种方式,全方位地保障人民当家作主的权利。① 彭真同志曾指出,人大常委会对政府工作的监督,主要是监督是否违宪、违法,是否正确执行国家的方针、政策,是否符合人民的根本利益。②

各级人民代表大会及其常务委员会对政府投资的监督是人大监督制度的重要组成部分,是指各级人民代表大会及其常务委员会按照宪法、法律法规的规定,对本行政区域内政府投资计划以及计划调整方案进行审查和批准,并对投资实施过程进行的监督。为了更好地保障人大及其常委会对同级政府监督权的行使,宪法及多部法律都作出了明确的规定。例如,《宪法》第三章第 99 条规定,地方各级人大及其常委会有权审定地方经济、文化、公共事业建设计划;第 104 条规定,各级人大及其常委会有权议定本行政区域内各方面工作的重大事项。又如,《地方各级人民代表大会和地方各级人民政府组织法》第二章第 8 条、第三章第 44 条细化了《宪法》相关规定,明确了各级人大及其常委会重大事项议定权力的覆盖领域,包括本行政区域内政治、经济、教育、科学、文化、卫生、环境和资源保护、民政、民族等各个方面。再如,《预算法》(2014 年修正)第二章第 20 条、第 21 条规定各级人大负责审查同级政府提交的预算草案及预算执行情况,第九章第 84 条、第 85 条规定各级人大及其常委会有权针对预算、决算中的重大事项或特定问题组织调查、提起询问或质询;《各级人民代表大会常务委员会监督法》第三章第 18 条规定,各级人大常委会负责审查同级政府提交的决算草案和预算执行情况,重点审查支出安排和资金到位情况等。中共中央办公厅印发的《关于人大预算审查监督重点向支出预算和政策拓展的指导意见》更是提出,人大应根据《预算法》和《各级人民代表大会常务委员会监督法》的规

---

① 王本宏:《政府投资决策法律制度研究》,南京大学 2018 年法学院博士学位论文,第 135 页。

② 全国人民代表大会:《人民代表大会工作全书》,中国法制出版社 1999 年版,第 1013 页。

定，对政府支出预算和政策开展全口径审核和全过程监管，包括支出预算的总量与结构、重点支出与重大投资项目、部门预算、财政转移支付、政府债务等内容，重点审查项目预算安排是否符合经济社会发展目标、相关规划、宏观调控总体要求，督促提高重大投资项目财政资金配置效率，推动重大政府投资项目决策机制的健全，监督财政转移支付与财政事权和支出责任划分的匹配情况、促进地区财政平衡及基本公共服务均等化情况，硬化地方政府债务预算、规范地方融资行为、遏制无序举债等。

根据我国《宪法》、《地方组织法》、《预算法》和《各级人民代表大会常务委员会监督法》等法律法规的相关规定，各级人民代表大会及其常务委员会审查监督政府投资主要有以下职权：(1)政府投资审查批准权；(2)政府投资重大事项决定权；(3)改变或撤销有关政府投资决议、决定、命令权；(4)政府投资执行监督权；(5)政府投资立法权。各级人民代表大会常务委员会监督政府投资的职权主要有：(1)投资计划变更权；(2)政府投资重大事项决定权；(3)撤销有关政府投资的决议、决定、命令权；(4)政府投资实施监督权；(5)政府投资立法权。人大专门委员会或工作机构监督政府投资的职责主要是通过财经(工作)委员会和预算(工作)委员会对各级人大代表会及其常务委员会的协助行使预算审查监督职权的专门(工作)机构。

以上法律规定表明，讨论决定本行政区域内计划和预算等重大事项并对其实施情况进行监督，是各级人民代表大会及其常务委员会的法定职权。政府投资项目资金投入体量大，耗用资源多，涉及经济、社会、环境、文化及生活的各个方面，与国计民生关系密切。政府投资的重要工程和重大项目属于本行政区域的重大经济工作事项，关系区域平衡和产业布局，更关系人民的生活质量。各级人大及其常委会在确保政府投资选项正确、投入科学、资金使用高效上，应当发挥更加充分的监督作用。具体实践中，人大及其常委会对政府投资决策监督主要是通过审议中长期及专项规划、政府投资年度计划、政府投资项目预(决)算情况、政府工作报告，听取专项工作报告，开展专题调研监督(如全国人大调研监督4万亿元投资计划落实情况①)等形式进行的。

---

① 为了让4万亿元中央投资落到实处，2009年5月，全国人大常委会正式启动《对中央政府部分重大公共投资项目实施情况专题调研活动》，对技术改造和科技创新、农田水利建设、教育卫生等民生工程和保障性住房建设等开展调研，就项目建设和审批程序是否依法合规，资金管理使用是否规范，工程措施和质量是否合格等关键问题进行专题调研监督，开创了以重大专题调研的形式推动中央重大政策部署贯彻落实的先河。《全国人大常委会调研政府公共投资项目的实施情况》，载中共政府门户网，http://www.gov.cn/jrzg/2009-05/27/content_1325452.htm。

其中,最重要的监督方式是就政府投资计划进行审查。政府投资计划是国民经济和社会发展计划的重要组成部分,必须经过同级人大审查通过后,方可付诸实施。政府投资计划既涉及预算财政资金的项目安排,也涉及年度财政预算的整体安排,接受人大及其常委会的监督是应有之义且非常重要。当前,关于政府投资计划的审查监督工作还在探索阶段,尚未形成统一的程序和规范,本书对实践情况进行梳理,总结为以下审查监督程序:

一是前期准备阶段。人大财经委员会就经济形势、财经状况进行全面调研,听取政府有关部门汇报,会同各专委会、组织代表前往投资主管部门、财政部门、相关业务管理部门调研政府投资计划编制情况,汇总各方面意见后形成报告。

二是沟通协调阶段。人大财经委员会就政府投资计划编制情况、报送材料等与投资主管部门进行沟通,听取投资主管部门就相关问题的解释和说明。

三是听取汇报阶段。人大财经委员会听取投资主管部门汇报上年度政府投资计划执行情况和本年政府投资计划草案编制情况。

四是初步审查阶段。人大财经委员会对政府投资计划草案进行专题审查,就有关问题与投资主管部门进行询问,形成初步审议意见反馈至投资主管部门,并督促其调整和修改相关内容。

五是大会报告阶段。政府向同级人民代表大会提交包括投资计划在内的国民经济和社会发展计划草案,并作工作报告。人大财经委员会负责起草关于国民经济和社会发展计划草案审查报告,包括就政府投资计划草案提出审查意见。

六是代表审议阶段。人大代表就政府提交的国民经济和社会发展计划草案(包括政府投资计划草案)结合人大财经委员会审查意见进行分组讨论、审议,提出询问、意见和建议。

七是主席团审议阶段。人大财经委员会就大会主席团提出的意见和建议修改关于国民经济和社会发展计划草案的审查报告,并向大会主席团汇报。主席团审议通过后,将之印发给代表。

八是大会表决阶段。大会就国民经济和社会发展计划草案(包括政府投资计划草案)进行表决,通过后,批准其实施。

各级人大及其常委会对同级政府投资计划主要依据国家法律法规、宏观经济政策、国民经济和社会发展中长期规划、本行政区域内经济社会发展状况等对其完整性、合规性、科学性、可行性、资金来源的可靠性、绩效性等多方面内容进行审查和监督。对政府投资计划完整性的监督重点是，审查计划编制是否完整、是否覆盖了所有财政预算资金固定投资项目、是否存在待分配项目过多的问题。对政府投资计划合规性的监督重点是，根据各类法律法规（如表6－1所示）审查项目规划、用地、环保、节能等多方面的合法合规性。对政府投资计划科学性的监督重点是，审查投资决策程序的科学性、投资项目的必要性、投资规模的合理性、投资结构的均衡性、投资定位的公益性、投资计划的可行性等。对政府投资计划资金来源的可靠性监督重点是，评估计划实施期间财政收支及金融信贷环境，结合财政政策和货币政策，判断项目是否能够得到足够的资金支持。对政府投资计划绩效性的监督重点是，评估政府投资项目在政治、经济、社会、文化、环保等各方面的整体效益，衡量项目是否值得实施。可以看出，各级人大及其常委会对政府投资决策的监督是全方位、多层次、全覆盖的。

表6－1　部分政府投资计划审查常用法律法规

涉及领域	法律法规名称
国土资源利用与管理	《土地管理费》《土地管理法实施条例》《国务院关于深化改革严格土地管理的决定》《建设项目用地预算管理方法》《土地利用年度计划管理办法》等
环境保护	《环境保护法》《环境影响评价法》《水污染防治法》《大气污染防治法》《建设项目环境保护管理条例》《建设项目环境影响评价分类管理名录》等
建设规划	《城乡规划法》《城市红线管理办法》《城市蓝线管理办法》《城市黄线管理办法》《城市紫线管理办法》等
水利建设	《水法》《水土保持法》等
能源利用	《节约能源法》《可再生能源法》等

2. 国家监察

2016年以来，为了进一步落实从严治党、依法治国的目标，坚持反腐倡廉，党和政府启动国家监察体制改革，筹划成立国家监察委员会。2016年1月，习近平总书记在党的十八届中央纪委第六次全会上指出，要完善监督制度，做好监督体系顶层设计，健全国家监察组织架构，形成全面覆盖国家机关及其公务员的国家监察体系。[①] 国家监察委员会的设立拉开了序幕。经过多方试点，2018年3月，在全面整合政府行政监察部门、预防腐败部门以及人民检察院的反贪污、反渎职、预防职务犯

① 参见《习近平在第十八届中央纪律检查委员会第六次全体会议上的讲话》，载中国共产党新闻网，http://cpc.people.com.cn/n1/2017/0823/c64094－29489862.html。

罪部门等力量的基础上,国家、省、市、县四级监察委员会全部组建产生,监察体制改革迈入全面深化新阶段。2018 年 3 月,第十三届全国人大一次会议审议通过《宪法修正案》和《监察法》,赋予国家监察委员会以国家监察机关的宪法和法律地位,并对国家监察委员会制度的各个构成要素作出较为详细的规定,这标志着我国的国家监察委员会制度正式形成,国家监察委员会与行政机关、法院、检察院并列,在人民代表大会监督之下形成"一府一委两院"新的权力格局。

国家监察委员会的成立使监察格局有了质的飞跃,根据《监察法》第 3 条、第 15 条通过对监察对象作出明示、列举的方式,将"从事管理"作为判断是否属于监督对象的一般标准。国家监察从行政监察仅针对国家行政机关及其工作人员的"小监察"扩大到对所有行使公权力的国家机构及工作人员,人大、政协、法院、检察院、人民团体及其工作人员,以及事业单位及其工作人员的"大监察"。同时,国家监察委员会以其权力行使的独立性、权威性、集中性对公权力腐败的防治和惩戒起着重要的作用。政府投资领域一直以来都是腐败的重灾区,尤其是基建领域,而这种腐败不仅仅表现在工程建设过程中,也表现在项目前期决策过程。国家监察委员会的成立可以对包括决策在内的政府投资行为进行全覆盖、多层次、全方位的监督,通过行使监察权对腐败行为起到震慑和惩戒的作用。

国家监察委员会依据《监察法》和有关法律规定履行监督、调查、处置职责,其中,监督职责是最基本的职责,《监察法》第 11 条明确监督职责是"对公职人员开展廉政教育,对其依法履职、秉公用权、廉洁从政从业以及道德操守情况进行监督检查"。因此,监督主要包括 4 个方面:一是依法履职,主要是监督公权行使的合法性,包括公权行使的实体合法及程序合法,监督侧重点在于公权行使的不为、滥为、实体或程序违法等方面;二是秉公用权,主要是公权行使的公正性,包括权力行使的合理性和无偏私性,监督侧重点是徇情、徇私和裁量是否合理等方面;三是廉政从政从业,主要是监督公权行使的廉洁度,行使过程中是否发生贪腐行为,监督侧重点是贪污、行贿、受贿等方面;四是道德操守监督,主要是监督公权行使的合道德性,监督侧重点是行权道德与公共道德,是否涉及悖德、失范等方面。

政府投资决策权的行使情况是国家监察委员会监督的重点领域,实体和程序的合法性备受关注,其中,项目审批权和资金分配权的使用是监督的重中之重。国家监察委员会与中国共产党纪律检查机关合署办公,实行"一套人马、两块牌子",通过监察权和纪检权的行使对政府投资决策过程中行使公权力的各类主体进行全方位、多层次、全覆盖的监督。根据现行制度，国家监察委员会充分发挥内部监督的优势，通过纪检监察机关向同级政府各职能部门派驻纪检监察组，“零距离”、全流程地对政府投资决策行为进行监督，对制度规章上的漏洞和决策过程中出现的问题及时发现、及时制止、及时矫正。同时，国家监察委员会通过联系各相关部门，发挥部门能动性，使其及时全面提供监察机关所需信息，确保监督的全面性、真实性。此外，国家监察委员会还加强与政协、多民主党派合作，密切联系群众，拓宽信息来源渠道，完善监督方式，提高监督的效率和质量。

（三）社会监督

行政监督和人大监督是政治权力系统各部门之间的相互制约和监督，是以权力制衡权力；相比之下，社会监督则是政治权力系统之外的公众或传媒的监督，是自下而上的监督，以权利制衡权力。社会监督是政府投资决策监督制度中不可或缺的一部分，主要包括公众监督、舆论监督、社会团体监督 3 种类型。

1. 公众监督

我国《宪法》赋予了公众对政府的监督权，第 27 条第 2 款规定，“一切国家机关和国家工作人员必须依靠人民的支持，经常保持同人民的密切联系，倾听人民的意见和建议，接受人民的监督，努力为人民服务”；第 41 条规定，“中华人民共和国公民对于任何国家机关和国家工作人员，有提出批评和建议的权利；对于任何国家机关和国家工作人员的违法失职行为，有向有关国家机关提出申诉、控告或者检举的权利”。公众对政府投资的监督建立在决策信息公开、参与路径多样、政府积极回应、监督结果有保障的基础上。这一部分，在前文已有较详尽的探讨，此处不再赘述。

2. 舆论监督

舆论监督，主要是指新闻媒体运用舆论帮助公众了解政府事务、社会事务和一切涉及公共利益的事务，并促使其沿着法治和社会生活公共准则的方向运作的一种社会行为。[①] 在实践中，舆论监督更多是指新闻媒体对社会权力、公共政策、社会事态中的偏差行为进行披露、建议乃至批评的倾向性传播活动。[②] 舆论监督有其鲜明的特点，如社会影响力大、信息传递快捷、面广、公众参与度高等，在推动公权力行使的阳光化、透明化、规范化以及限制权力恣意妄为等方面发挥了重要作用。党的十

① 姜向红：《十八大报告解读：建立健全监督体系》，载人民网，http://theory.people.com.cn/n/2012/1113/c351494-19559559.html。

② 田大宪：《新闻舆论监督研究》，中国社会科学出版社 2002 年版，第 1 页。

八大报告提出:建立健全权力运行制约和监督体系,加强党内监督、民主监督、法律监督、舆论监督,形成健全的监督体系,让人民监督权力,让权力在阳光下运行。党和政府高度重视舆论监督的重大作用,屡屡提出对人民负责、敢于说真话、勇于亮剑的要求,通过开放舆论,进一步保障人民的知情权、参与权、表达权、监督权。

舆论监督在政府投资决策方面的监督,主要是通过传统媒体及新兴媒体对政府投资项目意见的一种经常性、集中性的公开表达,就是否立项、建设方案、后果及影响等多方面内容进行论述,持不同意见的各方甚至展开公开辩论。在这个过程中,以舆论监督为媒介,一方面促进政府了解公众及社会团体的诉求;另一方面也弥补公众和政府机关之间信息表达和传递的不对称性。通过这种方式,促进政府投资决策的公开和透明,提高政府决策的科学性、合理性和民主性。

新闻媒体是舆论监督的主体,发挥带头作用,引领着舆论方向。在政府投资决策过程中,新闻媒体主要通过正反两个方面对其进行监督。从正面来说,主要通过客观报道提高投资决策的透明性、公正性。记者第一时间将政府投资决策信息、公共产品和服务的供给信息、项目选建的具体信息等内容通过文字、图片、音像等方式传递给公众,推动公众参与和监督,促进正反投资决策信息的公开。从反面来说,主要是通过专题性调查、时评等方式深度曝光和揭露政府投资决策过程中的不当行为、违法行为甚至犯罪行为。对于决策过程中出现的滥用投资决策权力、违反法律法规、提供低效甚至无效的公共产品及服务、寻租或腐败等情况进行问责,利用舆论压力推动行政机关、司法机关及时启动矫正机制。①

3. 社会团体监督

社会团体监督,是指社会团体组织作为公共利益或某部分公众利益的代表,依据宪法和法律赋予的合法权利,通过各种途径和方式优化国家权力配置、参与社会公共管理、监督公权力行使,对政府及工作人员行使权力提出建议、施加压力,以达到遏制、抗衡、扭转其异化的行为。我国的社会团体组织包括党群社团组织及民间社团组织,前者如工会、妇委会、共青团,后者如行业协会、商会等。鉴于我国政治组织体制的安排,前者更多是党群工作的一部分,这里主要是指民间社团组织。这类社团组织以实现一定目标、共同利益、互助交往为基础,在法律法规的允许下,在政府民政部门的指导下登记、成立、运作,如各行业协会、商会等,是政府与民众之间沟

① 参见贾西津:《中国公民参与:案例与模式》,社会科学文献出版社2008年版,第215页。

通的重要桥梁。社会团体监督可以将分散的个人力量集中起来，有序、理性、平和地反映某一特定群体的利益诉求和利益偏好，是公众监督的一种加强形式，使其更加具体和可行。

社会团体在监督中，就政府投资决策过程中出现的偏差予以建议或批评，对可能出现的利益侵害进行磋商和谈判，更认可监督的专业性、法治性和理性，更注重立场的中立客观，在充分发挥专业优势的基础上调动各方面资源，推动政府作出更为科学和民主的决策。实践中，商会、环保协会、规划协会等社会团体在推动产业优化、环境保护、城市规划等领域的监督上都取得了不错的成绩。其中，云南的"怒江保卫战"就是社会团体对政府投资决策进行合法、有序监督的突出案例，如下文材料所示。

怒江保卫战

2003年，云南省政府与华电集团签署协议，支持华电集团对怒江中下游两库十三级梯级进行开发。同年8月，国家发改委通过该开发方案，正式立项。但是，这个开发方案遭到环保志愿者和部分专家的强烈质疑，他们自发形成组织，以捍卫怒江生态平衡为共同诉求向云南省政府、国家环保总局提出反对意见。2003年，国家环保总局主持了"怒江流域水电开发活动生态环境保护问题专家座谈会"，邀请了包括5名院士在内的27名专家及环保组织代表参会。在座谈会上，各位代表陈述了怒江建坝工程的危害，认为该项目可能破坏我国仅存的两条未被开发的大河之一，对周边的物种基因库产生重大影响，造成不可逆转的生态危机。在综合评估各方面专业意见的基础上，国家环保总局提出反对项目建设的意见。这次会议也引发了全国性的大讨论。此后，环保组织利用网络、媒体、论坛、座谈会等多种方式与云南省政府、怒江傈僳族自治州政府和部分支持者进行沟通讨论。随后国际环保组织加入，对项目开发从专业角度进行反复论证，引起国际教科文组织的关注。① 2004年2月，云南省政协委员、民盟云南省委副主委戴抗在政协会议上对怒江开发工程提出质询，认为其缺乏统筹规

---

① 参见黄建：《民主视域下中国非政府组织发展研究》，中共中央党校2011年博士学位论文，第65页。

划,会对周边生态、环境、社会造成巨大负面影响。随后,国务院经过慎重研究,决定搁置怒江水电开发计划。①

这个案例体现了社会团体在政府投资决策监督过程中的重大作用,其合法、有序、理性的监督方式为公众监督政府投资决策提供了全新的视角。在决策的监督中,社会团体将零散的公众力量汇聚成一种具有统一利益诉求和较大话语影响力的社会力量,进而制衡政府决策部门。在怒江水域开发工程这样一个超大型政府投资项目的博弈中,社会团体以正式组织形式为基础,通过合法、合规、合理的方式组织公众监督表达利益诉求,化解社会矛盾,推动政府决策的科学化、民主化,最终得到政府和公众的认可,这一点极为值得肯定。

二、政府投资决策监督法律制度的不足

(一)政府投资决策监督的法治建设有待加强

我国在政府投资领域的探索多是基于实践的积累,通过政策性文件对实际问题予以指导和规范。基于投资问题的综合性和复杂性,系统的投资管理法律制度化建设有待加强,而与之对应的,关于政府投资决策监督的法治建设也有待加强。

一方面,应加强针对政府投资决策监督的专门立法。尽管在改革开放以后,我国不断尝试和推进政府投融资体制的改革,但是,迄今为止尚未出台一部关于政府投资的基本法律。2019 年 5 月,行政法规《政府投资条例》公布。然而,该条例对政府投资监督部分的规定比较原则,仅就项目的监督方式、信息的披露和共享、档案的管理等方面作了原则性要求,缺乏可操作性。在以往出台的法律法规中,如《审计法》《国家重点建设项目管理办法》《国家重大建设项目稽察办法》等,主要局限于对项目建设阶段的监督规定,而没有对包括项目决策在内的全过程监督作出明确规定。在某些方面,如公众参与监督、媒体开展舆论监督等,目前尚没有完整的立法进行相应的规范。

另一方面,应提高立法的位阶。政府投资在引导我国经济发展、带动社会投资、调整经济结构、平衡经济总量、统筹城乡发展等方面发挥了非常重要的作用。在国

① 参见郑琦:《中国政府议程设置模式的变迁——"怒江事件"管窥》,载《中国非营利评论》2007 年第 1 卷。

家宏观经济调控体系中,政府投资也常常作为重要工具烫平经济周期,对冲影响经济下行的不利因素。在实践中,常常为了解决当下的、近期的、紧急的经济问题,需要及时调整政府投资政策。这个过程中,国家部委和地方政府出台了大量的规范性文件用以引导和规范政府投资,具有较大的不确定性,[①]在经济法治方面体现了"柔性"特色,[②]以软法弥补硬法的不足,[③]给各方面留下较大的操作空间。随着解决问题能力的提高和实践经验的积累,大量规范性文件逐步上升为国务院及各部委、地方政府的行政法规、部门规章及地方性法规。这些法规、规章及规范性文件大部分仅就某个方面、某个领域、某个地区的政府投资事项进行规定、调整和约束。而在执行中,常常出现上位法与下位法、平行位阶法之间冲突和抵触的问题,难以形成有效的制度保障和供给。

(二)行政监督囿于自我监督,效果有待加强

随着党和国家对于投融资体制改革的逐步深入,我国在政府投资决策的行政监督方面也作了大量改进,如建立了项目前置审计制度、项目后评价制度、重大项目稽察制度等。但是,在具体实践中,行政监督往往囿于自我监督,在监督体制、监督方法及监督结果应用等方面都有待改进。

一是行政监督制度需进一步完善。目前,我国对政府投资决策的行政监督主要立足于内部监督,自我约束。其监督机构是政府设立、隶属自身的专门监督部门,并没有引入第三方外部独立力量。这使行政监督的公正性、公平性、科学性大打折扣。以投资主管部门的重大项目稽察制度为例,稽察办公室隶属于投资主管部门,人事权、财权均由投资主管部门掌握,监督者很难就上级作出的投资决定提出异议,监督更多倾向于是否具备完整的程序,且覆盖面有限。从实践情况看,投资主管部门、财政部门、审计部门等多个职能部门对政府投资决策的不同环节、各个阶段分头监督,组织架构叠床架屋,监督力量分散,效率低下。同一个项目,建设单位可能穷于应对多个监督部门的重复性监督和各种临时性检查,建设单位的人力、物力、财力被分散,间接弱化了项目本身的设计和建设水平。又如,财政部门的财政投资评审,尽管财政部门有权对政府投资决策活动中涉及项目预(概)算的真实性、准确性、完整性

① 参见岳彩申、杨青贵:《论经济法不确定性的成因与功能——解释法律规范性的新视角》,载《法学评论》2010 年第 2 期。

② 参见张守文:《中国经济法治的问题及其改进方向》,载《法学》2018 年第 6 期。

③ 参见黄茂钦、葛晓库:《政府投资行为的软法规制研究》,载《经济法论坛》2013 年第 1 期。

和时效性进行审核，但是，在实际操作中，投资主管部门对此并不认同。在项目立项审批过程中，财政部门基本没有发挥作用，项目的预（概）算主要由投资主管部门组织专家评审，进行综合管理和资金平衡。财政部门出台规定对投资进行评审，某种程度增加了项目单位的负担且意义不大。

二是行政监督的专业性需进一步加强。目前的行政监督体制下，没有专门化的独立监督机构及专业化的监督人员。以审计部门为例，审计部门作为行政监督体制下最为重要的一个部门，在监督层级上处于较高的位置。虽然审计部门被赋予了对政府投资较为全面和综合的监督职责，但是，由于投资监管的复杂性和专业性较强的特点，使审计部门针对政府投资决策阶段的审计工作并未真正开展起来，往往流于形式，很难发挥实际的监督作用。没有专业化监督机构，就没有遴选和培养专业化监督人才的机制，遇到监督任务，往往从其他部门抓人。而缺乏熟悉政府投资工作及相关经济工作的人员，就很难形成一支高质量、专业化的监督队伍。

三是行政监督的结果难以得到有效利用。行政监督的实施，从根本上说，是利用行政部门比较熟悉决策情况的优势，以最低的成本，发现问题并解决问题，进而降低决策的失误，减少国家和建设单位的损失，推动政府提供更高质量的公共产品和服务。应该说，监督不是目的，改进才是目的。如果相关的行政监督结果不被重视，没有得到相关部门的落实整改，监督检查的结果就不能对决策者产生有效的制约和警醒作用，监督的实际效用就难以发挥。在实践中，我国尚未建立起政府投资决策监督结果的运用和处理机制，相关监督机构提出意见，相关部门常常不予采纳。监督部门的意见未得到重视，大大抑制了监督的积极性，进而抑制了政府投资决策水平的提高。

（三）人大监督囿于制度安排，监督有待实化

各级人大及其常委会对政府投资决策的监督作用囿于现有制度的安排，监督的实际效果有待提高，主要表现在以下方面：

一是监督法治建设有待进一步加强。尽管我国的《宪法》《地方各级人民代表大会和地方各级人民政府组织法》《各级人民代表大会常务委员会监督法》《预算法》《审计法》《会计法》等法律法规对人大及其常委会的监督功能作了相应的规定，但是缺乏系统性和完整性。在政府投资方面，多数领域和多数地区都是通过同级政府和投资主管部门制定管理办法的方式完成管理工作，在2019年4月出台的《政府投资条例》中仍未主动提及接受权力机关的监督。在行政立法和规范性文件的制定过程中,同级人大及其常委会的立法权和监督权往往被排斥在外。这种情况下,各级人大及其常委会开展监督工作的难度比较大,监督成效也比较有限。

二是监督可操作性有待进一步优化。以人大及其常委会执行财政预算审批监督职责为例,每年财政部门提交的预算草案编制比较粗略,科目次级较少,所列内容很多,每个科目涵盖的数量非常大,透明度较低。大多数的财政预算草案只列到"类"一级,没有"款""项""目"的具体内容,以致"外行看不懂,内行说不清"。人大代表也只能在此基础上作粗线条、概括式审议,这就流于形式审核,无法深入实质。匆匆几天的非充分论证和质询,就进行"一揽子"表决,无法形成有效的专业化监督。又如,人大及其常委会对政府投资中长期规划的监督往往难以落到具体的决策过程中,只能侧重于对政府投资发展战略和宏观方向作原则上的监督。再如,对于政府投资年度计划的监督,对于是否需要人大及其常委会审议,目前并无明确、具体、统一的法律规定,仅仅在地方实践中作了相关尝试。① 在政府投资决策过程中,项目的选定、具体内容的确认、实施过程中计划调整及变更的程序、资金使用的跟踪、权力行使过程中违法性的认定和责任追究等一系列问题,都缺乏明确的界定和标准,这些都造成人大及其常委会实际监督的可操作性不强,监督效果有限。

此外,处于国家监督层面的国家监察委员会从筹备到正式运行时间较短,在体制机制及配套制度建设上还需要时间磨合、整理、优化。在内部监督的方式上,国监委和中纪委合署办公,通过向各部门派驻纪检监察小组,在一定程度实现了对政府投资决策的监督作用。但是,由于各部门的内设纪检监察部门除了人事关系隶属同级党委和监察派出机关,其工资福利、办公保障等其他方面都依赖派驻部门,监督的效力有所减弱。

(四)社会监督力量有限,亟待培育和发展

政府投资决策过程中社会监督的空间有待提高,无论是公众监督、舆论监督还是社会团体监督,其力量都是有限的,亟待进一步培育。我国政府投资决策过程有待进一步透明化和民主化,信息披露制度尚不完善和健全,普通公众、专家及咨询机构、新闻媒体、社会团体等社会监督主体获取相关信息的渠道有限,多元监

---

① 如《浙江省政府投资项目管理办法》第 23 条、《重庆市政府投资项目管理办法》第 15 条等地方规范性文件对同级人大及其常委会审议年度投资计划作了相应规定。值得注意的是,《政府投资条例》也未将政府投资年度计划纳入人大审查的范围。

督主体尚未形成有效合力,监督的对象不清晰、监督的范围不明确,全面覆盖、层次清晰、协调有序的社会监督机制尚未形成。社会监督在实践中表现出以下问题:

一是公众监督的效力需加强。从理论上说,公众作为公共产品和服务的消费者,对政府投资决策的科学性、合理性最有发言权,应是监督主体。然而,囿于实际制度的限制,无论是普通公众,还是专家或咨询机构监督决策的渠道和途径都相当有限,其影响和效力也是有限的。尽管宪法和法律赋予公民一系列的监督权,但仍有很大的落实空间,对政府投资决策的监督实效较难到位。

二是舆论监督的作用需加强。近年来,舆论监督在推动政府提高公共服务和产品供给上起到了很大的作用,形成了一定的社会压力,促进政府提高决策水平和能力。但是,在实践中,少数官员畏惧舆论的监督,可能通过各种渠道和方式打压媒体报道,如运用各种关系封锁消息、控制评论甚至进行舆论公关,针对性地打击和报复批评者等。此外,由于网络监管的不完善,网络信息传播的自由、网民的从众心理、网络自身的虚拟性和网络公司的逐利性,使失实新闻、谣言、恶意炒作经常出现,致使舆论监督的公信力受损,呈现出一定程度混乱和非理性状态。

三是社会团体监督力量需加强。在我国,社会团体在环保、规划、法治建设等方面取得了不俗的成绩。但是,社会团体的规模和质量尚在起步阶段,其独立性和自主性有限,其监督的效力有限;部分社会团体由于自身能力和监督渠道有限,在监督过程中有失偏颇,过于激进。

(五)建立政府投资决策责任制度

《国务院关于投资体制改革的决定》(2004 年)原则性提出建立政府投资责任制度,在政府投资决策领域确立了"谁投资,谁决策,谁承担风险"的问责原则,《政府投资条例》(2019 年)首次明确了政府投资的法律责任,对领导人员和直接责任人员责任,①

---

① 《政府投资条例》(2019 年)第 32 条规定,对存在超越审批权限审批政府投资项目;对不符合规定的政府投资项目予以批准;未按照规定核定或者调整政府投资项目的投资概算;为不符合规定的项目安排投资补助、贷款贴息等政府投资资金;履行政府投资管理职责中其他玩忽职守、滥用职权、徇私舞弊的情形的,责令改正,对负有责任的领导人员和直接责任人员依法给予处分。

相关人员法律责任,[1]项目单位责任[2]及文件档案管理责任。[3] 但是,政府投资决策责任制度从提出、启动、协同到实施是一个系统性、综合性的复杂工程,还需要一系列配套制度的支撑。主要有以下几个因素:

一是要明确权责划分。政府投资项目决策责任的承担主体涵盖多个方面,涉及投资管理部门、财政管理部门、业务管理部门、有关分支机构、与政府投资决策及项目实施有关的各类组织和个人。我国现行法律制度对相关责任主体的职能划分、权义配置、责任承担体系等方面内容的规定比较模糊,多为原则性的,如《国务院关于投资体制的决定》(2004 年)原则上确立了“谁投资,谁决策,谁承担风险”的问责原则,《政府投资条例》(2019 年)尽管明确了 14 种违法行为的法律责任,但在行政责任和刑事责任的规定上也较为原则。实践中,各类主体在行使决策权的过程中往往边界交叉、权责重叠,且决策形式多为集体决策,很难作出具体界定。如果缺乏明确的责任边界和可操作的配套措施,政府投资决策责任制度就难以落地。

二是要强化责任认定。问责的前提是对责任的认定,责任认定则需要一系列的考核评价和确定机制。长期以来,我国比较重视对政府投资项目管理过程中责任的认定,大多数省市(直辖市)在政府投资项目责任追究方面都规定了具体内容,如招投标管理办法、资质单位诚信管理办法、造价工程管理办法等,并明确了相应的处罚方式。但是,决策责任方面几乎为空白。政府投资项目的特殊性也决定了对项目本身最优供给和产出效益认定的不确定性,不同类型的政府投资项目也不具有可比性。[4] 此外,项目从决策、实施到发挥效益周期较长,在这个过程中受现实环境的影

---

① 《政府投资条例》(2019 年)第 33 条规定,政府及其有关部门违法违规举借债务筹措政府投资资金;未按照规定及时、足额办理政府投资资金拨付;转移、侵占、挪用政府投资资金的,依照有关预算的法律、行政法规和国家有关规定追究法律责任。

② 《政府投资条例》(2019 年)第 34 条规定,对未经批准或者不符合规定的建设条件开工建设政府投资项目;弄虚作假骗取政府投资项目审批或者投资补助、贷款贴息等政府投资资金;未经批准变更政府投资项目的建设地点或者对建设规模、建设内容等作较大变更;擅自增加投资概算;要求施工单位对政府投资项目垫资建设;无正当理由不实施或者不按照建设工期实施已批准的政府投资项目,责令改正,根据情况,暂停、停止拨付资金或者收回已拨付的资金……

③ 《政府投资条例》(2019 年)第 35 条规定,项目单位未按照规定将政府投资项目审批和实施过程中的有关文件、资料存档备查,或者转移、隐匿、篡改、毁弃项目有关文件、资料的,责令改正,对负有责任的领导人员和直接责任人员依法给予处分。

④ 政府投资项目主要是向社会提供公共产品和准公共产品,对一般竞争性项目可以通过利润最大化为目标确定投资方案和建设规模,但是公益性项目则需以社会福利作为目标确定投资供给规模,而社会福利很难量化。政府投资项目产出的认定也受制于投资种类的繁杂、评测手段的有限,对其结果的判断也不是很准确。

响,项目初期预期和最终结果往往有一定的偏差和距离,而这种偏差和距离很难量化,也加大了决策责任评价和认定的难度。

三是要加强责任观念。政府投资决策责任制度的确立难,与政府官员,尤其是领导干部的责任意识薄弱密切相关。少数领导在决策问责上“讲起来重要、做起来次要、忙起来不要”,①其观念中促进经济发展、增加 GDP、打造政绩等硬性要求更加重要。此外,社会的责任观念也较为淡薄,公众关心的往往是与自身利益息息相关的事项,而事不关己的则高高挂起。无论是社会大环境,还是小气候,“法不责众”或单纯归于试错的观念普遍存在,对一般投资失误甚至重大投资失误的处理往往大事化小、小事化了。

总的来说,我国已经初步构建了对政府投资决策的监督系统,但是,行政监督、人大监督和社会监督等各方面的关系尚未完全理顺,各监督主体之间的关系也尚未有效协调,综合监督的合力还未形成。而监督主体的多元化和职责分工不明确某种程度上形成了“多主体重复监督”或是“无人监督”的两个极端,如何整合各方面力量,形成协调有序的监督机制,仍是政府投资监督的重点建设领域。

第二节　政府投资决策监督法律制度的完善

政府投资是政府职能重要的一项,也是社会公众评价政府工作得失的重要指标之一。供给侧结构性改革的落实、经济结构的转型升级、基本公共服务均等化、民营经济及民间资本的发展、政府公信力及反腐倡廉等多个经济与社会的热点问题无不聚集在政府投资领域,而政府决策是政府投资的起点和关键环节,对其监督更是重中之重。如何实现有效监督是一个世界性的普遍难题,要充分认识到这个过程不仅涉及多个主体、多个环节,更是涉及行政体制和政治体制的调整,牵涉广、影响深,建立和健全监督制度既不能保守也不能激进,应在现有基础上,循序渐进、稳步前行,形成一套操作性强、实际效果好的做法。通过对我国政府投资决策监督制度现状和问题的梳理,逐步完善我国政府投资决策监督制度。

一、完善法律规范体系

完善的政府投资法律规范体系是政府作出正确投资决策的基础,也是监督政府

① 朱维平、周国栋:《政府投资责任制和责任追究制探索》,载《宏观经济管理》2010 年第 3 期。

投资决策的基础。只有在法律规范体系健全的基础上,才能做到“有法可依、执法必严、违法必究”。本书论述的政府投资决策核心制度、政府投资决策参与制度以及政府投资决策监督制度,均涉及亟须健全相关法律规范的问题。在实践中,由于法律规范的权威性、法定性、程序性均有待加强,各方主体在很多重大问题上莫衷一是,实际做法往往相互矛盾、前后矛盾。因此,在立法上作顶层设计,明确政府投资决策监督领域的基本法律问题,是政府投资决策监督制度得以有效运行的前提。

(一)完善政府投资监督法律规范体系

我国政府投资经过长期发展,立法和实践经验都非常丰富,但是缺乏统一的规范,到目前为止,政府投资管理及监督方面未出台一部基本法律,酝酿了10年之久的《政府投资条例》(2019年)终于出台,但对很多关键性问题,如中央与地方的事权与财权划分、政府投资项目资金管理等方面仍然没有作出回答也无法作出完整的回答,应当尽快制定政府投资的基本法律。① 在政府投资基本法律中明确涉及监督领域的基本法律问题,对监督主体、监督原则、监督对象、监督范围、监督权限、监督方式、监督程序等内容作出一般性规定。如果条件成熟,可以出台专门的“政府投资监督法”。应建立和完善严格的政府投资决策责任制度和决策后评价制度,减少决策失误和错误;要完善计划、财政、金融、货币等综合调控法,深化行政监督、人大监督、公众监督等制度建设。

(二)健全相关配套法律规范体系

应以“政府投资基本法”和“政府投资监督法”为基础,对政府投资领域的监督事项进行统筹安排、统一规定,形成有序、稳定、完备的法律规范体系,为建立和完善其他与政府投资监督密切相关领域的法律规范提供依据,推动行政法规、地方性法规、部门规章、地方政府规章和规范性文件制定的科学性和协调性。完善与政府投资决策监督密切相关的制度,如涉及政府投资资金安排的《预算法》及实施细则;与确立政府投资方向(农村经济发展等)相关的农业法及实施细则;与督查政府投资资金使用有关的审计法及实施细则;与政府投资项目评估、咨询、建设、监理等有关的招标投标法及实施细则等,与政府投资基本法、政府投资监督法等形成完备、健全的监督法律规范体系。

---

① 参见施正文:《关于我国政府投资法制建设几个问题的探讨》,载《国家行政学院学报》2005年第1期。

二、优化行政监督

(一)明确行政监督目标

目前,我国政府投资决策行政监督领域监督的力量较为分散,一定程度上跟各行政监督部门监督目标的模糊有关。投资主管部门、财政部门、审计部门在监督的过程中,各有侧重,应当集中在推动当前社会经济发展的总体部署中来,服务于供给侧结构性改革,促进有效投资,寻求新的经济增长动能,遏制经济下行趋势的总体目标。

投资主管部门对政府投资决策的监督应集中于以下几个方面:一是调整和优化产业结构。投资主管部门应当通过对基础性项目、公益性项目和战略性新兴产业的投资,有效调整和优化产业结构,推动区域各产业之间相互协调,引导经济转型,重点促进创新性、技术性产业的发展。二是实现有效投资。贾康教授曾指出,中国投资领域的关键问题不是投资的数量而是质量,在供给侧结构性改革时代,不仅不能弱化投资的力量,还应当更加重视投资,尤其是投资的有效性。① 政府投资主管部门应重点监督投资决策是否实现了有效投资,达到调整投资结构、降低投资风险,减少盲目扩张和重复建设的目的;政府投资项目是否可以通过乘数效应引导民间资本进行高效、有活力的投资,增大资金、技术和劳动力等要素的供给。三是督促投资活动的廉洁高效。投资主管部门的监督应当督促政府投资项目从立项、资金筹措拨付到项目交付使用整个过程均严格按照相关法律规范的要求推进。通过有效的监督,推动政府投资活动在廉洁高效的环境中进行,进一步释放制度红利。

财政部门对政府投资决策的监督应集中于以下方面:一是规范政府投资项目资金管理行为。严格审核政府投资项目的资金分配和使用情况,如资金的预算编制、审批与拨付情况,大宗货物、服务及设备的政府集中采购情况,项目预算、决算执行情况等,对资金使用的全过程进行监督。尤其重视决策阶段可能出现的资金分配和拨付中的失误或错误,坚决纠正和惩戒违法、违规、违纪行为,推动预算财政资金使用的合法化和高效化。通过对政府投资项目资金使用事中、事后的监督情况评价事先决策的质量,总结不同类型投资的经验教训。二是保证财政性资金使用安全。财政监督的根本目标就是保证政府投资项目财政性资金的使用安全。通过财政监督、

---

① 参见贾康:《"十三五"时期的供给侧改革》,载《国家行政学院学报》2015 年第 6 期。

项目建设过程中的财政财务日常管理、专项检查与追踪问效、财政投资评审等方式方法，严格规范资金运作程序，保证财政建设资金专款专用，防止资金被套取、挤占、挪用和浪费。财政主管部门应将项目资金使用情况作为评估决策质量的重要指标，对同类型项目决策起到借鉴作用甚至硬约束作用。

审计部门对政府投资决策的监督应集中于以下几个方面：一是保障政府投资资金的安全性。审计监督是对资金全方位的监督，通过查处项目建设和资金管理中存在的违法违规问题，规范市场秩序，促进项目主管部门和实施部门加强项目资金管理。二是提高政府投资效益。审计监督通过开展政府投资项目效益审计和绩效评价，促进项目管理部门总结投资经验，改进投资工作。避免低水平无效投资和粗放型建设，督促项目科学决策，严格按照国家宏观调控、国家产业政策、经济发展要求进行。三是推动政府投资决策机制的完善。审计部门通过对政府投资活动情况和审计发现的问题进行综合分析评价，揭示政府投资决策中的问题，尤其是财政资金的配置和使用问题，从审计角度提出整改方案，改善政府投资政策，促进决策的科学化和合理化。

（二）整合行政监督机构

如前文所述，我国政府投资决策的行政监督无论是机构还是人员，都缺乏专业性和独立性，且机构设立叠床架屋，大大降低了监督的合力。针对这种情况，需要集中行政监督力量，对现有的监督机构进行有效整合。目前，学界和实务界提出了一些方案：

一是建立政府投资稽察办。在现行体制的基础上，整合投资主管部门重大项目稽察权、财政部门财政投资评审权、审计部门全过程审计监督权，吸纳部分监察权，重新组建相对独立的专业性政府投资监督机构——政府投资稽察办。① 政府投资稽察办采用垂直管理模式，对国务院负责，在地方省、市、县三级政府设立派出机构，对本级政府的投资决策活动及实施活动进行稽察监督，并对上级稽察办负责。

二是将行政监督职能收归审计部门。整合现有机构的监督职能，将投资主管部门的重大项目稽察办公室相关职能、财政部门的企业稽察特派员办公室相关职能划归审计部门，由审计部门按照划归职能和基本建设投资审计的要求，对政府投资决

---

① 参见张长春：《政府投资的管理体制——总体框架、近期改革重点与促进措施》，中国计划出版社2005年版，第63页。

策行为实行独立监督。①

三是将行政监督职能集中到监察部门。整合现有机构的监督职能，将现有的投资主管部门的重大项目稽察办公室、财政部门的企业稽察特派员办公室、审计部门的相关职能集中到国家监察委员会，由国家监察委员会对政府投资项目决策履行从经济监察、行政监察到违纪处理的全方位监督检查职责。

四是建立审计委员会。这里的审计委员会与审计部门不同，由行政审计过渡到立法审计，是隶属于全国人大的审计机关，与“一府一委两院”平行，对全国人大负责并向其报告工作，专门负责中央政府投资的审计监督；在地方层面，设立省、市、县三级人大的审计委，负责本级政府投资的审计监督，强化审计监督力度，在全国形成一个依法独立的、有机联系的审计监督体系。②

本书更倾向于第二种方案，即将政府投资行政监督职能收归审计部门，充分发挥审计部门及审计人员的综合性、全面性、专业性，对政府投资决策工作进行全面的监督。尽管存在着机构独立性不够强的弱点，但是，考虑到我国机构改革的复杂性，新设机构及调整机构难度较大，实践中执行效果较差，第二种方案不失为一种折中且操作性较强的方案。另外，第三种方案也是具有较大现实意义的，但国家监察委员会成立不久且运行机制尚在探索、磨合中，还有很大的探讨空间。

无论哪一种方案，在政府投资决策阶段，行政监督制度的优化都应当落脚到对决策机构权力使用和权责承担的实际情况上，着重监督在决策过程中，项目审批、资金配置、专家及咨询机构论证、公众参与等重点环节实体以及程序是否合法合规。

三、优化人大监督

（一）“以人民为中心”履行监督职能

人民代表大会制度是我国的根本政治制度，以人民为中心，与依法治国相结合。回应人民的诉求，是人民代表大会及其常委会最核心的职责。栗战书委员长就人大监督的定位、重点、方法作了全面阐述：“人大监督是在党的领导下，代表国家和人民进行的具有法律效力的监督。监督的目的是推动党中央决策部署贯彻落实，确保宪

① 参见国家发改委投资司、投资研究所和国家统计局投资统计司：《2005 年中国投资报告》，中国计划出版社 2005 年版，第 157 页。

② 邹焕聪、董玉荣：《政府投资项目审计监督的法律问题研究——基于地方立法文本的规范分析》，载《河北法学》2017 年第 10 期。

法法律全面有效实施，确保行政权、监察权、审判权、检察权得到正确行使，确保人民权益得到维护和实现。”[①]政府投资是财政支出活动的重要组成部分，对财政收支监督是人大的重要职能。从加强对政府投资决策监督的角度看，人大应成立专门的委员会、以专业的人员为保障，确保政府在提供公共产品和服务的时候始终以人民利益为中心，及时回应公众需求，高效使用财政经费。人大制度的运行，人大监督职能的实化，既要充分发挥市场机制作用、以市场为基础配置各种资源，又要结合政府机制，督促政府更好地履行职责，提供更加有效的公共产品和服务，防止市场失灵，增进公众福利。各级人大及其常委会通过行使人民赋予的监督权，从制度上保障政府投资的效果，确保人民的获得感、幸福感和安全感与经济发展同步增长。

（二）提高监督的可操作性

在政府投资领域，人大主要是通过预算审核实现监督。当前，人大的预算审核监督职能愈加重要，中共中央办公厅印发了《关于人大预算审查监督重点向支出预算和政策拓展的指导意见》，对人大审查监督预算从支出总量和结构、重大投资项目、部门预算、财政转移支付、政府债务、预算收入等6个方面提出了明确的要求。[②]但是，在实践中，人大的预算审核监督能力还有待提高。尽管全国人大设有预算工作委员会，协助财政经济委员会审查财政预算草案、上年度财政预（决）算执行情况、预（决）算调整方案等，但是，囿于预算内容的繁杂、专业，投资项目的复杂性和综合性，很难进行全面深入的审核和监督。一年一度的“两会”，参会人大代表来自各行各业，大多数代表非专职委员，在较短的会期中也很难提出实质性的建议。因此，强化人大预算工作由专职委员会和专业人员开展尤其重要。

预算审查是人大执行政府投资决策监督职能的重点领域。在财政部门编制预算草案的过程中，人大应全面介入，对政府投资资金安排的合理性、规范性、科学性进行审查，分解预算报告科目，增加审查时间，恰当的时候引入听证制度，从形式审

---

① 《栗战书主持十三届全国人大常委会第四次会议闭幕会并发表讲话》，载新华网，http://www.xinhuanet.com/politics/2018-07/10/c_1123106927.htm。

② 《关于人大预算审查监督重点向支出预算和政策拓展的指导意见》主要有6个方面的要求：一是加强对支出预算总量和支出结构的审查监督，二是加强对重点支出与重大投资项目的审查监督，三是加强对部门预算的审查监督，四是加强对财政转移支付的审查监督，五是加强对政府债务的审查监督，六是加强对预算收入的审查监督。参见《审计署贯彻落实〈关于人大预算审查监督重点支出预算和政策拓展的指导意见〉的意见（审财发〔2018〕13号）》，载国家审计署官网2018年6月6日，http://www.audit.gov.cn/n4/n19/c123120/content.html。

核转变到实质审核。针对《预算法》(2014 年)实施情况,构建全口径预决算审查监督制度体系,对政府投资项目实现从预算编报、决算审查、审议批复等全过程的监督,同时,在大数据管理时代,探索引进第三方专业机构(如会计师事务所、律师事务所等),强化对部分使用功能专业性、技术性强的专项财政资金进行综合绩效评价;引入数据化管理方式,建立覆盖政府所有职能部门的全口径信息化监督系统,提高预算监督的科技含量。① 各级地方人大还应重点审核地方政府举债情况及债务偿还能力,严防出现系统性金融风险和财政风险。

另外,政府投资计划也应当列入人大监督的重点内容。在投资主管部门编制政府投资计划方案的时候,人大也应全面介入,充分行使重大事项决定权和监督权,对项目的可行性、投资规模、资金使用等方面进行全面监督,提高决策的科学性和合理性。做好政府投资决策事前、事中、事后监督工作,完善绩效评价机制,建立问责制度,规范政府投资决策权的行使。在时机成熟的情况下,人大应对政府投资项目实行一揽子审议,从整体上、宏观上,结合国家的社会经济法治规划、产业政策调整方向、供给侧结构性改革目标等实行统一的审议,而不再对具体的单个投资项目进行审议。

(三)增强人大的权威性

在政府投资决策监管过程中,人大应当综合运用宪法和法律赋予的权利,创新监督理念和方式,进一步增强人大的权威性。

一是健全人大监督制度。完善工作协调机制,建立人大常委会与“一府一委两院”工作联席会议制度,在政府投资重大决策前做好沟通衔接,在重大问题上形成共识,在各级人大及其常委会的领导下,推动权力监督和行政监督齐头并进,从内部和外部两个角度加强对公权力的制约。完善调研机制,尤其是重大投资项目的专项调研机制,深入群众、广泛调研,通过集中检查、暗访、抽查等方式,捕捉准确的民意。将调研情况与会议审议相结合,一方面听取被监督部门的汇报;另一方面倾听人民的声音,确保政府投资决策行为的科学性、民主性和合理性。完善监督意见督办机制,人大及其常委会对于政府投资决策提出的决议、决定,应督促投资决策相关部门予以执行、办理,结果应及时反馈。在督办的过程中,结合专题调研、视察、约谈等方式,增强实效。

---

① 参见陈晓波:《关于进一步健全和完善人大监督工作的思考》,载《知与行》2018 年第 5 期。

二是优化监督方法。在监督过程中，启动个案监察制度，对政府投资重大项目决策和实施过程实行专项督查。充分行使宪法和法律赋予的质询权、罢免权，建立监督决议落实跟踪机制，从制度层面增强人大权威。引入第三方中介机构，如会计师事务所、审计师事务所、律师事务所，提高监督专业性。重视人大各专委会建设，充实专业人员，提高监督能力。重点围绕城际交通设施、市政基础设施、基础教育、公共卫生和医疗、社会保障、环境保护、城乡统筹发展等公共产品和服务供给的热点、难点问题展开监督，主动发现问题、有效化解难题，积极回应公众关切。

四、强化公众监督

公众监督是社会监督的重要力量，在权力监督制约机制中发挥着重要作用。现代社会，由于科技和信息的发达，公众监督与行政监督、人大监督等监督方式共同形成了一个全方位、立体式、全覆盖的监督网络，对滥用公器者起到遏制作用。建立和完善公众监督机制，强化公众监督，实现公众监督的制度化，有着重要意义。鉴于上文对建立和完善公众参与政府投资决策中的诸多制度，如专家咨询制度、政府回应制度、听证制度、信息公开制度等已作了相关论述，此处不再赘述。这里从加强社会团体监督、加强舆论监督、培养公民参政能力 3 个方面展开论述。

（一）加强社会团体监督

社会团体的存在和发展有利于公众与政府形成良性的沟通机制，有利于政府倾听和吸收公众的诉求，有利于推动政府投资决策的民主化和科学化。社会团体是个人与政府之间的桥梁和纽带。加强社会团体监督可以从以下几个方面着手：

一是出台社会团体基本法并完善相关专项法律规范体系。在基本法的制定中落实《宪法》对公民结社权利的规定；明确公民结社的法律形式，通过登记注册赋予社会团体以法人地位；对各类社会团体通过法律予以定义和分类，并根据不同类别的社会团体进行管理，通过法律对其活动进行规范和制约。[①] 完善各类社会团体管理的专项法规。对基金会、行业协会等经济团体，应通过专项立法予以管理；对经济团体涉及的资金管理等经济关系，也应当通过专项立法予以管理。

二是保持社会团体的自主性。简化社会团体的登记管理程序，放宽注册条件，

---

① 参见张喜红：《当代中国社会团体政治参与问题研究》，吉林大学 2004 年博士学位论文，第 157 ~ 158 页。

减少政府直接插手,推动社会团体归口民政部门管理和指导,为社会团体的独立和自治提供更大的空间。积极探索更利于社会团体健康发展和充分发挥监督职能的管理体制。尽管在社会团体形成的初级阶段,官方的积极介入和引导促使其迅速成长,但随着社会经济的发展,社会团体自治和独立的要求越来越高。如果社会团体仍带有官方或半官方色彩,那么在沟通公众和政府的时候,不可避免会出现立场偏好,这会影响社会团体自身的公正性和公信力。在政府投资决策过程中,社会团体应代表某部分公众提出维护自身正当利益的诉求,积极沟通政府与公众的关系,纾解社会矛盾。

三是提供人才和资金的支持。加强社会团体监督政府决策的能力,提高其参政议政水平,首先需要培养一批优秀的社团人才,引导其形成合法、合规、理性的组织理念。社会团体要得到政府、公众、社会的认可,在同政府、公众发展协作关系中取得应有的地位,需要提高自身管理水平,"有为"方可"有位"。加强人员培训,促进社会团体组织人员的职业化,提高理论水平、职业道德水平和专业能力。重视社会团体领导人的培养,禁止党政领导兼任社会团体领导,鼓励兼职的部分人员脱离政府到社会团体工作,推动社会团体去行政化。另外,资金保障也是社会团体生存和发展的前提。政府应采取相应的措施,给予一定的资助,鼓励其以会费、营业收入、捐款等渠道筹资。

(二)加强舆论监督

新闻媒体也是政府和公众沟通的重要桥梁。在政府投资决策工作中,一方面,政府可以通过新闻舆论强大的社会传播力,将各项决策信息传播给公众,并鼓励公众参政议政,为政府投资出谋划策;另一方面,公众也可以通过新闻舆论反馈意见和诉求,"知屋漏者在宇下,知政失者在草野"。政府通过吸收民意,防止决策的片面化,推动决策民主化和正当化。改革开放以来,我国舆论监督的空间得到很大释放,但仍有一定提高空间。

一是增加对舆论监督的包容度。舆论监督作用的充分发挥取决于国家民主法治发展的程度以及新闻管制政策和环境的开放程度。舆论监督所暴露出来的社会丑恶现象和阴暗面,不应当被单纯视为"抹黑""别有用心""带节奏",而应当关注暴露出来的社会反映强烈的问题产生的原因是什么,怎样处理。不能简单地用"舆情监管"压制舆论监督中反映的问题,更不能让打压负面信息成为产业链,成为某些机构或领导人危机公关的买卖。习近平总书记指出:"舆论监督和正面宣传是统一的,而不是对立的。新闻媒体要直面我们工作中存在的问题,直面社会丑恶现象和阴暗面,激浊扬清,针砭时弊。对人民群众关心的问题、意见大反映多的问题,要积极关注报道,及时解惑释疑,引导心理预期,推动改进工作。”①

二是健全相关舆论监督法律制度。尽快推进“新闻法”“舆论监督法”等专项立法,在制度上明确舆论监督的职能、手段以及相应的救济保障措施,结合国情给予恰当的定位和充分的空间,在规范新闻记者行为的同时赋予其充分的采访权和报道权。通过配套法律规范制度的构建和完善,推动舆论监督与其他形式的监督贯通起来,形成监督合力。近年来,地方在加强舆论监督的实践中取得了很多进步,如四川、山东、海南等省份通过规范性文件的形式明确提出,要通过舆论监督提高政府投资决策的科学性和民主性。

三是重视新技术、新媒体对舆论监督的影响。随着互联网和信息产业的高速发展,新媒体大量涌现,对传统传媒产生了巨大冲击。为此,习近平总书记提出:“互联网是一个社会信息大平台,亿万网民在上面获得信息、交流信息,这会对他们的求知途径、思维方式、价值观念产生重要影响”,②“要把权力关进制度的笼子里,一个重要手段就是发挥舆论监督包括互联网监督作用”。③ 网民来自群众,群众上了网,民意也就上了网。互联网既是大众参政议政的重要渠道,也是汇聚民意的重要平台,更是观察社会问题的重要窗口。政府投资决策,尤其是与群众息息相关的重大项目,政府应当高度重视互联网舆情动向,对群众关心的问题及时、公开地回应;对群众提出的好的建议积极吸纳,对反映出的问题认真排查。

(三)培养公民参政能力

成熟的公民参政能力是政府投资决策监督的必要条件,也是政府投资决策科学化、民主化和法治化的内在要求。在政府投资决策监督中,无论是专家及咨询机构、普通公众、社会团体还是传统媒体及自媒体,无不归结于公民参政能力的培育与成熟。

公民参政能力的培养取决于两个方面:一是完善公民参政议政的制度框架,二

---

① 中共中央文献研究室:《习近平总书记重要讲话文章选编》,中央文献出版社 2016 年版,第 421 页。

② 《习近平主持召开网络安全和信息化工作座谈会强调在践行新发展理念上先行一步让互联网更好造福国家和人民》,载《人民日报》2016 年 6 月 20 日,第 1 版。

③ 国平:《领导干部要正确对待互联网监督》,载新华网,http://www.xinhuanet.com/politics/2016-04/29/c_128944947.htm。

是培育公民的理性意识和公共精神。好的制度引导人性中善良的一面,约束人性中恶的一面。在公众参与能力培养方面,一个好的制度着力于推动公民对法治和理性的认可,形成合作型社会结构。在一个包容、平和、理性、尊崇法治的社会,市场机制的运行会更加高效,政府机制的运行也会更加清廉。

公民理性意识和公共精神的培育是制度得以良性运行的基础,也是政府投资决策监督职能得以实现的前提。公民理性意识和公共精神的培育,强调个人在公共事务中独立思考的能力和自主地位,排斥人身依附关系。公民应当受到一定程度的教育,能够获得和处理信息,并作出合理的判断和选择。一个社会的公民普遍具有较强的理性意识和公共精神,那么其表达意愿的方式就会更加理性、平和,易于沟通,利于形成建设性结果。对于政府投资决策而言,尤其是涉及一些超大型投资项目,更需要在一种相互谅解、相互支撑的环境中形成。公民个体的理性意识和公共精神,正是形成政府与公众良性对话的基础。

第三节 政府投资决策责任制度的建设

政府投资决策的监督最终要落脚到责任制度建设上,“教育千遍,不如问责一次”。没有政府投资决策责任制度的完善,就不能对不当决策行为进行惩戒,监督也将沦为空中楼阁,缺乏震慑力。对政府投资决策责任追究制度的建设和完善是一个不断探索、循序渐进的过程。

一、政府投资决策责任的基本界定

(一)政府投资决策责任的内涵

关于“责任”一词,《辞海》中有两种含义:一是分内应做的事情,二是没有做好分内之事而应承担的过失。从监督的角度看,政府投资决策责任主要是指后一种含义的责任,即政府在投资决策过程中违反法定职权要求和法定程序要求,应当承担的不利后果。

政府投资决策责任的承担主体主要是在政府投资决策过程中行使公权力的主体,主要包括投资主管部门、财政部门、业务主管部门等相关职能部门及具体履行职责的公职人员,也包括依据法定程序要求提供各类咨询意见、评估意见、论证结果的专家、专业咨询机构及相关工作人员。政府投资决策责任的构成,从形式上看,既包括法律责任范畴的行政责任和刑事责任，也包括非法律责任范畴的政治责任和道德责任。[①] 其中，政治责任主要是领导人责任中的一种，其责任形式较单一（如引咎辞职、罢免等），且责任的承担具有不确定性；[②]道德责任也主要是领导人责任中的一种，价值判断是其基础，同样具有很大的不确定性。[③] 因此，本书重点关注的是政府投资决策中的法律责任。

（二）设定政府投资决策问责事由的基本原则

设定政府投资决策责任制度，其核心功能是控权、民主和绩效改进。具体来说，是让政府投资决策权的行使符合法治化要求，不能恣意妄为；决策过程中，充分回应公众诉求、体现公众利益；决策的结果具有科学性和合理性，避免公共资源的浪费。因此，在设定追责事由的时候，需要充分考量政府投资决策科学化、民主化、法治化的内在要求，并在公平和效益之间取得较好的平衡。问责的"缺位"和"过度"均不可取。在设计政府投资决策问责事由中，应当遵循理性和法治的原则。具体说来，有以下几个方面：

一是适用有限责任。政府投资决策是一个复杂的、综合性的系统工程，投资决策权的行使主体是在有限的、法定的范围行使相应权力，权力是有边界的，因此，责任也应当是有限的。同时，决策者认知能力、知识水平、信息获得也是有限的，这决定了其理性也是有限的。决策者的义务是在法定职责范围内承担应有的责任。如果苛以其全面的、无限的责任，可能会削弱其主动性，最终形成"不求有功但求无过"的消极怠政情况。

二是权责相适应。政府投资决策过程中，往往涉及众多主体以及不同角色的分工，包括决策的动议者、承办者、作出者、执行者和其他参与者等。这决定了法律只

---

① 参见肖俏：《行政决策追责中领导人行政责任认定研究》，吉林大学2018年行政管理博士学位论文，第70～74页。

② 行政决策追责中领导人的政治责任主要指消极层面的政治责任。行政决策权力在本质上源于民众的授权，其行使的正当性与合法性建立在其被用于制定合乎民众意愿、利益的行政决策基础上，因此作为行政决策具体制定者的领导人对行政决策负有政治责任。行政决策追责中领导人政治责任的承担可能是因为民众对行政决策的反应或情绪（这种情绪有时会带有浓厚的非理性色彩），也可能是由于行政决策造成的不良影响，没有准确的归责依据。

③ 行政决策追责中领导人的道德责任主要是其在决策过程中尽管没有出现违法或违纪的行为，但由于某些道义上的瑕疵、缺陷，在决策初衷、过程和结果上，作出违反公共价值取向和辜负民众期待的决策，进而需要承担道义上不利后果。与其他责任相比，道德责任最抽象但却最易被公众认可和感知，似乎没有明确的责任认定机构与标准，但又最易"全民皆知"。道德责任，是在行政组织行政自制基础上个体的自我约束。

能在其各自角色范围内设定问责事由,对不同的角色匹配不同类型的责任和不同等级的责任。

三是过错和责任相当。决策中的过错不仅是主观过错,还包括违法情节和损害后果。对责任人的问责在不同情况下,有可能分别适用过错责任、违法责任、结果责任或者混合责任,但是,均应当坚持过错和责任相当的原则。

二、政府投资决策责任制度的完善

政府投资决策责任制度的建设是一个不断探索、循序渐进的过程,其良好运作的基础取决于实践的积累、制度的健全、观念的调整、理性价值的确立。落实政府投资决策责任制度,应当以推动决策的科学化、民主化、法治化为内在要求。鉴于我国目前法律规范体系尚不够完善,民主监督的观念和途径远远不足,实践经验仍需积累的现实,应当重点从以下几个方面进行完善:

一是明确各决策主体的责任。继续探索政府投资基本法的制定,从立法层面明确与政府投资相关的项目规划、立项审批、资金拨付、勘察设计、咨询评估、招标投资、监理、竣工验收、绩效评估等环节相关机构和个人的职责、权限,明确划分项目决策阶段和项目实施阶段的责任,最大限度降低政府上下级、部门与部门之间权责混淆、交叉重叠的情况,明确各决策主体责任。全面落实《政府投资条例》(2019 年)关于法律责任方面的规定,尤其是对行使决策权的领导人员、直接责任人员以及相关责任人员涉及的违法行为给予严肃的处理。

二是健全责任制度相关法律规范体系。争取早日出台政府投资基本法,清理与《政府投资条例》(2019 年)相冲突的部门规章、地方性法规及其他规范性文件,保持条例执行的一致性。结合各行业实际情况,加快完善相关配套实施细则等规范性文件,对政府投资决策责任制度的原则、问责范围、问责方式、问责程序、监督机制等作出统一规定,提高问责机制的可操作性。完善决策责任追究机制,针对各部门特点,根据问题的轻重程度,建立不同的问责机制,形成投资主管部门、财政部门、审计部门等部门之间的协作关系,加强人大和国监委的外部问责能力,注重与权力、纪检、司法机关对接,形成完整、协调、有权威的追责组织体系,充分运用经济处罚、行政处罚、刑事处罚甚至是政治问责等多种手段,确保责任追究全面落实到位。

三是建立科学的项目评价机制。加快政府投资项目决策评价方法及参数的研究,建立后绩效评价机制和项目过程评价机制,特别是针对项目规模、成本、收益、效果进行综合评价的机制，对比决策目标和实际结果之间的距离，全面总结和客观评价。评价机制应当具有可操作性，充分发挥民主参与、信息透明和公众监督的作用。鉴于政府投资具体项目的复杂性、专业性，对决策责任的认定应当标准化、数量化；既不能拍着脑袋作决定，也不能拍着脑袋处分人。建设标准是落实项目决策责任的重要评价指标，也是项目建设的重要依据。要尽快改变我国目前建设标准缺失和混乱的情况，充分发挥政府相关职能部门、科研院所、设计单位、施工单位、咨询机构、行业协会等各方面的积极性，提供资金保障，抓紧制定统一的建设标准。

四是加强责任追究机制的信息化支撑。在大数据时代，还应加强政府投资决策信息支持系统建设，搭建投资主管部门、财政部门、业务主管部门及项目建设单位之间的信息沟通渠道，形成决策的所有信息均存入信息库备查，主动接受监督。实时更新项目信息，包括项目的设计、建设、监理、招投标、验收、审计等信息，便于决策前后对比分析。每一项决策均应注明决策方法、参数及相关说明，使信息支持系统成为决策责任认定的技术支撑系统。

结　语

政府投资是政府实现宏观经济调控、优化经济布局和产业结构、统筹城乡发展、提供公共产品和服务的重要手段,也是新时代实行供给侧结构性改革的关键环节。政府投资决策是政府投资重要的一环,决策的科学化、民主化、法治化决定了投资的有效性,而政府投资决策法律制度则是支撑上述内在要求的基础和保障。由于政府投资涉及众多的学科理论、丰富的社会实践、复杂的利益调整,迄今为止,我国尚未出台政府投资基本法,唯一出台的行政法规《政府投资条例》(2019 年)对政府投资决策部分的规定也比较原则和概括。因此,对政府投资决策内在规律的研究,并探寻建立和完善行之有效的法律制度体系是十分必要的。

本书在经济法视野下,以政府投资决策法律制度的实践为主线,在追溯历史、分析现状和借鉴实践经验的基础上,以法学为基础,结合经济学、管理学、政治学等诸多学科的相关理论,探讨了中国政府投资决策的法治化问题,尝试建立和完善科学、规范、有效的政府投资决策法律制度,进而推动政府投资决策的科学化、民主化、法治化。

无论是从宏观层面出发,确定政府投资的规模、结构、方向,还是从微观层面出发,确定具体的政府投资项目的计划、资金,政府投资决策的落脚点都是推动投资社会效益和经济效益的提高。本书从整体考察的角度,力图搭建政府投资决策宏观层面与微观行动的连接框架,并将科学化、民主化、法治化的内在要求贯穿其中，进而在此基础上构建政府投资决策法律制度的整体框架。

本书根据政府投资主体在决策过程中是否行使行政决策权、发挥作用及影响的大小，将各决策主体分为核心主体、参与主体、监督主体，并在此基础上，将政府投资决策法律制度分解为3个有机联系、相互作用的子制度，分别是核心决策法律制度、参与决策法律制度、监督决策法律制度，并对3个子制度的实践状态、作用原理、存在问题予以梳理和分析，尝试着在借鉴实践经验的基础上，构建和完善上述制度。政府投资决策核心法律制度涉及政府投资决策权的纵向和横向分配，以及重大政府投资集体决策制度。从政府投资决策权纵向分配制度看，主要涉及中央—地方政府投资事权和支出责任的划分问题、投资财权和投资财力与之匹配情况。从政府投资决策权横向分配制度看，主要涉及同级政府不同职能部门之间决策权的配置情况，重点是投资规划权、项目审批权、资金管理权的配置。而重大政府投资集体决策制度，则主要涉及集体决策制度与行政首长负责制、民主集中制的关系。政府投资决策参与法律制度构筑了公众对其需求和意志予以表达的制度渠道，主要由以专家及咨询机构为主体的专业化参与制度、以普通公众为主体的民主化参与制度和以地方融资平台为主体的市场化参与制度组成。政府投资决策监督法律制度主要由以政府相关职能部门为主体的行政监督，以各级人大及其常委会、各级国家监察委员会为主体的权力监督，以普通公众、专家及咨询机构、社会团体、新闻媒体为主体的社会监督3个部分构成。对政府投资决策的监督最终需要落实到决策责任制度的建立和完善上，应坚持权责一致、过责相当的原则，对决策错误或失误的主体进行警示和惩戒。

本书的创新可能有以下几点：

一是从经济法的角度对政府投资决策法律制度作了专门研究，切入点较小，弥补了已有研究过于宏观的不足。以往对政府投资的研究，多数是关于整个过程的探讨，涵盖了政府投资决策、项目实施和建设、项目监管、投资后评价等诸多阶段的内容，尽管具有视野宏观的优点，但是涉及点过多，难以深入论述。本书从经济法角度出发，立足规范政府投资决策行为，尝试通过构筑和完善政府投资决策法律制度进而保障决策的科学性、民主性、法治性，实现投资的有效性，强化政府的宏观调控能力，推动政府与市场关系调整的动态平衡。

二是构筑了政府投资决策法律制度的整体框架。本书尝试将政府投资决策法律制度分解为决策核心法律制度、参与法律制度、监督法律制度。决策核心法律制度确立了政府投资决策权的分配状态,其权力配置的科学性、权力运行方式的合理性深刻影响决策的质量。决策参与法律制度本质上是对投资决策权的一种分离,构筑了公众对其需求和意志予以表达的制度渠道,一方面,体现了决策过程的民主性,提高了公众对政府投资决策的接纳程度;另一方面,能为决策提供更为丰富的信息,也能提供检验既定决策的参照系,有助于增强决策的科学性。决策监督法律制度确立了监督主体对政府投资决策活动各个环节、决策权力运用的全过程予以监督的制度结构,以保证权力的合理使用和权利的合法享有,确保决策的科学化和民主化。这种分解的方式较为清晰地展示了三大制度之间紧密联系、相互作用的关系,同时,也较为清晰地反映了不同决策主体的作用和影响。

三是论述的过程中融入经济学、管理学、政治学等学科的理论知识,希望从宏观上对政府投资决策的效益、规模、结构、方向作出探讨,将具体项目的决策放置在宏观调控要求的通盘考察下,最终落脚到制度性建设的战略性架构中。由于政府投资决策主体的多元化,推动了政府投资决策法律制度运行中公权力与公权力、公权力与私权利相互作用、相互影响。本书试图勾连政府投资决策的宏观架构与微观行动,从实然层面阐释不同主体之间的复杂联系;从应然层面探讨各主体在决策过程中应有的关系和应发挥的作用,进而提高决策的科学性和民主性,最终形成有效的政府投资。

必须指出的是,需要进一步研究的问题还比较多。例如,如何把握政府投资决策法律制度运行中非制度性因素的规律以及如何对其进行有效规制;如何在政府投资决策具体运行制度中优化和细化各种机制,如信息反馈机制、沟通协调机制等;能否有效引入经济学定量分析方法,建立科学、可操作的政府投资决策评价指标体系,使定性分析与定量分析相结合;如何构建科学合理的法律制度体系,以推动大数据技术融入政府投资决策领域等。这些问题都需要在后续的研究中继续拓展和深化。

总而言之,推动政府投资决策科学化、民主化、法治化任重而道远。“徒法不足以自行”,实现上述目标,不仅依赖于政府投资决策法律制度的构建和完善,更依赖于整体法律制度乃至法治环境的保障。政府投资决策是一项复杂的综合性活动,涉及各方面利益的深刻调整,涵盖政治、经济、社会等众多领域。这也决定了政府投资法律制度的建立和完善是一个“牵一发而动全身”的系统性复杂工程,不仅需要法律规范层面的建设,更应将其放置到深化我国社会主义市场经济体制改革、推动国家治理体系和治理能力现代化的时代背景下深入思考。因而,政府投资决策需要社会各界集思广益、凝聚力量,共同推动政府投资决策活动的科学化、民主化和法治化,提升政府投资的有效性,以更好地培育经济增长新动能、增强经济转型新动力、推动市场经济新融合。

参考文献

一、中文参考文献

(一)著作类

1. 习近平:《习近平谈治国理政》,外文出版社 2014 年版。

2.《毛泽东文选》(第 2 卷),人民出版社 1991 年版。

3. 卢代富:《企业社会责任研究——基于经济学与法学的视野》,法律出版社 2010 年版。

4. 李昌麒、卢代富:《经济法学》,厦门大学出版社 2010 年版。

5. 李昌麒:《经济法理念研究》,法律出版社 2009 年版。

6. 刘立峰:《政府投资学》,科学出版社 2018 年版。

7. 刘立峰:《政府投资理论与政策》,山西出版集团、山西经济出版社 2011 年版。

8. 张国平:《政府投资决策权研究》,中国法制出版社 2012 年版。

9. 中国财政科学研究院、中国财政学会投融资研究专业委员会、深圳金砖城市先导基金管理有限公司编著:《中国:政府投融资发展报告(2017)》,中国财经出版传媒集团 2017 年版。

10. 杨晔、杨大楷、方芳:《2016 年中国投资发展报告》,上海财经大学出版社 2016 年版。

11. 国家发展和改革委员会投资司、国家发展和改革委员会投资研究所、国家统计局投资统计司:《2015 中国投资报告》,经济管理出版社 2015 年版。

12. 国家发展和改革委员会投资司、国家发展和改革委员会投资研究所、国家统计局投资统计司:《2014 中国投资报告》,经济管理出版社 2014 年版。

13. 刘湃:《新时期我国政府投资研究》,东北财经大学出版社 2011 年版。

14. 陈工:《政府投资学》,高等教育出版社 2012 年版。

15. 许浒、乌云娜:《大数据时代政府投资建设项目决策方法》,中国电力出版社 2018 年版。

16. 张宇:《转型期政府投资的多效益分析》,人民出版社 2008 年版。

17. 李振华:《政府投资立法研究》,中国政法大学出版社 2013 年版。

18. 国家发展和改革委员会投资司编:《投资体制改革》,中国方正出版社 2004 年版。

19. 吴亚平:《投融资体制改革:何去何从》,经济管理出版社 2013 年版。

20. 陈晨:《中国投资体制改革中的政府职能定位研究》,中国社会科学出版社 2011 年版。

21. 娄继伟、王水林:《中国公共财政》,中国财政经济出版社 2009 年版。

22. 张金颖、乌云娜:《非经营性政府投资项目究责方法与机制》,中国电力出版社 2019 年版。

23. 汪同三:《中国投资体制发展道路》,经济管理出版社 2013 年版。

24. 国家发展和改革委员会投资司、国家发展和改革委员会投资研究所、国家统计局投资统计司:《2006 中国投资报告》,中国计划出版社 2006 年版。

25. 王雍君:《中国公共预算改革:从年度到中期基础》,经济科学出版社 2011 年版。

26. 郭冠楠:《中国地方政府投资对经济发展影响的研究》,经济科学出版社 2017 年版。

27. 刘明:《政府投资对区域经济发展的影响》,经济科学出版社 2017 年版。

28. 陈均平:《中国地方政府债务的确认、计量和报告》,中国财政经济出版社 2010 年版。

29. 刘立峰:《地方政府投融资及其可持续性》,中国发展出版社 2015 年版。

30. 彭彦强:《中国地方政府合作研究——基于行政权力分析的视角》,中央编译出版社2013年版。

31. 詹卉：《地方政府投资冲动行为研究》，经济科学出版社2013年版。

32. 吴敬琏、厉以宁、郑永年等：《读懂供给侧改革》，中信出版集团2016年版。

33. 张宏霞：《中国地方政府投资效应研究》，经济科学出版社2014年版。

34. 罗影、汪毅霖、朱成全：《布坎南宪政经济学思想研究》，东北财经大学出版社2015年版。

35. 唐飞鹏：《我国政府投资和民间投资的关系研究》，暨南大学出版社2015年版。

36. 宋彪：《分权与政府合作——基于决策制度的研究》，中国人民大学出版社2009年版。

37. 穆月英、郭卫东：《政府投资对农业的影响分析》，中国农业出版社2012年版。

38. 胡海峰：《多层次资本市场：从自发演进到政府制度设计》，北京师范大学出版集团、北京师范大学出版社2010年版。

39. 后小仙：《政府投资项目利益相关者共同治理模式演进》，经济科学出版社2011年版。

40. 黄亮：《中央宏观调控权力配置研究》，法律出版社2012年版。

41. 张光南：《政府基础设施投资与经济增长的制度因素——基于港澳的比较研究》，中国社会科学出版社2013年版。

42. 刘银喜、任梅：《农村基础设施供给中的政府投资行为研究》，北京大学出版社2015年版。

43. 陈文君：《政府投资建设项目代建人信用管理》，中国电力出版社2014年版。

44. 耿帅、张昊渤：《非经营性政府投资项目决策——基于群决策理论与模型研究》，北京大学出版社2016年版。

45. 湖北省人大常委会预算工作委员会编著：《政府投资监督》，湖北长江出版集团、湖北人民出版社2011年版。

46. 徐景泰：《财政投资决策与管理》，上海财经大学出版社2000年版。

47. 张长春：《政府投资的管理体制：总体框架、近期改革重点与促进措施》，中国计划经济出版社2005年版。

48. 钟雯彬：《公共产品法律调整研究》，法律出版社2008年版。

49. 许云霄:《公共选择理论》,北京大学出社 2006 年版。

50. 吴弘、胡伟:《市场监管法论——市场监管法的基础理论与基本制度》,北京大学出版社 2006 年版。

51. 汪同三:《中国投资体制改革 30 年研究》,经济管理出版社 2008 年版。

52. 丁茂战:《我国政府投资治理制度改革研究》,中国经济出版社 2006 年版。

53. 张汉亚、张欣宁:《政府该管什么——中国投资体制改革历程》,江西人民出版社 2005 年版。

54. 吴敬琏:《当代中国经济改革教程》,上海远东出版社 2010 年版。

55. 黄恒学:《公共经济学》,北京大学出版社 2009 年版。

56. 郭小聪:《政府经济学》,中国人民大学出版社 2003 年版。

57. 王雪梅、谢实主编:《西方经济学简史》,云南人民出版社 2005 年版。

58. 储敏伟、杨君昌主编:《财政学》,高等教育出版社 2010 年版。

59. 胡庆康、杜莉主编:《现代公共财政学》,复旦大学出版社 2004 年版。

60. 李北伟主编:《投资经济学》,清华大学出版社 2009 年版。

61. 李焕林、刘茂盛主编:《投资学概论》,东北财经大学出版社 2009 年版。

62. 应松年主编:《当代中国行政法》,中国方正出版社 2005 年版。

63. 贺善侃、黄德亮:《现代行政决策》,上海大学出版社 2001 年版。

64. 应松年:《依法行政十讲》,中央文献出版社 2002 年版。

65. 吴庚:《行政法之理论与实用》,中国人民大学出版社 2005 年版。

66. 刘正山主编:《新编固定资产投资学》,东北财经大学出版社 2005 年版。

67. 姜明安主编:《行政法与行政诉讼法》,北京大学出版社、高等教育出版社 2007 年版。

68. 陈庆云主编:《公共政策分析》,北京大学出版社 2007 年版。

69. 翁岳生主编:《行政法》(上、下),中国法制出版社 2009 年版。

70. 马怀德主编:《法律的实施与保障》,北京大学出版社 2007 年版。

71. 刘峰、舒绍福:《中外行政决策体制比较》,国家行政学院出版社 2008 年版。

72. 刘莘主编:《法治政府与行政决策、行政立法》,北京大学出版社 2006 年版。

73. 许文惠、张成福、孙柏英:《行政决策学》,中国人民大学出版社 1997 年版。

74. 袁曙宏、宋功德:《统一公法学原论》,中国人民大学出版社 2005 年版。

75. 韩康主编:《中国公共经济的改革与发展——中国公共经济研究报告

2009》,经济科学出版社 2009 年版。

76. 张树义:《中国社会结构变迁的法学透视——行政法学背景分析》,中国政法大学出版社 2002 年版。

77. 刘金国、舒国滢主编:《法理学教科书》,中国政法大学出版社 1999 年版。

78. 章剑生:《现代行政法基本理论》,法律出版社 2008 年版。

79. 陈潭主编:《公共政策案例分析》,社会科学文献出版社 2008 年版。

80. 季卫东:《法治秩序的建构》,中国政法大学出版社 2000 年版。

81. 关保英:《行政法的价值定位》,中国政法大学出版社 2003 年版。

82. 陈瑞华:《刑事审判原理》,北京大学出版社 1997 年版。

83. 黄锦堂:《行政组织法》,台北:翰芦图书出版有限公司 2005 年版。

84. 喻可平主编:《治理与善治》,社会科学出版社 2000 年版。

85. 薛刚凌主编:《行政体制改革研究》,北京大学出版社 2007 年版。

86. 苏力:《法治及其本土资源》,中国政法大学出版社 2004 年版。

87. 刘剑文主编:《财税法学》,高等教育出版社 2004 年版。

88. 陈平:《政府投资法律问题研究》,重庆出版集团、重庆出版社 2006 年版。

89. 王利明:《侵权行为法归责原则研究》,中国政法大学出版社 2004 年版。

90. 王立国:《投资项目决策前沿问题研究》,东北财经大学出版社 2009 年版。

91. 王名扬:《美国行政法》,中国政法大学出版社 1995 年版。

92. 李彬:《透支的权力——地方政府决策失误的深层观察》,湖北人民出版社 2003 年版。

93. 梁治平:《法辩》,中国政法大学出版社 2003 年版。

94. 马骏:《中国公共预算改革:民主化与理性化》,中央编译出版社 2005 年版。

95. 宋彪:《分权与政府合作——基于决策制度的研究》,中国人民大学出版社 2009 年版。

96. 何兵:《利害的分配——我们身边的法律》,上海三联书店 2005 年版。

97. 张长春主编:《政府投资的管理体制——总体框架、近期改革重点与促进措施》,中国计划出版社 2005 年版。

98. 王锡锌:《公众参与和行政过程——一个理念和制度分析的框架》,中国民主法制出版社 2007 年版。

99. 谢罗奇:《市场失灵与政府治理——政府经济职能与行为研究》,湖南人民出版社 2005 年版。

100. 白冰、李文星主编:《公共投资引论》,四川人民出版社 2001 年版。

101. 殷强:《中国公共投资效率研究》,经济科学出版社 2008 年版。

102. 陈新民:《法治国公法学原理与实践》(中),中国政法大学出版社 2007 年版。

103. 张长春主编:《投资调控的若干问题研究》,中国计划出版社 2008 年版。

104. 吴亚平等:《中国投资 30 年》,经济管理出版社 2009 年版。

105. 张红兵:《项目预算管理》,中国财政经济出版社 2008 年版。

106. 朱衍强、郑方辉主编:《公共项目绩效评价》,中国经济出版社 2009 年版。

107. 周亚越:《行政问责制比较研究》,中国检察出版社 2008 年版。

108. 吴伟:《公共产品有效提供的经济学分析》,经济科学出版社 2008 年版。

109. 刘剑文等编著:《中央与地方财政分权法律问题研究》,人民出版社 2009 年版。

110. 郑明望:《项目投资决策》,湖南大学出版社 2009 年版。

111. 钟雯彬:《公共产品法律调整研究》,法律出版社 2008 年版。

112. 丁茂战主编:《我国政府投资治理制度改革研究》,中国经济出版社 2006 年版。

113. 刘剑文主编、熊伟副主编:《财政法学》,北京大学出版社 2009 年版。

114. 尹贻林、闫孝砚:《政府投资项目管理模式研究》,南开大学出版社 2002 年版。

115. 周法兴:《中国政府投资政策转变及其影响》,中国财政经济出版社 2007 年版。

116. 徐永胜:《经济社会转型中的公共预算监督》,东北财经大学出版社 2010 年版。

117. 李国峰:《中国区域经济发展中的地方政府投资行为分析》,企业管理出版社 2008 年版。

118. 叶丰主:《投资建设三十年回顾——投资专业论文集》,经济管理出版社 2009 年版。

119. 吴仁群:《投资决策:不确定性与竞争》,中国经济出版社 2008 年版。

120. 李健盛:《政府公共投资的经济社会效应及其协调机制研究》,广东省出版集团、广东经济出版社 2009 年版。

121. 国务院法制办公室政府法制研究中心编:《政府立法中的法律责任设定研究》,中国法制出版社 2010 年版。

122. 国家发改委投资司、国家发改委投资研究所和国家统计局投资统计司编:《2005 年中国投资报告》,中国计划出版社 2005 年版。

123. 北京财经研究基地编著:《北京市财政投资评审管理研究》,经济科学出版社 2010 年版。

124. 国家发改委纪检组监察局主编:《全国发展改革系统"建立政府投资责任制和责任追究制"专题研讨会文集》(内部资料),2008 年 8 月。

125. 李一花:《中国地方政府投资研究》,经济科学出版社 2004 年版。

126. [美]詹姆斯 · M. 布坎南、戈登 · 图洛克:《同意的计算——立宪民主的逻辑基础》,陈光金译,上海人民出版社 2017 年版。

127. [美]梅里利 · S. 格林德尔、约翰 · W. 托马斯:《公共选择与政策变迁——发展中国家改革的政治经济学》,黄新华、陈田慈译,商务印书馆 2016 年版。

128. [美]C. V. 布朗,P. M. 杰克逊:《公共部门经济学》,张鑫译,中国人民大学出版社 2000 年版。

129. [美]布坎南:《自由市场与国家》,吴良健、桑伍、曾获译,北京经济出版社 1988 年版。

130. [美]保罗 · 萨缪尔森、威廉 · 诺德豪斯:《宏观经济学》,萧琛主译,人民邮电出版社 2006 年版。

131. [美]埃莉诺 · 奥斯特罗姆、拉里 · 施罗德、苏珊 · 温:《制度激励与可持续发展:基础设施政策透视》,陈幽泓、谢明、任睿译,上海三联书店 2000 年版。

132. [美]文森特 · 奥斯特罗姆、罗伯特 · 比什、埃利诺 · 奥斯特罗姆:《美国地方政府》,井敏、陈幽泓译,北京大学出版社 2005 年版。

133. [德]赫尔穆特 · 沃尔曼:《德国地方政府》,陈伟、段德敏译,北京大学出版社 2005 年版。

134. [美]小罗伯特 · D. 李、罗纳德 · W. 约翰逊、菲利普 · G. 乔伊斯:《公共预算制度》,扶松茂译,上海财经大学出版社 2010 年版。

135. [美]詹姆斯 · E. 安德森:《公共政策制定》,谢明等译,中国人民大学出版社第 2009 年版。

136. [美]约翰·L. 米克塞尔:《公共财政管理:分析与应用》,白彦锋、马蔡琛译,中国人民大学出版社 2005 年版。

137. [德]汉斯·J. 沃尔夫、奥托·巴霍夫、罗尔夫·施托贝尔:《行政法》(第 2 卷),高家伟译,商务印书馆 2002 年版。

138. [美]赫伯特·A. 西蒙:《管理行为》,詹正茂译,机械工业出版社 2006 年版。

139. [日]盐野宏:《行政组织法》,杨建顺译,北京大学出版社 2008 年版。

140. [美]雪莉·琳内·汤姆金:《透视美国管理与预算局——总统预算局内的政治与过程》,苟燕楠译,上海财经大学出版社 2009 年版。

141. [美]费雪:《州和地方财政学》,吴俊培译,中国人民大学出版社 2000 年版。

142. [美]哈维·S. 罗森:《财政学》,赵志耘译,中国人民大学出版社 2003 年版。

143. [美]罗伯特·考特、托马斯·尤伦:《法与经济学》,张军等译,上海三联书店、上海人民出版社 1999 年版。

144. [美]大卫·N. 海曼:《财政学:理论在政策中的当代应用》,张进昌译,北京大学出版社 2006 年版。

145. [德]罗尔夫·施托贝尔:《经济宪法与经济行政法》,谢立斌译,商务印书馆 2008 年版。

146. [美]戴维·H. 罗森布鲁姆、詹姆斯·D. 卡罗尔、乔纳森·D. 卡罗尔:《公共管理的法律案例分析》,王丛虎译,中国人民大学出版社 2006 年版。

147. [美]理查德·B. 斯图尔特:《美国行政法的重构》,沈岿译,商务印书馆 2003 年版。

148. [美]史蒂文·J. 卡恩:《行政法原理与案例》,张梦中、曾二秀、蔡立辉等译,中山大学出版社 2004 年版。

149. [美]埃德加·博登海默:《法理学:法律哲学与法律方法》,邓正来译,中国政法大学出版社 1999 年版。

150. [美]约翰·罗尔斯:《正义论》,何怀宏、何包钢、廖申白译,中国社会科学出版社 2003 年版。

151. [德]柯武刚、史漫飞:《制度经济学:社会秩序与公共政策》,韩朝华译,商务印书馆 2004 年版。

152. [法]狄骥:《公法的变迁》,郑戈译,中国法制出版社 2010 年版。

153. [英]威廉·韦德:《行政法》,徐炳等译,中国大百科全书出版社 1997 年版。

154. [法]托克维尔:《论美国的民主》,董果良译,商务印书馆 1997 年版。

155. [美]詹姆斯·E. 布坎南:《民主财政论:财政制度与个人选择》,穆怀朋译,商务印书馆 1993 年版。

156. [英]马丁·洛克林:《公法与政治理论》,郑戈译,商务印书馆 2003 年版。

157. [美]阿伦·威尔达夫斯基、内奥米·凯顿:《预算过程中的新政治学》,邓淑莲、魏陆译,上海财经大学出版社 2006 年版。

158. [美]维托·坦齐、[德]卢德格尔·舒克内希特:《20 世纪的公共支出》,胡家勇译,商务印书馆 2005 年版。

159. [澳]欧文·E. 休斯:《公共管理导论》,彭和平、周明德、金竹青译,中国人民大学出版社 2001 年版。

160. [美]D. 奥斯本、T. 盖布勒:《改革政府——企业精神如何改革着公营部门》,周敦仁译,上海译文出版社 2013 年版。

161. 全球治理委员会:《我们的全球伙伴关系》,牛津大学出版社 1995 年版。

162. [美]N. 格里高利·曼昆:《经济学原理》,梁小明译,北京大学出版社 1999 年版。

163. [美]弗雷德里克·S. 米什金:《货币金融学》,李扬等译,中国人民大学出版社 1998 年版。

164. [美]卡尔·科恩:《论民主》,聂崇信等译,商务印书馆 1988 年版。

165. [美]小罗伯特·D. 李、罗纳德·W. 约翰逊、菲利普·G. 乔伊斯:《公共预算制度》,扶松茂译,上海财经大学出版社 2010 年版。

166. [美]约翰·克莱顿·托马斯:《公共决策中的公民参与》,孙柏瑛译,中国人民大学出版社 2005 年版。

167. [美]约翰·W. 金登:《议程、备选方案与公共政策》,丁煌、方兴译,中国人民大学出版社 2004 年版。

168. [美]迈克尔·舒登森:《为什么民主需要不可爱的新闻界》,贺文发译,华夏出版社 2010 年版。

169. [美]罗伯特·A. 达尔:《民主理论的前言》,顾昕、朱丹译,三联书店 1999 年版。

(二)论文类

1. 卢代富:《国家投资及相关问题的法律思考》,载《云南法学》2000 年第 1 期。

2. 林志鹏:《我国公共决策制度创新问题研究——公共治理理念与互动式民主决策》,吉林大学 2005 年博士学位论文。

3. 谢战原:《试论决策的法律化问题》,载《政法论坛》1985 年第 2 期。

4. 张农田:《试论国家行政机关决策程序的法制化》,载《法学论坛》1988 年第 2 期。

5. 余明永:《论行政决策的科学化》,载《西北政法学院学报》1988 年第 2 期。

6. 张长春:《有必要编制实施多规融合的发展建设规划》,载《中国投资》2014 年第 3 期。

7. 马波、陈泉生:《论环境行政决策的法律规制》,载《时代法学》2009 年第 5 期。

8. 张莉:《南水北调东线水资源供应链定价研究》,河海大学 2006 年博士学位论文。

9. 郭庆旺、贾俊雪:《中国全要素生产率的估算:1979 ~ 2004》,载《经济研究》2005 年第 6 期。

10. 郭庆旺、贾俊雪:《公共教育政策、经济增长与人力资本溢价》,载《经济研究》2009 年第 10 期。

11. 张勇:《"金砖四国"的改革与发展模式比较——基于投资与制度视角的实证分析》,载《经济与管理研究》2008 年第 12 期。

12. 马栓友:《1983 ~ 1999:我国的财政政策效应测算》,载《中国经济问题》2001 年第 11 期。

13. 刘生龙、鄢一龙、胡鞍钢:《公共投资对私人投资的影响:挤出还是引致》,载《学术研究》2015 年第 11 期。

14. 张学良:《中国交通基础设施促进了区域经济增长吗——兼论交通基础设施的空间溢出效应》,载《中国社会科学》2012 年第 3 期。

15. 曾淑婉:《财政支出对全要素生产率的空间溢出效应研究——基于中国省际数据的静态与动态空间计量分析》,载《财经理论与实践》2013 年第 1 期。

16. 尹贻林、郝建新:《我国政府投资项目管理方式研究》,载《工程造价管理》2003 年第 5 期。

17. 高显义:《浅谈建设管理区分政府投资工程和非政府投资工程的意义及必要性》,载《建筑经济》2003 年第 1 期。

18. 上海市行政法制研究所:《政府投资管理制度研究》,载《政府法制研究》

2004 年第 10 期。

19. 中国宏观经济研究院:《完善政府投资管理体制的总体构想》,载《宏观经济研究》2005 年第 2 期。

20. 柴君、傅俊卫、李培亮:《对我国政府投资项目管理方式的探讨》,载《价值工程》2003 年第 2 期。

21. 柴清玉:《对地方人大决定、监督政府投资项目的探讨》,载《人大建设》2009 年第 5 期。

22. 陈文卿:《完善政府重大项目监督机制》,载《大连日报》2010 年 8 月 17 日,第 5 版。

23. 杜黎明:《应制定政府投资监管条例》,载《法制日报》2010 年 3 月 9 日,第 2 版。

24. 张国平:《政府投资决策权研究》,中国政法大学 2011 年博士学位论文。

25. 周燕:《中国省级政府投资中的正式与非正式制度比较——以 A 省为例》,载《武汉大学学报(社会科学版)》2006 年第 6 期。

26. 刘漪:《地方政府投资决策机制研究》,中山大学 2007 年博士学位论文。

27. 杨琳:《我国公共工程投资决策体制研究》,武汉理工大学 2008 年硕士学位论文。

28. 李善波、时现:《政府投资项目决策权配置构造实证研究》,载《中国软科学》2008 年第 10 期。

29. 刘立峰:《政府投资行为及其治理》,载《宏观经济研究》2012 年第 7 期。

30. 徐华:《政府投资项目决策中公众参与问题研究》,重庆大学 2006 年硕士学位论文。

31. 谢琳琳、杨宇:《政府投资建设项目决策中公众参与实证研究》,载《建筑经济》2012 年第 8 期。

32. 郑书前:《公共投资决策程序的社会公众参与研究——以听证制度为视角》,载《云南大学学报(法学版)》2007 年第 2 期。

33. 朱维平、周国栋:《政府投资责任制和责任追究制探索》,载《宏观经济管理》2010 年第 3 期。

34. 祁玉清:《防范政府投资项目的决策风险》,载《宏观经济管理》2006 年第 7 期。

35. 张茜:《我国地方政府投资决策风险规避研究》,燕山大学2009年硕士学位论文。

36. 王立国、张洪伟:《地方政府公共投资制度与投资决策问题研究——基于完善投资体制和投资决策科学化的文献综述》,载《财经问题研究》2011年第9期。

37. 赵锐敏、刘月明:《实现公共投资决策科学化的对策思考》,载《北京市经济管理干部学院学报》2006年第3期。

38. 高喜珍、陈通:《成本效益分析在公共投资项目决策中的适用性分析》,载《中国农机化》2010年第3期。

39. 张昭:《政府投资决策法律制度探究》,载《宏观经济管理》2012年第8期。

40. 浙江省发展和改革委员会课题组:《构建浙江政府投资项目监管体系研究》,载《浙江经济》2006年第7期。

41. 田旭、张传庆:《关于建立政府投资决策责任追究机制的几点思考》,载《甘肃农业》2006年第9期。

42. 杜两省:《内部收益率的区域差距与政府的投资诱导系统》,载《财经问题研究》2009年第4期。

43. 殷强:《我国公共投资规模效率实证分析》,载《新疆财经学院学报》2007年第2期。

44. 张雷宝:《地方政府公共投资研究》,载《财政研究》2004年第3期。

45. 李国义、曲洪建、王凯宏:《论政府投资方式的选择》,载《学术交流》2006年第6期。

46. 王满船:《政府决策机制的内涵及其完善》,载《国家行政学院学报》2003年第6期。

47. 王冰:《市场失灵理论的新发展与类型划分》,载《学术研究》2000年第9期。

48. 蒋悟真:《绩效预算:基于善治的预算治理》,载《当代财经》2017年第11期。

49. 张伟、刘晓梅:《西方公共选择理论与实现机制评价》,载《中共中央党校学报》2003年第2期。

50. 罗云毅、沈志群等:《投资体制改革的回顾与思考》,载《中国工业经济研究》1991年第1期。

51. 俞永萍:《我国政府支出规模变动规律研究》,陕西师范大学2004年硕士学位论文。

52. 刘雅丽:《“瓦格纳法则”实现方式的国际比较与启示》,载《西部论坛》2011年第7期。

53. 吴凯:《浅析瓦格纳法则在中国的适用性》,载《财经论丛》2006年第5期。

54. 孔祥利:《政府公共支出最优规模的理论与实证研究评述》,载《社会科学评论》2004年第1期。

55. 钟正生、饶晓辉:《我国存在最优政府规模曲线吗》,载《财贸研究》2006年第6期。

56. 丁俊艳:《中国市场化进程总的政府规模问题研究》,陕西师范大学2006年硕士学位论文。

57. 徐萍:《政府规模与国民福利增长:一个研究综述》,载《北方经济》2010年第15期。

58. 马拴友:《政府规模与经济增长:兼论中国财政的最优规模》,载《世界经济》2000年第11期。

59. 张明喜、陈志勇:《促进我国经济增长的最优财政支出规模研究》,载《财贸经济》2005年第10期。

60. 马树才、孙长清:《经济增长与最优财政支出规模研究》,载《统计研究》2005年第1期。

61. 刘长生、郭小东、简玉峰:《社会福利指数、政府支出规模及其结构优化》,载《公共管理学报》2008年第3期。

62. 中国宏观经济研究院课题组:《推进供给侧结构性改革研究的基本理论与政策框架》,载《宏观经济研究》2017年第3期。

63. 李玥睿:《国家大剧院发展现状及策略分析》,载《市场周刊》2019年第3期。

64. 文爱平:《国家大剧院规划设计方案的讨论与争议》,载《北京规划建设》2009年第11期。

65. 理之见:《北京21世纪的标志性建筑??? ——关于安德鲁“国家大剧院”方案再次引起争议的综述》,载《室内设计与装修》2001年第3期。

66. 顾功耘:《论重启改革背景下的经济法治战略》,载《法学》2014年第3期。

67. 卢代富:《经济法对社会整体利益的维护》,载《现代法学》2013年第4期。

68. 卢代富:《经济法中的国家干预解读》,载《现代法学》2019 年第 4 期。

69. 习近平:《加快建设社会主义法治国家》,载《求是》2015 年第 1 期。

70. 李齐云:《西方财政分权理论及启示》,载《山东科技大学学报(社会科学版)》2003 年第 9 期。

71. 李大庆:《财税体制改革的法律框架与法治化路径——从事权与支出责任的关系切入》,载《地方财政研究》2017 年第 4 期。

72. 马海涛:《政府间事权与财力、财权划分的研究》,载《理论视野》2009 年第 10 期。

73. 岳红举、王雪蕊:《中央与地方政府间事权与支出责任划分的制度化路径》,载《财经科学》2019 年第 2 期。

74. 贾康:《健全中央和地方财力与事权相匹配的体制》,载《中国财政》2008 年第 13 期。

75. 贾康:《政府投资应顶层规划》,载《新理财(政府理财)》2009 年第 5 期。

76. 胡鞍钢、唐啸、鄢一龙:《中国发展规划体系:发展现状与改革创新》,载《新疆师范大学学报(哲学社会科学版)》2017 年第 3 期。

77. 郭冠男、谢海燕:《制定和实施负面清单制度必须理清的重大关系》,载《中国行政管理》2015 年第 10 期。

78. 吴亚平:《〈政府投资条例〉从十个方面推动政府投资法治化》,载《上海证券报》2019 年 8 月 23 日,第 8 版。

79. 郝建新:《美国怎样管理政府投资工程》,载《中国建设报》2002 年 6 月 24 日,第 8 版。

80. 王淑荣、李颖、孙忠云:《简介英国、意大利政府投资项目监督管理机制》,载《中国财政》2007 年第 11 期。

81. 傅仲保、张康民、仇秩:《英国政府投资监管体系的架构和内容》,载《中国投资》2010 年第 4 期。

82. 刘立峰:《澳大利亚的政府投融资体制》,载《中国投资》1999 年第 12 期。

83. 廖明月:《全面"营改增"背景下差异性地方税体系的构建》,载《现代经济探讨》2017 年第 1 期。

84. 宋槿篱、李玮:《对我国财政转移支付立法的几点建议》,载《法学杂志》2005 年第 3 期。

85. 刘尚希:《未来应建立财力和事权相匹配的财政体制》,载《21 世纪经济报道》2012 年 10 月 9 日,第 5 版。

86. 刘剑文:《理财治国视阈下财税改革的法治路径》,载《现代法学》2015 年第 3 期。

87. 张昭:《政府投资项目决策中公众参与问题研究》,载《中国经贸导刊》2016 年第 9 期。

88. 高福生、朱四倍:《决策失误是中国最大的失误》,载《决策与信息》2009 年第 7 期。

89. 韦庆珍:《充分发挥工程咨询在项目决策和建设中的作用》,载《计划与市场探索》1998 年第 4 期。

90. 徐文新:《专家、利益集团与公众参与》,载《法律科学》2012 年第 3 期。

91. 施正文:《外国财政投资法律制度的比较及其借鉴》,载《安徽大学法律评论》2003 年第 2 期。

92. 沈山州:《中国投资体制的变迁及其对投资效率的影响:政府的视角》,复旦大学 2003 年西方经济学博士学位论文。

93. 杨宇:《公共投资建设项目决策中的公共参与机制研究》,载《国家社科基金一般项目文库》2013 年卷。

94. 桂萍:《重大行政决策之公众参与制度》,苏州大学 2016 年宪法与行政法学博士学位论文。

95. 闫宇红:《日本行政决策咨询体系的多层次、多元化及其对我国的借鉴作用》,载《国际关系学院学报》1998 年第 1 期。

96. 应松年:《社会管理创新要求加强行政决策程序建设》,载《中国法学》2012 年第 2 期。

97. 林毅夫:《供给侧改革的短期冲击与问题研究》,载《河南社会科学》2016 年第 1 期。

98. 郁建兴、楼苏萍:《近 20 年来法国地方治理体系变革与新治理结构》,载《学术研究》2006 年第 1 期。

99. 梅帅:《国外行政听证制度经验及对我国的启示》,载《广播电视大学学报》2018 年第 1 期。

100. 钱蓓蓓:《日本行政法中的公众参与制度研究》,载《行政法学研究》2015 年第2期。

101. 鲁政委、郭草敏、陈天翔:《美国市政债:市场概况、运作机制与监管》,载《金融发展评论》2014年第9期。

102. 晏俊、许薇、杜小伟:《美国地方政府债务管理的经验及其对我国的启示》,载《学习与实践》2015年第8期。

103. 王权:《日本地方政府融资平台分析及对我国的启示》,载《现代日本经济》2014年第3期。

104. 王锡锌:《我国公共决策专家咨询制度的悖论及其克服——以美国"联邦咨询委员会法"为借鉴》,载《法商研究》2007年第2期。

105. 张昭:《政府投资项目决策中公众参与问题研究》,载《中国经贸导刊》2016年第9期。

106. 刘煜辉、沈可挺:《中国地方政府公共资本融资:问题、挑战与对策——基于地方政府融资平台债务状况的分析》,载《金融评论》2011年第3期。

107. 曹桂全:《地方政府投融资体制现状及改革进路》,载《地方财政研究》2014年第7期。

108. 韩文丽、谭明鹏:《监管趋严背景下地方政府融资平台债务现状、评判及对策探析》,载《政策研究》2019年第1期。

109. 张立承:《地方融资平台债务违约风险:从企业显性到政府隐性》,载《财政监督》2019年第13期。

110. 王本宏:《政府投资决策法律制度研究》,南京大学2018年博士学位论文。

111. 黄建:《民主视域下中国非政府组织发展研究》,中共中央党校2011年博士学位论文。

112. 郑琦:《中国政府议程设置模式的变迁——"怒江事件"管窥》,载《中国非营利评论》2007年第1卷。

113. 朱维平、周国栋:《政府投资责任制和责任追究制探索》,载《宏观经济管理》2010年第3期。

114. 杨飞虎:《公共投资腐败治理的国际经验与借鉴》,载《经济社会体制比较》2010年第4期。

115. 国家发改委稽察系统政府投资监管体系赴英国培训团:《英国政府投资监

管体系的架构和内容》,载《中国投资》2014 年第 4 期。

116. 施正文:《关于我国政府投资法制建设几个问题的探讨》,载《国家行政学院学报》2005 年第 1 期。

117. 贾康:《"十三五"时期的供给侧改革》,载《国家行政学院学报》2015 年第 6 期。

118. 邹焕聪、董玉荣:《政府投资项目审计监督的法律问题研究——基于地方立法文本的规范分析》,载《河北法学》2017 年第 10 期。

119. 吴晖:《政府投资监督管理制度研究》,中国社会科学院 2002 年博士学位论文。

120. 陈晓波:《关于进一步健全和完善人大监督工作的思考》,载《知与行》2018 年第 5 期。

121. 张喜红:《当代中国社会团体政治参与问题研究》,吉林大学 2004 年博士学位论文。

122. 马润凡:《中国公民社会影响政策过程的特点》,载《郑州大学学报(哲学社会科学版)》2011 年第 1 期。

123. 赵黎青:《帕特南、公民社会与非政府组织》,载《国外社会科学》1999 年第 1 期。

124. 王小广:《供给侧结构性改革:本质内涵、理论源流和时代使命》,载《中共贵州省委党校学报》2016 年第 2 期。

125. 鲁篱:《中国经济法的发展进路:检视与前瞻》,载《现代法学》2013 年第 4 期。

126. 陈治:《国家治理法治化背景下的财政制度完善研究》,载《财政法学》2015 年第 2 期。

127. 陈治:《国家治理转型中的预算制度变革——兼评新修订的〈中华人民共和国预算法〉》,载《法制与社会发展》2015 年第 2 期。

128. 陈治:《国家治理视阈下预算权配置的反思与转型》,载《中国法律评论》2018 年第 6 期。

129. 李昌麒:《经济法视域中的国家与市场的关系》,载《甘肃社会科学》2006 年第 4 期。

130. 孙放:《政府投资行为的结构与解构:对监督制度的启示》,载《学术界》

2014 年第 9 期。

131. 刘志云、刘盛:《供给侧改革背景下的经济法:挑战与回应》,载《政法论丛》2014 年第 4 期。

132. 张玉强:《政府决策的现实规则:内涵、构成与影响因素》,载《广东行政学院学报》2017 年第 1 期。

133. 王卓君、余敏江:《政府决策与新型智库知识生产的良性互动——基于社会建构主义视角研究》,载《政治学研究》2016 年第 6 期。

134. 刘燕、赵景华:《中国政府战略性危机管理群体决策的影响机制研究——基于利益相关者模型》,载《中国行政管理》2016 年第 2 期。

135. 李宗建、张翔:《"失衡效益":政府部门在决策过程中的定位与机制》,载《天津行政学院学报》2016 年第 4 期。

136. 陈建国、张礼卫:《政府公共工程管理的决策和监督机制改革研究》,载《建筑经济》2016 年第 1 期。

137. 薛晓东、梁丹妮、叶萍:《ESIA 理论视域下地方政府投资项目行政审批程序优化研究》,载《电子科技大学学报(社会科学版)》2015 年第 1 期。

138. 汤伟纲、张月尧、邓娇娇:《政府投资项目责任追究的 SCPCS 框架》,载《中国行政管理》2016 年第 1 期。

139. 于柯夫:《建立政府投资重大项目法律顾问制度》,载《宏观经济管理》2014 年第 8 期。

140. 鄢一龙、王绍光、胡鞍钢:《中国中央政府决策模式演变——以五年计划编制为例》,载《清华大学学报(哲学社会科学版)》2013 年第 3 期。

141. 郭道久:《民意表达与地方政府决策民主化机制创新——对在"开放式决策"的一种解析》,载《南开学报(哲学社会科学版)》2017 年第 1 期。

142. 李景民、李景平、韩锐:《社会治理视域下群众参与地方政府决策探究》,载《山东社会科学》2016 年第 3 期。

143. 陈玲、李利利:《政府决策与邻避运动:公共项目决策中的社会稳定风险触发机制及改进方向》,载《公共行政评论》2016 年第 1 期。

144. 许玉镇:《论公众参与政府决策的代表遴选机制》,载《哈尔滨工业大学学报(社会科学版)》2013 年第 6 期。

145. 高航:《政府重大投资项目舆情风险治理研究》,山东大学 2015 年博士学位论文。

146. 马骏、侯一麟:《中国省级预算中的政策过程与预算过程:来自两省的调查》,载《经济社会体制比较》2005 年第 5 期。

147. 马骏:《关于公共预算和国家治理》,载《西南政法大学学报》2016 年第 1 期。

148. 黄茂钦:《论经济新常态背景下经济法综合立法的发展》,载《南华大学学报(社会科学版)》2015 年第 4 期。

149. 黄茂钦、葛晓库:《政府投资行为的软法规制研究》,载《经济法论坛》2013 年辑刊。

150. 李昌麒、王怀勇:《政府干预市场的边界——以和谐产业发展的法治要求为例》,载《政治与法律》2006 年第 4 期。

151. 张守文:《中国经济法治的问题及其改进方向》,载《法制与社会发展》2018 年第 2 期。

152. 张守文:《回望 70 年:经济法制度的沉浮变迁》,载《现代法学》2019 年第 41 期。

153. 胡元聪:《城乡统筹背景下重庆市农村公共服务供给机制的完善——基于借鉴国内其他省市经验的视角》,载《广东农业科学》2011 年第 16 期。

154. 许明月:《关注现代化经济体系建设中的法律问题》,载《经济法论坛》2018 年第 1 期。

155. 叶明:《经济法偏重法律标准的原因及意义》,载《西南民族大学学报(社会科学版)》2003 年第 11 期。

156. 张怡:《社区公共卫生体制改革及相关法律问题探析》,载《经济法论坛》2008 年第 1 期。

157. 江帆:《经济法实质正义及其实现机制》,载《环球法律评论》2007 年第 11 期。

158. 盛学军:《政府监管权的法律定位》,载《社会科学研究》2006 年第 1 期。

159. 郭巍青:《政策制定的方法论:理性主义与反理性主义》,载《中山大学学报(社会科学版)》2003 年第 2 期。

160. 魏宾、胡晓峰、司光亚:《浅谈战争决策行为多 Agent 建模》,载《装备指挥技术学院学报》2004 年第 1 期。

161. 鲍金红、胡璇:《我国现阶段的市场失灵及其与政府干预的关系研究》,载《学术界》2013 年第 7 期。

162. 刘立峰:《供需两端发力遏制投资滑坡》,载《中国经贸导刊》2016 年第 12 期。

163. 刘立峰:《国债政策可持续性与财政风险的理论解析》,载《改革》2002 年第 3 期。

164. 汪洪、雷虹:《财政政策挤出效应的若干理论研究——挤出效应大小的度量和影响因素分析》,载《华东经济管理》2006 年第 6 期。

165. 杨友才、赖敏晖:《我国最优政府财政支出规模——基于门槛回归的分析》,载《经济科学》2009 年第 2 期。

166. 岳彩申、杨青贵:《论经济法不确定性的成因与功能——解释法律规范性的新视角》,载《法学评论》2010 年第 2 期。

(三)其他类

1. 历年中国统计年鉴,http://www. stats. gov. cn/tjsj/ndsj/。

2. 历年中国财政统计年鉴,http://data. cnki. net/trade/Yearbook/Single/N2014020005? z = Z003。

3. 国家发改委,https://www. ndrc. gov. cn/。

4. 国家财政部,http://www. mof. gov. cn/index. htm。

5. 国家审计署,http://www. audit. gov. cn/。

二、外文参考文献

1. Carol Harlow, *Law and Public Administration: Convergence and Symbiosis*, International Review of Adiministrative Science, Vol. 66(2005).

2. R. W. Tresch, *Public Finance*, Business Publication Inc. , 1981.

3. Sebastien Damart & Bernard Roy, *The Uses of Cost Benefit Analysis in Public Transportation Decision-making in France*, Transport Policy, Vol. 16(2009).

4. Mario Tirelli, *The Evaluation of Public Investments under Uncertainty*, Research in Economics, Vol. 60(2006).

5. Godin, *Equal Access VS Selective Access: A Critique of Public Goods Theory*, Public Choice, Vol. 29(Spring, 1979).

6. Mario Tirelli, *The Evaluation of Public Investments under Uncertainty*, Research in Economics, Vol. 60(2006).

7. Toke S. Aidt, *Public Finance and Public Policy: A New Textbook*, European Journal of Political Economy, Vol. 20(2004).

8. William Leblanca, James M. Snyder, Micky Tripathia, *Majority-rule Bargaining and the under Provision of Public Investment Goods*, Journal of Public Economics, Vol. 75(2000).

9. Eduardo Cavallo & Christian Daud, *Public Investment in Developing Countries: A Blessing or a Curse?*, Journal of Comparative Economics, Vol. 10(2010).

10. Milton Harris & Artur Raviv, *Capital Budgeting and Delegation*, Journal of Financial Economics, Vol. 50 (1998).

11. Peter P. J. Driessen, Pieter Glasbergen, Co Verdaas, *Interactive Policy-making: A Model of Management for Public Works*, European Journal of Operational Research, Vol. 128(2001).

12. Andreas Kaooeler & Timo Valila, *Fiscal Federalism and the Composition of Public Investment in Europe*, European Journal of Political Economy, Vol. 24(2008).

13. U. S. Office of Management and Budget, *Analytical Perspectives*, *Budget Concept and Budget Process*, *Fiscal Year* 2018, Washington D. C: U. S. Government Printing Office, 2018.

14. U. S. Department of Transportation, *Department of Transportation Fiscal Year* 2018 *Budget Highlights*, Washington D. C: U. S. Government Printing Office, 2018.

15. U. S. Congressional Bedget Office, *Capital Budgeting*, Washington D. C: U. S. Government Printing Office, 2018.

16. U. S. Congressional Bedget Office, *Investing in Infrastructure*, Washington D. C: U. S. Government Printing Office, 2018.

17. Barro Robert J, *Government Spendingina Simple Model of Endogenous Growth*, Journal of Political Economics, Vol. 36 (1990).

18. Paul Evans & Georgios Karras, *Are Government Activities Productive? Evidence from a Panel of U. S. States*, The Review of Economics and Statistics, Vol. 76, No. 1 (1994).

19. Devarajan, V. Swaroop, H. Zou, *The Composition of Pub-lic Expenditure and Economic Growth*, Journal of Monetary Economics, Vol. 32(1996).

20. Kelly J. S. Arrow, *Impossiblity Theoremas*, New York: Academic press, 1978.

21. William Leblanca, James M. Snyder, Micky Tripathia, *Majority-rule Bargaining and the under Provision of Public Investment Goods*, Journal of Public Economics, Vol. 75(2016).

后　记

面对世界百年未有之大变局的加速演进，党和政府保持高度定力，展现出超强的综合统筹能力，出台大量政策，对冲疫情影响，推动经济迅速复苏，保障社会正常运转。其中，如何通过有效政府投资，带动社会资本投入，引领经济行稳致远成为重要课题。

本书是在我的博士学位论文基础上修改而成的。由于政府投资涉及众多的学科理论、丰富的社会实践、复杂的利益调整，我在研究过程中遇到很多困难，从前期准备到最终定稿，多次增删修改、数易其稿。通过对政府投资政策、理论、实践的反复梳理，我的理解不断加深，我深切地感受到政府投资史是改革开放强国史重要的一部分，凝聚了众多建设者的智慧和努力。

感谢我的导师卢代富教授。导师从全书结构布局、核心论点提炼、写作形式要求等各方面提出了大量修改意见，倾注了极大的心血。在这一段难忘的学术旅程中，卢老师严谨、认真的治学态度，广博、精深的知识储备，厚德载物、虚怀若谷、端正公允的人格让我震撼，更让我尊敬。感谢师母刘晓燕老师，给了我很多温暖和鼓励。

感谢刘俊教授、盛学军教授、许明月教授、叶明教授、唐烈英教授、张新民教授、胡元聪教授、王怀勇教授、黄茂钦教授、陈治教授、肖顺武教授、李满奎教授、李雄教授等老师的关爱和帮助，他们从不同角度提出很多良好的建议，使本书更加完善。

感谢我的领导易小光研究员、丁瑶研究员、鲁英杰正高级工程师、李大珊正高级工程师以及同事们对我的支持和帮助。感谢法律出版社法治与经济分社沈小英社长、陈妮老师、程王刚老师对本书的编辑。感谢杨和钰教授、米本家博士、唐力教授、张洪林教授、刘云生教授、蒋登科教授、赵军博士、张波教授等师长和好友对我的关心和帮助。感谢梁灯律师、林怀展律师等好友通过多种渠道帮我收集和查找资料。感谢房建恩博士、杨丽梅博士、陈鸣博士、陈耿华博士、钟颖博士、周骁然博士等同窗好友的鼓励和帮助。感谢诸多挚友的长久陪伴,“友直、友谅、友多闻”,他们鞭策我在求学的路上不敢松懈。

感谢我的父母。我很幸运,有着亦师亦友的双亲,成长在一个温暖有爱的家庭。小时候,在深夜一觉醒来,常常看到父母仍笔耕不止,灯下的背影至今历历在目。“艰难困苦,玉汝于成”,父母均是依靠自己的努力,一步一个脚印从知青走到领导岗位,一生都在孜孜不倦地学习。他们的一言一行深深地影响着我的世界观、人生观、价值观。感谢我的先生,我们携手并肩、相互搀扶共同完成了博士研究生学业,一起努力建设小家。感谢我的宝贝女儿,她的到来让我充满了喜悦,深切感受到“信、望、爱”是支撑人生的源泉。

感谢我的外公。出生两个月,我便回到重庆,在外公身边长大。外公无微不至地呵护我、照顾我,用善行将感恩植于我的心中,用爱将明亮写进我的性格。外公是一个朴素的老工人,勤劳善良、知足常乐,一生只会写自己的名字“刘有积”和“重庆”五个字,却一直希望他的孩子们成为有文化的人。外公临终前嘱咐我要好好学习,成为一个对社会有益的人。他的嘱咐,我一直铭记在心。

这些关爱、这些支撑、这些幸运滋润着我,也温暖着我,让我备感珍惜又唯恐辜负。百年光阴弹指间,在岁月的锤炼中,心向阳光方能与物皆春。想起高中时背诵的陶渊明的诗句:“盛年不重来,一日难再晨。”人生即将步入下一个阶段,我更当朝乾夕惕,不负韶华。

谨以此书献给我的外公和父母。

王文文

2021 年 9 月于重庆